该书系2023年度中国社会科学院智库基础研究项目（23ZKJC020）阶段性成果

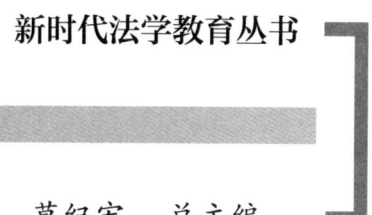

莫纪宏　总主编

法律职业伦理教程

张初霞　主编

图书在版编目(CIP)数据

法律职业伦理教程 / 张初霞主编 . -- 北京：当代中国出版社，2025.3. -- （新时代法学教育丛书 / 莫纪宏总主编）. -- ISBN 978-7-5154-1524-6

Ⅰ . D90-053

中国国家版本馆 CIP 数据核字第 2025DF1608 号

出 版 人	蔡继辉
责任编辑	邓颖君　沈秋彤
责任校对	贾云华　康　莹
印刷监制	刘艳平
封面设计	宋　涛　鲁　娟
出版发行	当代中国出版社
地　　址	北京市地安门西大街旌勇里 8 号
网　　址	http://www.ddzg.net
邮政编码	100009
编 辑 部	（010）66572156
市 场 部	（010）66572281　66572157
印　　刷	北京润田金辉印刷有限公司
开　　本	787 毫米 ×1092 毫米　1/16
印　　张	13.75 印张　1 插页　299 千字
版　　次	2025 年 3 月第 1 版
印　　次	2025 年 3 月第 1 次印刷
定　　价	78.00 元

版权所有，翻版必究；如有印装质量问题，请拨打（010）66572159 联系出版部调换。

新时代法学教育丛书编委会

总 主 编 莫纪宏

副总主编 吴 用　张初霞

总 顾 问 崔唯航　张政文　王新清　李 林　陈 甦　孙宪忠
　　　　　　李明德　田 禾　周汉华　邹海林　沈 涓

编委会成员 莫纪宏　吴 用　张初霞　柳华文　谢增毅　李 霞
　　　　　　柳建龙　苗鸣宇　李洪雷　翟国强　廖 凡　贺海仁
　　　　　　张 生　刘小妹　吕艳滨　谢鸿飞　陈 洁　汤洁茵
　　　　　　席月民　管育鹰　薛宁兰　王天玉　刘仁文　徐 卉
　　　　　　董 坤　刘洪岩　周 辉　谢海定　姚 佳　刘敬东
　　　　　　戴瑞君　蒋小红　李庆明　曲相霏　毛晓飞　王帅一
　　　　　　申 洁　何庆仁　冯 珏　金善明　李菊丹　卢 超
　　　　　　高汉成　朱广新　孙南翔　杨 力　马金星

总　序

2023年2月底，中共中央办公厅、国务院办公厅联合印发了《关于加强新时代法学教育和法学理论研究的意见》（以下简称《意见》）。《意见》明确指出，要完善法学教材体系。坚持以习近平法治思想为统领，通过抓好核心教材、编好主干教材、开发新形态教材等，构建中国特色法学教材体系。为了有效贯彻落实《意见》对构建中国特色法学教材体系提出的明确要求，中国社会科学院大学法学院组织学院全部师资力量和科研力量，出版了本套能够充分体现中国社会科学院大学"科教融合"成果、面向高等法律院校本科、硕士和博士的通用法学教材。本套教材严格按照《意见》提出的完善法学学科专业体系，构建自主设置与引导设置相结合的学科专业建设要求，立足目前高等法律院校教学体系现状，依托中国社会科学院法学研究所和国际法研究所强大的科研能力，用两年左右的时间编写而成，是一套适应新时代高等法律院校教学特点的"新时代法学教育丛书"。丛书主要面向高等法律院校的法学硕士、法律硕士，同时可以作为提升本科生阅读和理解能力的教学辅导资料，并可以成为夯实法学博士生法学知识基础的参考文献。

此套丛书分两批完成。第一批主要根据中国社会科学院大学法学院2023年6月的教学管理体制改革方案，建立以17个教研室为基础的教学管理单位，负责各门法学核心课程的设计、教材的编写以及法学本科、硕士和博士的培养计划等教学管理工作，围绕《意见》强调的法学主干学科编写各门法学核心课程的教程，包括《法理学教程》《中国法律史学教程》《宪法学教程》《行政法学教程》《刑法学教程（上、下册）》《民法学教程（上、下册）》《商法学教程（上、下册）》《刑事诉讼法学教程》《民事诉讼法学教程》《行政诉讼法学教程》《经济法学教程》《社会法学教程》《环境与资源法学教程》《知识产权法学教程》《国际公法学教程》《国际私法学教程》《国际经济法学教程》《军事法学教程》，同时按照中国社会科学院大学法学院目前各学科教研室设置的布局，与上述核心课程教程一起推出《网络与信息法学教程》《监察法学教程》。每册教程50万字左右，按照教育部规定的高等法律院校专业课程教学的基本要求编写，既有正文讲解，又有引导性、提纲性的内容提示，还有思考题和参考文献。鉴于有些学科知识量较大，将《刑法学教程》《民法学教程》《商法学教程》分为上、下两册编写，给主体为法学硕士、法律硕士的学习群体全面和系统地掌握法学基础知识提供高质量的教学辅导读物。第一批出版20本教程（23册），2024年底出齐。第二批教程预计16本左右，主要为落实《意见》加强新兴学科建设的要求，拟编写的教程包括《立法学教程》《文化法学教程》《教育法学教程》《国家安全法学教程》《区际法学教程》《社会治理法学教程》《科技法学教程》《气候法学教程》《海洋法学教程》《涉外法学教程》《党内法规学教程》《法学论文写作指导教程》《法学方法论教程》《法学文献阅读辅导教程》《法律职业伦理教程》《法学学术规范与学术道德教程》等。第二批教程拟于2025年底出齐。为了加深学习者对教程内容的理解，在第二批教程出版的同时，从每一本教程中抽象出50余个常用的学科名词术语，汇编成《新时代法学教育大辞典》，作为辅导学生学习和理解教材的必备参考。"新时代法学教育丛书"共计30余本，构成了《意见》要求设置的法学教学体系的整体框架和全部内容，可以为全面和系统地培育高等法律院校的本科生、硕士生和博士生提供最富有实效的教学参考资料，形成系统化的法学知识体系，以因应新时代对法学人才之需。本套丛书是全国600多所高等法律院校或法学院率先贯彻落实《意见》对法学教材体系建设要求形成的重要教学科研成果，丛书的出版可以为全国高等法律院校编写同类教材或者直接采用作为教材提供帮助。

为保证按时按质地组织"新时代法学教育丛书"的编写和出版工作，中国社会科学院大学、中国社会科学院法学研究所和国际法研究所举全力支持中国社会科学院大学法学院组织的"新时代法学教育丛书"的编写和出版，这将是2020年9月20日中国社会科学院大学法学院成立后由法学院独立组织出版的充分反映法学院教学能力和科研实力的系列法学教材，是法学院为争创"双一流"建设学科而进行的带有前瞻性、创新性、战略性的重大教学改革和创新举措。

"新时代法学教育丛书"由中国社会科学院大学法学院组织，法学院院长莫纪宏教授任总主编，执行院长吴用教授、党委书记张初霞副教授任副总主编，法学院院务会组成人员、17位教研室主任以及法学研究所、国际法研究所若干研究室主任作为丛书编委会成员，同时聘请中国社会科学院李林、陈甦、孙宪忠学部委员，中国社会科学院大学党委书记崔唯航教授、校长张政文教授、常务副校长王新清教授以及中国社会科学院大学法学院特聘教授李明德、田禾等教授作为丛书总顾问，集中中国社会科学院大学法学院全部在编教学人员编写。

总共两批30余本教程的编写采取两种模式的主编责任制。一是以法学院现有17个教研室为单位，主干和核心课程以教研室主任作为学科教程的主编，教研室全体在编教学人员参加编写；二是由法学院根据具体情况指定特定人员负责教程编写工作。

"新时代法学教育丛书"是面向高等法律院校在读学生的教学参考书，知识点全面覆盖，以问题为导向，带有思考性特点，主要阅读群体是法学硕士和法律硕士，难度中等，适合本科生提升和博士生夯基使用。丛书使用2008年出版的社科法硕教材和中国社会科学院研究生教材编写体例，每本教材的名称统一为《××法学教程》。

中国社会科学院大学法学院是中国社会科学院实行"科教融合"的改革举措，吸收中国社会科学院法学研究所、国际法研究所、研究生院以及原中国青年政治学院法学院四个方面的科研和教学力量汇集起来的科研型教学单位，从2020年9月20日成立至今尚不足4年，是全国600多所高等院校法学院中较年轻的法学院。尽管起步较晚，但法学院可以追溯的历史却源远流长。

我们的法学研究生教育最早可以追溯到1961年。1978年成立了中国社会科学院研究生院法学系,正式开启了中国社会科学院系统的规范化法学教育历程,1981年我们成为新中国首批设立法学一级学科博士点的3家单位之一。我们的法学本科教育也于2009年入选教育部第四批高等学校特色专业建设点,2012年入选教育部、中央政法委首批卓越法律人才教育培养基地(应用型、复合型法律职业人才教育培养基地),当然也都是北京市的特色专业和法律人才教育培养基地。因为有了这样良好的法学教育基础,2019年,中国社会科学院大学法学院入选了国家级一流本科专业建设点。

数十年来,法学院人才培养成效卓著,大量优秀毕业生在法学科研、教育领域以及党政机构、司法和监察部门、律师事务所、大型企业等实务部门就职,为法治中国建设作出了杰出贡献。

"科教融合"以后的法学院现有本科专业学位点、法学一级学科硕士学位点、法律硕士专业学位点、法学一级学科博士学位点,还有博士后流动站,目前在读学生1100余人。

我们希望通过我们自己的努力,将"科教融合"的成果和中国社会科学院大学法学院的办学特色体现到"新时代法学教育丛书"中去,积极探索中共中央办公厅、国务院办公厅联合印发的《关于加强新时代法学教育和法学理论研究的意见》中明确提出的"抓好核心教材、编好主干教材、开发新形态教材等,构建中国特色法学教材体系"各项要求的新路子,力争在不久的将来跻身中国高等法律院校的"名院"行列,为国家培养更多合格的法治人才。

中国社会科学院大学法学院院长
中国社会科学院法学研究所所长
2024年4月于北京沙滩北街15号

目录 CONTENTS

第一章　法律职业伦理概述 … 001
- 第一节　法律职业与法律职业共同体 … 002
- 第二节　法律职业伦理的基本内涵 … 006
- 第三节　我国法律职业伦理的渊源 … 010
- 第四节　法律职业伦理的功能 … 012
- 第五节　法律职业伦理的作用 … 015
- 第六节　法律职业伦理的基本准则 … 016

第二章　法官职业伦理 … 026
- 第一节　法官职业伦理概述 … 026
- 第二节　法官职业伦理主要内容 … 029
- 第三节　法官职业责任 … 035

第三章　检察官职业伦理 … 049
- 第一节　检察官职业伦理概述 … 049
- 第二节　检察官职业伦理主要内容 … 052
- 第三节　检察官职业责任 … 057

第四章　监察官职业伦理 … 078
- 第一节　监察工作概述 … 078
- 第二节　监察官职业伦理 … 084

第五章　律师职业伦理 … 091
- 第一节　律师职业伦理概述 … 091
- 第二节　律师职业伦理基本准则 … 094
- 第三节　律师执业行为规范 … 097
- 第四节　律师职业伦理的培育与保障 … 113

第六章 仲裁员职业伦理 123
第一节 仲裁员职业伦理概述 123
第二节 仲裁员职业伦理的基本内容 127
第三节 仲裁员职业伦理的培育与保障 135

第七章 公证员职业伦理 140
第一节 公证员职业伦理概述 140
第二节 公证员职业伦理的基本内容 144
第三节 公证员职业伦理的培育与保障 151

第八章 立法人员职业伦理 157
第一节 立法人员职业伦理概述 157
第二节 立法人员职业伦理的内容 161

第九章 行政执法人员职业伦理 170

第十章 法律学者与法学专业教师职业伦理 182
第一节 法学专业教师职业伦理概述 182
第二节 法学专业教师职业伦理的基本内容 186
第三节 法学专业教师职业伦理实施机制 192

第十一章 法律顾问职业伦理 199
第一节 法律顾问职业伦理概述 199
第二节 法律顾问职业伦理的基本内容 204
第三节 法律顾问职业伦理的培育与保障 206

后 记 209

第一章 法律职业伦理概述

【内容提示】

从广义上讲,法律职业是指所有从事与法律相关工作的人所形成的职业;从狭义上讲,法律职业是指受过专门的法律专业训练、具有娴熟的法律技能与法律伦理的法律事务岗位从业人员所形成的职业,法律职业具有较为严格的资格准入制度、专业性和公共性三个特征。法律职业共同体是一个由法官、检察官、律师以及法学学者等组成的法律职业群体。他们拥有相同的法学专业背景、受过专业系统的法律知识教育、具有独特的法律思维方式以及强烈的社会正义感,是一个全新的意义共同体、事业共同体、解释共同体和利益共同体。

法律职业伦理,是指法官、检察官、律师、公证员等法律职业主体在法律职业活动和日常社会活动中所应当遵循的基本原则和行为规范的总和。法律职业伦理的适用主体包括法律职业人员、法律职业人员的辅助人员以及其他法律职业相关的人员、法律职业人员的所属机构;法律职业伦理调整的是法律职业人员及其辅助人员、其他相关人员、所属机构与职业身份相关的活动;法律职业伦理的具体内容是普遍性和特殊性的统一;违反法律职业伦理,会受到民事责任、刑事责任、行政责任以及行业纪律等多方面的处罚。法律职业伦理可以划分为初级法律职业伦理、中级法律职业伦理和高级法律职业伦理三个层次。

我国法律职业伦理的渊源主要有:法律、司法解释、行政法规、部门规章、国务院部委有关规范性文件、行业规范、国际公约、地方性法规、社会伦理道德规范。

法律职业伦理就整个社会而言,具有示范功能、提升功能、调节功能和辐射功能。法律职业伦理是法治国家的法律职业人员所必备的职业道德,对于法律职业行为具有重要的指导作用,能够指导、约束、惩戒法律职业人员,提升我国法律职业人员的整体素质,展现法律职业应有的专业性和尊严,树立司法权威。同时,法律职业伦理也有助于矫正我国法律职业人员在"技术理性"遮蔽下的"极端自利化"趋向。

法律职业伦理的基本准则是法律职业人员在从业过程中所遵循的基本伦理规范要求,不仅是从业人员进行职业活动的根本指导思想,而且是对每个从业人员的职业行为进行评价的重要标准,主要有以下几条规范:(1)忠实执行宪法和法律,维护法律尊严;(2)以事实为根据,以法律为准绳;(3)严明职业纪律,保守职业秘密;(4)相互尊重,相互配合;(5)恪尽职守,勤勉尽责;(6)清正廉洁,遵纪守法;(7)注重平等,追求正义,讲究效率。

第一节　法律职业与法律职业共同体

一、法律职业的含义

"职业"一词在我国出现较早,且其含义随着社会政治经济生活的发展而多有变化。《荀子》曰:"事业所恶也,功利所好也,职业无分,如是,则人有树事之患,而有争功之祸矣。"此中职业意为官职和士农工商之常业。《国语》曰:"昔武王克商,通道九夷百蛮,使各以其方贿来贡,使无忘职业。"此意为职分应做之事。石孝友在《水龙吟》中写道:"职业才华竞秀。汉庭臣、无出其右。"此中意为事业。到了近现代,职业主要指个人服务社会并作为主要生活来源的工作,例如,巴金在《真话集·致〈十月〉》中写道:"作家不过是一种职业,一个工作岗位。作家不是一种资格,不是一种地位,不是一种官衔。"而西方社会的传统则认为,"职业"一词通常是指具有某种深厚的常人无法掌握的专业知识和技能、采取严格的准入标准且承担着特殊责任的某些特定的服务行业。

我们现在所说的职业,实质上就是指参与社会分工、能够创造物质或精神财富并且获得合理报酬的一项工作。法律职业则是社会诸多职业中的一种类型,一方面,法律职业是一种专门的行业,从事的是专业化的工作;另一方面,法律职业的从业者也需要拥有专门的法律知识和技能。

法律职业有广义和狭义之分。从广义上说,法律职业是指所有从事与法律相关工作的人所形成的职业,包括审判员、执行员、检察员、侦查员、公证员、仲裁员、律师、基层法律服务工作者、司法辅助人员、行政执法人员、企业法务人员、立法人员等。从狭义上说,法律职业是指受过专门的法律专业训练、具有娴熟的法律技能与法律伦理的法律事务岗位从业人员所形成的职业,主要是以法官、检察官、律师和法学学者为代表的四类人,因为这四类人基本上既是法律适用的主要参与者,也是法治理念和法律精神的主要载体。

二、法律职业的种类与发展历程

(一)法律职业的种类

根据《中华人民共和国职业分类大典》(2022年版)的规定,我国的职业划分为8个大类、79个中类、449个小类、1636个细类(职业)、2967个工种。其中在第二大类的专业技术人员中,划定了法学研究人员、监察人员、法官、检察官、律师、公证员、法医、物证鉴定人员、审判辅助人员和法律顾问10类职业;在第三大类的办事人员和有关人员中,划定了司法所业务助理、烟草专卖管理员、劳动人事争议调解员3类工种和行政执法员、劳动人事争议仲裁员、农村土地承包仲裁员、基层法律服务工作者、仲裁员、仲裁秘书、调解员7类职业。因此,如果按照职业分类的划定,我国的法律职业总共包括17类职业和3类工种。

（二）法律职业的发展历程

在立法上，对于法律职业的具体界定则在不断发展变化。

1986年我国确立了律师资格考试制度，以法律专业知识为考试内容，允许具有特定资质条件的人员报考，目的在于测试报考人员的法律专业水平，为律师行业选拔法律专业人才。1995年随着《法官法》和《检察官法》的颁布施行，法院系统和检察院系统分别建立了初任法官、初任检察官的考试制度。1995年《法官法》第12条第1款规定："初任审判员、助理审判员采用公开考试、严格考核的办法，按照德才兼备的标准，从具备法官条件的人员中择优提出人选。"1995年《检察官法》第13条第1款规定："初任检察员、助理检察员采用公开考试、严格考核的办法，按照德才兼备的标准，从具备检察官条件的人员中择优提出人选。"从上述规定中可以看出，虽然在20世纪我国尚没有建立起一个统一的资格考试，初任法官、初任检察官的考试也由法院、检察院系统内部组织，但已经可以看出由律师、法官、检察官组成的法律职业的雏形。

2001年6月30日，第九届全国人民代表大会常务委员会第二十二次会议通过了《法官法》和《检察官法》修正案。两法修正案附则明确规定，国家对初任法官、检察官和取得律师资格实行统一的司法考试制度。国务院司法行政部门会同最高人民法院、最高人民检察院共同制定司法考试实施办法，由国务院司法行政部门负责实施。2001年出台的《国家司法考试实施办法（试行）》第1条和第2条分别规定："为建立和规范国家统一司法考试制度，提高和保障法官、检察官、律师队伍素质，根据《中华人民共和国法官法》、《中华人民共和国检察官法》、《中华人民共和国律师法》制定本办法。""国家司法考试是国家统一组织的从事特定法律职业的资格考试。初任法官、初任检察官和取得律师资格必须通过国家司法考试。"这不仅标志着取得律师资格、初任法官考试和初任检察官考试这三项考试于一身的国家司法考试制度正式确立，也标志着由律师、法官和检察官组成的法律职业的初步形成。

2005年颁布的《公证法》中对于担任公证员的要求是通过国家司法考试，因此在2008年《国家司法考试实施办法》修订之时，也加入了公证员的内容，其第2条第2款中规定："初任法官、初任检察官，申请律师执业和担任公证员必须通过国家司法考试，取得法律职业资格。"至此，可以认为我国狭义上的法律职业形成，包括法官、检察官、律师和公证员这四类人员，他们在从业时要以获得法律职业资格证书为前提，既保证了从业者能够拥有娴熟的法律专业知识，也能够促使形成更加专业化、具有法律专业思维、相互沟通衔接的行业体系。

党的十八大以来，以习近平同志为核心的党中央高度重视社会主义法治工作队伍建设。2014年1月，习近平总书记在中央政法工作会议上强调，要把能力建设作为一项重要任务，坚持从源头抓起，改革和完善司法考试制度。党的十八届四中全会审议通过了《中共中央关于全面推进依法治国若干重大问题的决定》，在"六、加强法治工作队伍建设"的第（一）部分中提出："推进法治专门队伍正规化、专业化、职业化，提高职业素养和专业水平。完善法律职业准入制度，健全国家统一法律职业资格考试制度，建立法律职业人员统一职前培训制度。建立从符合条件的律师、法学专家中招录立法工作者、法官、检察官制度，畅通具备条件的军队转业干部进入法治专门队伍的通道，健全从政法专业毕业生中招录人才的规范便捷机制。加强边疆地区、民族地区法治专门队伍建设。加快建立符合职业特点的法治工作人员管理制度，完善职业保障体系，建立法官、检察官、人民警察专业职务序列及工资制度。"[1] 2015年12月，中共中央办公厅、国务院办公厅印发了《关于完善国家统一法律职业资格制度的意见》，该意见中明确将司法考试制度调整为国家统一法律职业资格考试制度，同时在司法考试确定的法官、检察官、律师、公证员这四类法律职业人员的基础上，将部分涉及对公民、法人权利义务的保护和克减、具有准司法性质的法律从业人员纳入进法律职业资格考试的范围。

该意见明确了法律职业人员的范围：法律职业人员是指具有共同的政治素质、业务能力、职业伦理和从业资格要求，专门从事立法、执法、司法、法律服务和法律教育研究等工作的职业群体。担任法官、检察官、律师、公证员、法律顾问、仲裁员（法律类）及行政机关中从事行政处罚决定审核、行政复议、行政裁决的人员，应当取得国家统一法律职业资格。国家鼓励从事法律法规起草的立法工作者、其他行政执法人员、法学教育研究工作者等，参加国家统一法律职业资格考试，取得职业资格。

2018年4月，《国家统一法律职业资格考试实施办法》由司法部公布并施行，其中第2条第1、2款规定："国家统一法律职业资格考试是国家统一组织的选拔合格法律职业人才的国家考试。初任法官、初任检察官，申请律师执业、公证员执业和初次担任法律类仲裁员，以及行政机关中初次从事行政处罚决定审核、行政复议、行政裁决、法律顾问的公务员，应当通过国家统一法律职业资格考试，取得法律职业资格。"

三、法律职业的特征

根据我国的国情，法律职业主要是指，通过国家统一法律职业资格考试，取得法律职业资格证书，担任法官、检察官、律师、公证员、法律类仲裁员、行政机关中从事行政处罚决定审核、行政复议、行政裁决、法律顾问的公务员所共同组成的职业群体。因此，法律职业具有以下特征。

第一，法律职业具有较为严格的资格准入制度，尤其是实务性的法律职业，必须要通过国家统一法律职业资格考试，取得法律职业资格证书，这是从事法律职业的前提。

第二，法律职业具有专业性，是建立在庞大精深的理论基础之上的专业技术，与实用工匠型的专业技术不同；法律职业的从业人员，也需要经过系统的法学理论教育和实践训练，具有良好的法律专业素养和法律思维。

第三，法律职业具有公共性。法律本身就具有公共性，它不是专属于某个人，而是事关社会公众的利益，因此法律职业也具有很强的公共性，是以公共服务为宗旨的，不同于逐私的商业活动，法律职业所肩负的职能都与社会公共秩序和公共利益关系密切。作为法官、检察官，要维护的是法律的正确适用，确保法律的权威和社会公平正义的实

---

[1]《中共中央关于全面推进依法治国若干重大问题的决定》，载中国政府网，2014年10月23日访问，

现；作为律师，在维护当事人利益的同时，同样也是在维护法律的适用和社会的公平正义。

四、法律职业共同体

法律职业共同体，是一个由法官、检察官、律师以及法学学者等组成的法律职业群体。他们拥有相同的法学专业背景、受过专业系统的法律知识教育、具有独特的法律思维方式以及强烈的社会正义感。共同的法律文化使得他们之间可以互相交流、互相认可，统一于法律这个大背景之下；即使个体的成员在人生观、价值观等方面可能存在差异，但是他们因为对法治理念的认同、为法律事业的奋斗而联结形成了法律职业共同体。不同于基于血缘、地域、宗教等原因形成的共同体，这是一个因目标、情感、精神而形成的共同体，他们以实现法律价值为终极目标，是一个全新的意义共同体、事业共同体、解释共同体和利益共同体，表现了独立与互涉的特征。

意义共同体，是指法律职业共同体的成员对于法律精神、法治理念都有着共同的追求，他们始终坚信法律在维护社会的公平与正义方面的积极作用，以他们专业的法律素养、独特的法律思维从事法律事业工作。法律职业共同体的成员们重视法律所赋予的各项权利义务的客观性和普遍性，遵循正当程序原则，强调人与人之间的平等关系，尊重在法治框架下的意思自治，努力维护法律的权威。

事业共同体，是指法律职业共同体的成员以适用法律为目的，主要将诉讼作为其主要的从业方式。他们遵循共同的标准和规范，程序正义和实质正义并重；遵守宪法和法律，坚持法律至上。他们有统一的专业知识体系、法律思维、伦理道德和职业逻辑，他们在诉讼的各个环节中，通过运用法律来处理纠纷、解决争议，使得社会公众在每一个案件中感受到公平正义，推动我国的法治体系不断发展完善。法律职业共同体的成员不仅是在完成他们的本职工作，而且是我国民主法治建设事业的推进者和传播者。

解释共同体，是指法律解释是法律适用过程中必不可少的一个环节，由于法言法语的专业性、成文法律一定的滞后性以及法律文本自身的特点，需要对法律的概念、原则等内容进行进一步的说明。而法律职业共同体的成员，由于他们具有相同的法学教育背景、法律专业思维和职业经历，因此他们在实践的过程中对法律的解释会趋向一致，这是由各种客观因素所决定的结果。共同体的成员对于法律及其相关问题所达成的共识，使得法律的含义更具有合理性和稳定性，从而树立起法律的权威。

利益共同体，是指法律制度能够有效地运行的原因，不仅在于法律是良法，还在于法律的准确适用。法官、检察官、律师等法律职业共同体的成员，他们是法律忠实的执行者，法律职业共同体是一荣俱荣、一损俱损的关系，法律的良好运行能够使他们获得职业荣誉感，法律运行的不畅也会使整个法律职业共同体的荣誉受损，因此这也促使着他们努力维护法律的公平正义，维护整个职业共同体的社会地位和形象。

第二节　法律职业伦理的基本内涵

一、伦理与道德

什么是伦理？"伦理"一词最早出现于汉代，为《礼记·乐记》中所载："凡音者，生于人心者也；乐者，通于伦理者也。"郑玄注："伦，犹类也。理，分也。""伦"和"理"原本是两个词，"伦"原指次序，后引申为人与人之间的关系；"理"原是指纹路、条纹，后也指规律、道理。这二词在《说文解字》中分别解释为："伦，从人，辈也，明道也。""理，从玉，治玉也。"因此"伦理"一词原是指事物的条理，后引申为人与人之间相处时所应遵循的规范。我国古代传统文化中，有"五伦"之说，即处理君臣、父子、兄弟、夫妇、朋友这五种人伦关系的行为准则。西方社会中，"伦理"（ethos）一词最早见于荷马史诗《伊利亚特》之中，原意是指动物的窝，后来演变成居所、秩序，以及因共同居住而形成的风俗习惯等；古希腊哲学家亚里士多德最先赋予其伦理和德行的含义。伦理学是哲学的重要分支，以研究道德问题为中心，其现如今的研究对象早已不局限于我国古代关于君臣、父子间的关系，而是扩展到了人与人、人与社会、人与自然等各种关系。

"道"本意为道路，后引申出方法、技艺、规律等含义；"德"有遵循正道之意，也有登上、升的意思。《说文解字》中对这二字的解释分别为："道，所行道也。从辵从首。一达谓之道。""德，升也。"我国把"道德"二字连用为一词，始见于荀子所著《劝学》中："故学至乎礼而止矣，夫是之谓道德之极。"西方社会中，"道德"一词源自拉丁语 *Mores*，意为风俗习惯，后来引申为规范、规则之意。法国哲学家霍尔巴赫认为，做善事、为他人的幸福尽力、扶助他人，就是道德。总之，道德是人类社会所特有的一种意识形态，是人们共同生活及其行为的准则和规范。

伦理与道德是两个相互联系又相互区别的概念，德国哲学家黑格尔第一次明确提出要区分伦理和道德这两个概念，伦理是社会的道德，道德是个人的道德。

伦理和道德的联系在于，伦理中包含道德，伦理学研究的也是道德问题；道德能够促进伦理的完善，伦理是道德的宗旨与归宿。伦理和道德都蕴含着一个社会的整体价值取向。

伦理和道德的主要区别在于，伦理和道德是一种普遍与特殊的关系，伦理倾向于主体、团体、社会、客观等，道德则更倾向于个体、个人、主观。伦理是一种外在限制，其核心价值是正当，人们用对公平和正义的共识来维护伦理；而道德则是内在约束，其核心在于善，只能凭借个人的德性来维护。

不过在大多数情况下，伦理和道德被作为同义词来使用，二者并没有本质上的区别，只是适用语境上的不同，因此本书在涉及伦理或道德的表述时，不需要作特别的区分；但是在涉及法律职业伦理学科基本理论的部分，多使用"伦理"的表述，在具体至各法律职业时，为了与司法实践保持一致，则更多使用"道德"的表述。

二、职业伦理

职业伦理，也可称为职业道德，是在职业范围内形成的比较稳定的道德观念、行为规范和习俗的总和，也是在某个职业领域中遇到问题时应当如何抉择的依据和工作指南。职业伦理并不是全体社会成员需要共同遵守的伦理，而是仅限于某个职业的从业人员，职业伦理是随着职业的产生而出现的，当某个职业形成时，就会产生属于某个职业的相应的规范准则，用以约束和规制该职业的从业人员，这也是社会道德在职业领域的具体展现。由于职业的多样性，职业伦理也具有多样性，例如医生要有"医德"、教师要有"师德"、演员要有"艺德"等。恩格斯也曾指出："实际上，每一个阶级，甚至每一个行业，都各有各的道德。"

职业伦理具有以下特征。（1）与一般的伦理相比，职业伦理是职业共同体的产物，其作用范围仅限于从事该职业的人员，不具有普适性。（2）职业伦理是基于特定的职业需要而产生的，因此各职业的伦理会有不同特点和要求，不同的职业共同体要遵循各自的职业伦理。同时，职业伦理的内容又具有一定的稳定性，通常情况下，职业的形成与发展要经历一个较为漫长的过程，在此期间形成的相关职业传统、职业习惯等，也是经历了不断地变化，最终在行业内达成一致，逐渐稳定，而这些体现到职业伦理中，也使其具有了稳定性。（3）某些职业的伦理要求可能会不同于社会一般公众所认知的伦理道德观念，有时二者之间甚至会发生冲突，这也需要从业者坚守职业伦理，同时通过宣传等途径使社会公众对该职业伦理有所认知。（4）职业伦理需要依赖职业共同体的力量来保证实施，这既包括职业共同体成员的内在认同，也包括职业共同体的共同捍卫；此外，当从业者违背职业伦理时，也会受到来自行业协会等的惩处，严重的甚至会被开除，禁止从事该职业。

三、法律职业伦理

法律职业伦理，是指法官、检察官、律师、公证员等法律职业主体在法律职业活动和日常社会活动中所应当遵循的基本原则和行为规范的总和。

（一）法律职业伦理的适用主体

法律职业伦理的适用主体包括法律职业人员、法律职业人员的辅助人员以及其他法律职业相关的人员、法律职业人员的所属机构。首先，法律职业人员作为法律职业共同体的主要组成部分，其职业活动是法律得以准确适用、当事人权利义务得以保障的关键所在，因此法律职业人员的职业伦理是需要重点进行规范的部分。其次，法律职业人员的辅助人员以及其他法律职业相关的人员，他们的行为往往是法律职业人员进行职业活动时的重要支撑，也是法律实践中的组成部分，因此，他们的行为也要受到相关法律职业伦理的规范。例如，最高人民法院印发的《法官职业道德基本准则》第27条规定："人民陪审员依法履行审判职责期间，应当遵守本准则。人民法院其他工作人员参照执行本准则。"最高人民法院和司法部发布的《关于规范法官和律师相互关系维护司法公正的若干规定》第15条第2款规定："对人民法院其他工作人员和律师辅助人员的纪律约束，参照本规定的有关内容执行。"此外，法律职业人员的所属机构，在法律职业人员及其辅助人员进行法律职业活动的过程中，往往发挥着较大的组织、领导和管理等作用，这样的关系也会对法律职业人员的职业活动产生影响，因此法律职业人员的所属机构也应当受到法律职业伦理的约束。例如，对于律师职业行为的规范也适用于律师事务所，由中华全国律师协会制定的《律师执业行为规范》第5条规定："本规范适用于作为中华全国律师协会会员的律师和律师事务所，律师事务所其他从业人员参照本规范执行。"

（二）法律职业伦理的调整对象

法律职业伦理调整的是法律职业人员及其辅助人员、其他相关人员、所属机构与职业身份相关的活动。并非法律职业的从业者的所有活动都要受到法律职业伦理的规范，只有上述人员或机构在从事与职业相关的活动时，才需要遵循职业伦理的要求。与职业身份相关的活动包括业内活动和业外活动两个方面。业内活动是与法律职业密切相关的活动，也是法律职业伦理所调整的主要内容；业外活动则是法律职业人员在职业之外的与日常生活等相关的活动，业外活动的情况也会从侧面展现一个人的能力、形象等，从而对从业活动带来积极或者负面的影响。因此，无论是对法律职业人员的业内活动还是业外活动的规范，核心都在于维护法律职业人员的职业能力、职业形象等，保证法律职务的适当履行，确保这些人员和机构的行为符合职业要求。

（三）法律职业伦理的内容

法律职业伦理的具体内容是普遍性和特殊性的统一。法律职业伦理的内容具有共性，是法律职业共同体所应当具有的共同价值取向，例如公平、正义、法治等，但是不同的法律职业之间也有因各自的职业特点而带来的特殊职业伦理要求，例如法官和律师的职业伦理就存在差别，法官在审理案件时，是处于居中位置，平等地对待双方当事人、不偏不倚，以事实为依据、以法律为准绳，公正合理合法地审理案件；而律师的职业是为了最大限度地维护自己当事人的合法权益，在参与到一个案件中时，会竭力呈现对自己方当事人有力的证据，弱化不利证据。也正由于每个法律职业的运作方式都有所不同，要制定一部统一的法律职业伦理法规几乎是不可能的事情，因此从目前我国的实际情况来看，对于法律职业伦理的规定既有法律法规也有行业规范等。

（四）违反法律职业伦理的后果

法律职业伦理不同于一般的道德，违反了法律职业伦理，是会受到一定的惩罚，否则就会因缺乏惩罚机制而被束之高阁。违反法律职业伦理，会受到民事责任、刑事责任、行政责任以及行业纪律等多方面的责任。

四、法律职业伦理与其他相关概念的关系

法律职业伦理与法律职业道德的区别。法律职业伦理与法律职业道德的区别主要反映在"伦理"和"道德"的区别上。在上文中提到过，西方语境下道德与伦理这两个词在西方的词源含义相同，都是指外在的风俗、习惯以及内在的品性、品德，因而说到底也就是指人们的行为应当如何的行为规范。但是在中国，道德与伦理的词源含义有所不同，伦理是整体，其含义有二，即人际行为事实如何的规律，以及其应该如何的规范；

道德是部分，其含义即人际及行为应该如何的规范。因此法律职业伦理与法律职业道德并不存在本质上的区别，二者可以作为同义词来使用。只不过前者更重推演的理论性，后者偏重时间的操作性。在学术研究领域，"法律职业伦理"的名称显然更为合适，因为其可以包含法律职业伦理形成的规律以及程序上保障的内容，这些内容并不是道德可以完全涵盖的；而在司法实践领域，从日常习惯的角度看，"法律职业道德"更为合适，一般都说法律职业人员的行为不符合合乎法律职业道德，而不说不符合法律职业伦理。法律职业伦理与法律职业道德之间的区别主要是语境和范围上的区别，不存在高低上的区别。

法律职业伦理与法律伦理、法律道德的区别。法律伦理包含了整个法律现象中的道德问题，其范围十分广泛，既包括法律中的道德问题，如民法、刑法等法律中的道德问题；也包括司法实践中的道德问题，如立法、司法、守法等活动中的道德现象。法律职业伦理则主要研究的是法律职业人员在进行职务活动过程中的道德准则、标准和规范。从二者的范围来看，法律伦理的范围显然要比法律职业伦理的范围广，这两个概念之间并不能画等号。但是在西方国家，法律伦理就是专指法律职业伦理，法律伦理研究的内容仅限于法律职业伦理，而不对法律制度本身的伦理问题进行研究。而由于"legal ethics"直译过来就是"法律伦理"或"法律道德"，基于翻译的原因，我国近代的法学家们也就使用"法律道德"这一词语来代表法律职业伦理。但是随着社会的发展与学科的进步，法律伦理或法律道德所包含的内容已经远超出法律职业伦理所研究的内容，因此有必要明确法律职业伦理这一表述，厘清法律职业伦理这一学科的研究范畴。

法律职业伦理与司法职业道德的区别。司法是指国家司法机关及司法工作人员依照法定职权和法定程序，运用法律处理具体案件的专门活动。司法机关包括法院、检察院等部门，并不包括律师事务所、公证处、仲裁机构等不具有司法权和司法职能的机构；司法工作人员也主要是指法官、检察官等，并不包括律师、公证员、仲裁员等。因此，司法职业不等于法律职业，无法包含法律职业中的非司法工作人员；与法律职业伦理相比，司法职业道德的范围显然更窄，司法职业道德是法律职业伦理的重要组成部分。

五、法律职业伦理的层次

法律职业伦理可以划分为三个层次：初级法律职业伦理、中级法律职业伦理和高级法律职业伦理。

初级法律职业伦理表现为该法律职业最基本的底线伦理，例如，对法官来说，要求法官平等公正地对待双方当事人和审理案件，不徇私枉法、接受贿赂等；对检察官来说，要求检察官公正对待公安机关移送的案件，掌握案件的各项情况，使犯罪嫌疑人受到应有的惩罚；此外，《法官法》和《检察官法》中规定的法官和检察官的义务和禁行行为，也是初级法律职业伦理的体现。

中级法律职业伦理是指法律职业人员能够按照法定程序的要求严格履行相应的职责，这也是绝大多数法律职业人员通过自身的努力能够达到的层次。

高级法律职业伦理是指法律职业人员通过自己的法律职业活动最大限度地实现法律

的公平正义,是对法律职业伦理的最高要求。它是指法律职业人员在实施法律的过程中达到了程序公正与实体公正、实质公正与形式公正的高度统一。习近平总书记在中央全面依法治国工作会议上指出:"努力让人民群众在每一个司法案件中感受到公平正义。"这也是高级法律职业伦理的目标,法官在处理案件时,要实现法律效果和社会效果的统一,让案件处理的结果不仅能维护当事人的合法权益,还能够促进国家的法治进程,为法治中国建设添砖加瓦。

第三节 我国法律职业伦理的渊源

法律职业伦理的渊源是指法律职业伦理的表现形式。法律职业伦理的表现形式有规范形式和非规范形式。非规范形式主要有包括法律职业习惯、职业传统伦理、传统礼仪等。规范形式主要有以下几个方面。

一、法律

法律与伦理道德规范都是调整人们行为的规范,二者具有共同的经济基础,且都是社会上层建筑的重要组成部分,因此法律与伦理道德规范相互补充、相互作用。此外,法律必然会吸收伦理道德规范,这是法律与道德天然关系的结果,伦理道德规范中的核心内容往往会上升为法律,赋予强制力保证实施。我国规定法律职业伦理内容的法律不在少数,主要有《宪法》《民事诉讼法》《刑事诉讼法》《行政诉讼法》《刑法》《法官法》《检察官法》《律师法》《公证法》等。我国《法官法》第3条规定:"法官必须忠实执行宪法和法律,维护社会公平正义,全心全意为人民服务。"《检察官法》第4条规定:"检察官应当勤勉尽责,清正廉明,恪守职业道德。"《律师法》第3条第1款规定:"律师执业必须遵守宪法和法律,恪守律师职业道德和执业纪律。"《民事诉讼法》第46条规定:"审判人员应当依法秉公办案。审判人员不得接受当事人及其诉讼代理人请客送礼。审判人员有贪污受贿,徇私舞弊,枉法裁判行为的,应当追究法律责任;构成犯罪的,依法追究刑事责任。"《刑事诉讼法》第30条第1款规定:"审判人员、检察人员、侦查人员不得接受当事人及其委托的人的请客送礼,不得违反规定会见当事人及其委托的人。"这些是与法律职业伦理相关的最高层次的法律规范,法律效力最高,也是法律职业伦理的一个重要渊源。

二、司法解释

司法解释是法律法规的重要补充,是法律职业人员执业时间的重要规则渊源。这些具有法律规范效力的规则,主要涉及法官、检察官的职业道德,也有部分涉及警察、律师等其他法律职业人员的职业道德。例如,最高人民法院、最高人民检察院等机关都有作出关于《刑事诉讼法》的司法解释,其中涉及大量有关法官、检察官、律师职业道德的内容，如关于回避、辩护、审判中立等诸多的制度规定。这些规定将抽象的、原则性的法律职业伦理规范加以具象化、可操作性强，能够促进法律职业伦理在司法实践中的适用。

三、行政法规

这一类规范主要由行政管理部门发布实施。例如国务院在2003年发布的《法律援助条例》（现被全国人大常委会2021年发布的《法律援助法》替代），其中对律师应当遵守的职业伦理规范作出了重要规定。

四、部门规章

主要是由司法部、公安部等部门发布的有关法律职业伦理的规章，也是法律职业伦理的重要渊源之一。例如司法部制定发布的《律师和律师事务所违法行为处罚办法》《律师执业管理办法》《律师事务所管理办法》等规章。

五、国务院部委有关规范性文件

这类规范性文件主要体现为司法部发布的有关律师工作的通知、办法、批复、答复、函等。例如司法部发布的《对关于律师从事经营性活动的批复》《关于律师事务所不得在两个以上办公场所开展业务的批复》等。这类规范性文件往往只涉及具体的部门和具体的事物。

六、行业规范

目前我国主要的法律职业大都有自己的行业道德规范，例如最高人民法院颁布的《法官职业道德基本准则》、最高人民检察院颁布的《检察官职业道德基本准则》、中华全国律师协会颁布的《律师职业道德和执业纪律规范》和《律师执业行为规范》、中国公证员协会颁布的《公证员职业道德基本准则》等。这些行业规范能够一般能够较为集中地反映法律职业的伦理规范要求。不过从实然的角度看，这些规定虽然不属于法律规范，但是对本行业的法律职业人员仍然具有约束力。例如《法官职业道德基本准则》第28条规定："各级人民法院负责督促实施本准则，对于违反本准则的行为，视情节后果予以诫勉谈话、批评通报；情节严重构成违纪违法的，依照相关纪律和法律规定予以严肃处理。"

七、国际公约

在我国已经签署或参加的国际公约中，包含了诸多对法律职业的道德要求，主要集中在联合国国际人权公约，特别是涉及刑事司法方面的法律文件中，包括《执法人员行为守则》《关于司法机关独立的基本原则》《关于检察官作用的准则》《关于律师作用的基本原则》等。关于法官、检察官、警察、律师等法律职业人员应当遵循的职业规范构成了这些公约的重要内容。由于这些国际公约是我国的重要法律渊源，因此其中规定的有关内容也自然成为我国法律职业伦理规范的渊源之一。

八、地方性法规

这类规范具有地域性和行业限制，效力只限于当地和本行业。例如《海南经济特区律师执业条例》《深圳经济特区律师条例》等。

九、社会伦理道德规范

法律职业伦理是社会伦理道德规范的组成部分，是社会伦理道德规范在法律职业中的体现和具体化。因此，社会伦理与法律职业伦理是一般与特殊、抽象与具体的关系，社会伦理道德规范对法律职业伦理起着补充、指导作用。例如社会主义核心价值观中的"敬业"原则，也当然是法律职业伦理的重要内容；国务院发布的《新时代公民道德建设实施纲要》中关于职业道德的内容和要求，对法律职业伦理的具体内容也起到指导作用。

第四节 法律职业伦理的功能

伦理道德对社会生活即社会关系的能动作用是通过主体的行为表现的。法律职业伦理对整个社会的能动作用，是通过法律职业共同体的职业行为和社会活动表现的，其对整个社会来说，具有示范功能、提升功能、调节功能和辐射功能。

一、示范功能

社会伦理作为上层建筑的一部分，反映着一定时期内社会大众普遍的伦理道德水平和精神文明状况，职业伦理作为社会伦理的组成，既会受到社会伦理的制约，也会对社会伦理产生影响。而法律职业伦理作为职业伦理的一个分支，同样也会对整个社会秩序、道德风尚的形成发展具有重要意义。

法律职业伦理通常是以原则或规范等成文形式表现，这些原则或规范对法律职业人员的行为具有导向作用。我国目前的法律职业大都有自己成文的职业道德规范，这些规范本身就具有示范性。这些原则或规范的存在，使得法律职业人员在进行相关职业活动的过程中去自觉遵守规范内容，会时刻提醒他们注意自己行为的界限，养成良好的职业道德习惯，树立先进的职业道德意识。法律职业伦理也是一座灯塔，为法律职业人员指明前进的方向，引导他们不断提升自己的职业道德水平。

除对法律职业共同体内部的示范作用外，法律职业伦理还能够在社会伦理中产生示范作用。以成文形式表现的法律职业伦理以及法律职业人员用自身职业行为所展现的职业道德，一方面，能够使社会对法律职业产生认可，树立起法律职业共同体的良好整体形象，增强对法律职业及法律职业人员的信任度；另一方面，法律职业伦理还可以通过影响法律职业人员的职业行为，对公众和社会伦理产生影响，例如法律职业伦理中的公平正义、法律至上、平等、廉洁、惩恶扬善等基本要求，通过法律职业人员的发扬，也是在向社会传递一种善的行为风范，这些行为风范有利于促进良好的社会道德风尚的形成。

二、提升功能

法律职业伦理的提升功能是指法律职业伦理具有提升法律职业人员整体素质、提高其职业道德和职业水平的作用。我国现阶段的法律职业人员的构成来源较为复杂，素质参差不齐，法律职业伦理水平也存在较大差距，法律队伍的整体水平尚有待提高。这种情况下就有赖于法律职业伦理的提升功能来发挥作用，以提升法律职业人员的思想道德水平和专业素养，营造良好法治环境。法律职业伦理对每个法律职业人员的思想和行为都有着持续、深刻的影响，它通过从业人员对义务、责任、荣誉等的追求，使得法律职业人员从内心生发出提升完善自己职业道德和职业水平的强烈愿望，并且能够付诸行动，自觉遵循法律职业伦理的各项要求，塑造自身完善的职业品格。

法律职业伦理的提升功能主要是通过法律职业伦理教育来实现的。法律职业伦理教育既可以通过正规的法学教育、职业培训、教育讲座等形式进行，也可以通过社会评价、政策激励等方式来完成。法律职业教育能够通过教育、评价、激励等方式，塑造理想人格，培养法律职业人员的职业道德观念，使他们树立起正确的职业观、荣辱观和是非观，养成良好的职业道德习惯，提高遵循法律职业伦理的自觉性，增强对法律工作的责任感。

在进行法律职业伦理教育的过程中，每一位法律职业人员既是受教育者，也是教育者。没有任何一位法律职业人员能够一直教育别人而自己不需要受到教育的，法律职业道德的培养与形成不是一蹴而就的，也不是形成之后就一成不变的，因此需要持续地接受法律职业伦理教育，不断将外界灌输的法律职业道德理念和道德要求转化为自己内在的观念，最终去身体力行。

三、调节功能

调节功能又称为协调功能，是指道德具有通过评价等方式来指导和纠正法律职业人员的行为和实际活动，以协调法律职业人员之间、法律职业人员与法律职业对象之间的能力。调节功能也是法律职业伦理最主要、最基本的功能，能够调解职业内外利益关系，保障从业人员的职业权利、督促他们履行职业义务和责任，圆满完成本职工作。

法律职业伦理的调节功能，一方面表现在，通过提高法律职业人员自身的规则意识和道德观念，使其自觉提升职业境界，加强其职业行为的自律性，主动处理好与其他法律职业人员的利益关系，以协调法律职业群体内部的利益关系。法律职业共同体具有多样性，各个法律职业由于特征、性质的不同，在实践中所代表的利益也各不相同，因此相互之间产生利益冲突的可能性也比较大。例如在一桩刑事案件中，检察官代表的是受害人、国家公权力，律师则是要维护犯罪嫌疑人的合法权益，法官要居中审理裁判，三者所代表的利益各不相同，我们不能要求三者以同样的标准对待案件，职业角色的冲突在各个法律职业人员完成职责的过程中势必会显现，进而产生个人之间的、个人与职业集团之间的、职业集团之间的冲突。而如果能够在法律职业伦理的指导下，使法官、检察官、律师三者各自恪守自己的职业操守，在充分了解案情的基础之上理解自己与他人之间的利益矛盾，就能够化解冲突、协调各自之间的利益关系。

另一方面，法律职业伦理通过社会舆论、内心信息、传统习惯、榜样感化、思想教育以及惩戒等手段，使得法律职业人员形成内心的善恶观念以及职业理念，促使其自觉遵守职业纪律，履行职业责任和职业义务，以协调各种相关的社会关系。而在这个过程中，法律职业伦理评价是法律职业伦理调节的主要形式，社会舆论、传统习惯和内心信念是法律职业伦理借以发挥作用的关键所在。通过对职业行为"应该与不应该"的评价来调节法律职业人员的行为，由此表现出规劝和引导的特点。法律职业伦理的调解功能主要是通过上述方式，广泛深入到法律职业人员职业活动和社会生活的各个方面，触及其他方式所触及不到的地方，以此补充其他社会调节手段的不足。

四、辐射功能

法律职业伦理的辐射功能，是指法律职业伦理建设不仅有利于提高法律职业队伍的整体素质，树立法律职业人员的形象，还对整个社会的道德建设具有辐射作用，从而能够有力地带动整个社会的法治文明乃至精神文明的进步。

法律职业伦理以"实践—精神"的方式掌握世界的特征在于它体现着主体对"应有"的追求，它具有直接启动实践的力量，要将掌握对象转化为符合主体要求的应有状态。这种理想状态同时又以外化于道德主体的方式对非法律职业道德主体起着影响和感召作用，体现其辐射性的一面。因此，法律职业伦理具有激发、鼓励人们的主动性和积极性的作用，一方面促使人们自我发展、自我完善，另一方面促进整个社会关系的进一步人道化。

由于法律职业的特殊性，法律职业活动会涉及社会生活的各个方面，当法律职业伦理对法律职业内部进行约束时，也会对非法律职业人员产生辐射作用。非法律职业人员以当事人等身份参与到法律活动之中，或者通过旁听、媒体宣传等方式接触法律职业伦理，对于法律职业伦理中的高尚品格和优秀价值，产生共鸣、受到感染和激励，从而促使其自我发展、自我完善，这属于法律职业伦理的直接辐射。法律职业伦理的间接辐射指的是，通过影响法律职业人员的行为而对公众以及社会整体梳理一种法律职业人员的正面形象，如法律至上、公平正义、诚实守信等法律职业伦理的基本要求，法律职业人员通过实施这些积极正面的行为而向社会传递了一种良好的社会风尚，非法律职业人员在这种氛围中也会潜移默化地受到积极的熏陶。

法律职业伦理是通过这样一个机制来实现其辐射功能的：其一，以法律职业伦理理想影响社会及非法律职业人员的道德理想的树立；其二，通过向社会树立道德榜样来传递法律职业的良好形象；其三，通过法律职业人的职业活动引导社会的伦理评价方向。这是法律职业伦理外向作用的方式。

第五节 法律职业伦理的作用

法律职业伦理是法治国家的法律职业人员所必备的职业道德，一个法律职业的从业者仅仅具有普通合格公民的道德水平是远远不够的，必须要具备特殊的职业道德素养，才能为自己、为法律职业树立良好的形象。试想一个对法治精神没有深刻领悟、对公平正义等原则没有放在心上的法官，能做到公正地审理案件、弘扬法律精神吗？

因此，法律职业伦理对于法律职业行为具有重要的指导作用，通过精心设计的行为规则来加强法律职业人员对于法律职业活动的约束与指导，对各种违反法律职业伦理的行为加以惩戒，使得法律职业活动能够以看得见的公正的方式进行，有助于提升我国法律职业人员的整体素质，展现法律职业应有的专业性和尊严，树立司法权威。

司法权威并不主要来自国家强制力，从根本上说，司法只有在一定程度上反映了社会的共同意志和普遍利益，并在人民内心得到认同时，才能赢得权威。法官、检察官、律师等法律职业人员只有遵行法律职业伦理，才会使社会民众更加相信法律，愿意通过法律的途径解决纠纷。

法律职业伦理有助于矫正我国法律职业人员在"技术理性"遮蔽下的"极端自利化"趋向。法律职业人员特有的法学专业知识体系与法律思维方式属于技术问题，维系着法律职业共同体的社会价值、信誉及尊严并为内部所传承的职业道德属于伦理问题，二者缺一不可，共同构成了法律职业人员德才兼备的整体素质。而如果法律职业人员只有技术理性，仅从技术的角度看待和处理法律问题，而不考虑伦理问题，势必会在某些问题上与社会大众的一般伦理道德观念相违背，最终也会对法治建设造成不利影响。因此，法律职业人员的职业伦理建设在全面建设社会主义法治国家、建设社会道德的过程中的重要性不言而喻。

法律职业伦理还具有保护法律职业人员的作用。法律职业因其职业活动在现代社会中的重要性和特殊性而需要具有相对独立的地位，这种独立性同时产生了自治的特殊职责。法律职业伦理的很多内容是法律职业本身所制定的，是对法律职业的自我约束和限制。同时，正是由于制定了规范、科学的法律职业伦理，将实现职业行为后果的可预测性，成为保护法律职业的一道屏障，在法律职业伦理指导下的法律职业行为，就应当受到保护。例如，联合国《关于律师作用的基本原则》中规定："律师在保护其委托人的权利和促进维护正义的事业中，应努力维护受到本国法律和国际法承认的人权和基本自由，并在任何时候都根据法律和公认的准则以及律师的职业道德，自由和勤奋地采取行动。""各国政府应确保律师……不会由于其按照公认的专业职责、准则和道德规范所采取的任何行动而受到或者被威胁会受到起诉或行政、经济或其他制裁。"因此，法律职业伦理是一块界碑，法律职业活动只要符合"公认的专业职责、准则和道德规范"，任何制裁就均不可进入，法律职业伦理是保护法律职业不受不公正限制和侵权的武器之一。

第六节　法律职业伦理的基本准则

法律职业伦理的基本准则是法律职业人员在从业过程中所遵循的基本伦理规范要求，其不仅是从业人员进行职业活动的根本指导思想，而且是对每个从业人员的职业行为进行评价的重要标准。

法律职业伦理的基本准则是法律职业伦理最为核心的价值原则，能够反映法律职业伦理的特点，是区别于其他职业伦理的分界线；法律职业伦理的基本准则具有全局性，是对法律职业伦理规范的概括，贯穿于法律职业伦理的所有领域，法官、检察官、律师、立法工作者、法学教师等所有法律职业共同体的成员的职业行为都受到基本准则的约束。此外，法律职业伦理的基本准则是要通过法律职业人员的主动形式表现的，由个人自觉自愿主动执行。

一、忠实执行宪法和法律，维护法律尊严

法律职业是以操作、实施和研究法律为主要内容的职业，实施或执行法律是法律职业者的目标，法律是其职业活动的依据。遵守宪法和法律，维护法律尊严，依法办事，是对每一个法律职业人员最基本的要求。如果一个法律职业人员自身都不尊重法律，不依法办事，又怎么会真正地履行好法律职业所肩负的责任呢？

宪法是国家的根本大法，是治国安邦的总章程，各项法律是宪法精神在社会生活各个方面的具体贯彻。宪法和法律所确立的国家制度是社会政治、经济、文化秩序的根本保障，依法治国、建设社会主义法治国家也是我国的一项基本法律原则，体现了人民民主的意志和要求，代表了人民的意愿。宪法和法律的执行和实施，是法律职业人员的基本职责，法律职业者应当以维护法治秩序为己任，忠于宪法和法律是其对国家和社会承担的义务。

我国多部法律中对于该义务都有所规定，忠实执行宪法和法律作为法律职业伦理的一项基本准则，已经被各法律职业确认，成为法律职业人员应当首要遵守的伦理要求。《法官法》第3条规定："法官必须忠实执行宪法和法律，维护社会公平正义，全心全意为人民服务。"《检察官法》第3条规定："检察官必须忠实执行宪法和法律，维护社会公平正义，全心全意为人民服务。"《律师法》第3条第1款规定："律师执业必须遵守宪法和法律，恪守律师职业道德和执业纪律。"《律师职业道德和执业纪律规范》第4条第1款规定："律师应当忠于宪法和法律，坚持以事实为依据，以法律为准绳，严格依法执业。"《公证员职业道德基本准则》第1条规定："公证员应当忠于宪法和法律，坚持以事实为依据，以法律为准绳，按照真实合法的原则和法定的程序办理公证事务。"

坚持遵循忠实执行宪法和法律这一基本准则，需要法律职业人员明确自己的职业所肩负的使命与责任，通过自己的职业活动服务于社会主义法治国家的建设之中，服务于人民民主专政制度，保障国家的各项政治、经济、文化等建设顺利进行。

忠实执行宪法和法律也并不能简单地理解为机械的教条主义或本本主义，依法办事只是第一层面的要求，更深层次的要求是法律职业人员必须要捍卫法治，维护法律的尊严和权威，坚持宪法和法律至上，要以专业的精神独立地从事职业活动，不受政党、机关、个人的非法干预。

二、以事实为根据，以法律为准绳

"以事实为根据，以法律为准绳"是法律职业人员在适用法律处理问题的过程中所必须要遵守的准则，这也是我国法制的一项基本原则。

我国的三部诉讼法中都规定了"以事实为根据，以法律为准绳"原则。1979年，第五届全国人民代表大会第二次会议通过了我国首部诉讼法即《刑事诉讼法》，首次提出了"以事实为根据，以法律为准绳"这一基本原则。该法第4条规定："人民法院、人民检察院和公安机关进行刑事诉讼，必须依靠群众，必须以事实为根据，以法律为准绳。对于一切公民，在适用法律上一律平等，在法律面前，不允许有任何特权。"而后相继于1982年出台的我国首部《民事诉讼法》和1989年出台的我国首部《行政诉讼法》中，也都规定了该原则，并且一直沿用至今。

以事实为根据，就是指法律职业人员必须要从案件的客观事实出发，实事求是，将事实作为处理案件、适用法律的科学依据，而不能以主观想象、猜测、空口无凭的议论作为根据。无论是解决法律的实体问题还是程序问题，都要以查证属实、客观充分的证据为基础来作出相应的判断、决策和行动。以事实为根据要求法律职业人员在处理案件时，要进行充分的调查研究，查明事实真相，不轻信当事人的陈述；同时要坚持原则，不能歪曲事实而造成冤假错案。以法律为准绳，就是要求法律职业人员严格依法办事，以相关法律规定作为标准来处理案件与问题，不能被任何个人、机关、团体所左右。无论是实体法还是程序法，无论是法律法规还是司法解释，都必须要严格遵守，认真执行，不能随意曲解立法原意，维护法律的正确实施。"以事实为根据，以法律为准绳"，就如同"鸟之两翼，车之两轮"，缺一不可。事实是适用法律的前提，没有事实作为基础就不可能正确适用法律；法律是事实的结果，如果不以法律为准绳，查明的客观事实也毫无意义，对案件的处理也难以做到准确公正。

"以事实为根据，以法律为准绳"，是法律职业人员在执业活动中必须贯彻的基本原则，在相关法律中均有规定。《法官法》第6条规定："法官审判案件，应当以事实为根据，以法律为准绳，秉持客观公正的立场。"《检察官法》第5条规定："检察官履行职责，应当以事实为根据，以法律为准绳，秉持客观公正的立场。检察官办理刑事案件，应当严格坚持罪刑法定原则，尊重和保障人权，既要追诉犯罪，也要保障无罪的人不受刑事追究。"《律师法》第3条第2款规定："律师执业必须以事实为根据，以法律为准绳。"《公证员职业道德基本准则》第1条规定："公证员应当忠于宪法和法律，做到以事实为根据，以法律为准绳，按照真实合法的原则和法定的程序办理公证事务。"可见，"以事实为根据，以法律为准绳"已经成为法律职业人员的基本执业要求。

三、严明职业纪律，保守职业秘密

纪律是为了维护集体利益并保证工作顺利进行而要求集体成员必须遵守的规章、条文、条例，由于法律职业的特殊性，法律职业人员必须要遵守纪律，没有纪律保障，法律职业人员的职业活动就会失范，就会影响法律职业活动的有效性，也会使法律职业人员的形象受损。因此，法律职业纪律是维护法律职业活动正常秩序，保证法律职业义务得以实现的行为规范，能够调整个人与集体、个人与社会的关系，严明职业纪律是法律职业人员依法履行职责的基本要求。最高人民法院制定的《法官职业道德基本准则》《人民法院工作人员处分条例》《关于审判人员在诉讼活动中执行回避制度若干问题的规定》，最高人民检察院制定的《检察官职业道德基本准则（试行）》《检察人员纪律处分条例》《人民检察院刑事诉讼规则》、司法部制定的《律师执业管理办法》《律师执业行为规范（试行）》《律师和律师事务所违法行为处罚办法》《公证员执业管理办法》等，全面具体地规定了法律职业人员在进行侦查、起诉、审判、公证、代理、法律监督等工作时的纪律要求，这也是他们能够顺利完成职业任务的制度保障。

保守秘密在法律职业伦理中具有十分重要的地位。法律职业的特点决定了法律职业人员在进行职业活动的过程中会接触到各种秘密，包括国家秘密、侦查秘密、审判秘密、商业秘密、个人隐私等诸多方面，这些秘密一旦被泄露出去，就会给国家、社会、个人等带来损害，也会削弱法律职业公正权威的形象，因此，保守职业秘密也成为法律职业人员从事职业活动的必然要求。我国多项法律制度都对这一内容作出了规定。《法官法》第 10 条第 5 项、第 46 条分别规定法官应当保守国家秘密和审判工作秘密，对履行职责中知悉的商业秘密和个人隐私予以保密；对泄露国家秘密、审判工作秘密、商业秘密或者个人隐私的，应当给予处分，构成犯罪的，依法追究刑事责任。《检察官法》第 10 条第 5 项规定，检察官应当保守国家秘密和检察工作秘密，对履行职责中知悉的商业秘密和个人隐私予以保密。《检察人员纪律处分条例》第 77 条规定："泄露案件秘密，或者为案件当事人及其近亲属、辩护人、诉讼代理人、利害关系人等打探案情、通风报信的，给予记过或者记大过处分；造成严重后果或者恶劣影响的，给予降级、撤职或者开除处分。"《律师法》第 38 条规定："律师应当保守在执业活动中知悉的国家秘密、商业秘密，不得泄露当事人的隐私。律师对在执业活动中知悉的委托人和其他人不愿泄露的有关情况和信息，应当予以保密。但是，委托人或者其他人准备或者正在实施危害国家安全、公共安全以及严重危害他人人身安全的犯罪事实和信息除外。"

四、相互尊重，相互配合

各个法律职业之所以能够成为一个共同体，不仅因为这些职业都与法律相关，还因为在适用法律的过程中，需要多个法律职业的参与以及共同体成员之间的相互协作与配合，才能保证立法、司法、执法等司法实务活动的有序运行。例如在一件刑事案件中，法官、检察官、律师各自担负着不同的职责，但是他们的最终目的都是一致的，就是要使案件得到公正处理、依法惩罚犯罪和维护当事人的合法权益，这也使得三者不仅是相互制约、相互监督的关系，而且是要相互尊重、相互配合、相互协作。

法律职业人员之间的相互尊重、相互配合主要表现在两个方面。一方面是法律职业中同一行业之间的法律职业人员相互尊重、相互配合，例如法官之间、检察官之间、律师之间等。《律师职业道德和执业纪律规范》第9条规定："律师应当尊重同行，同业互助，公平竞争，共同提高执业水平。"另一方面是法律职业中不同行业之间的法律职业人员相互尊重、相互配合，例如法官与检察官之间、法官与律师之间。有的法官、检察官对律师持有负面看法，对律师提出的代理意见、辩护意义置之不理；有的律师在法庭上无理取闹；有的法官在开庭之时盛气凌人，这些现象都是法律职业人员履行职责时的大忌，是为法律职业伦理所不容的，必须克服和避免。为了协调法官与律师之间的关系，最高人民法院、司法部颁布的《关于规范法官和律师相互关系维护司法公正的若干规定》第10条规定："法官在庭审过程中，应当严格按照法律规定的诉讼程序进行审判活动，尊重律师的执业权利，认真听取诉讼双方的意见。律师应当自觉遵守法庭规则，尊重法官权威，依法履行辩护、代理职责。"

相互尊重、相互配合，要求法律职业人员谦恭有礼，遵守相关的司法礼仪。例如最高人民法院发布的《法官职业道德基本准则》第22条规定："尊重当事人和其他的诉讼参与人的人格尊严，避免盛气凌人、'冷硬横推'等不良作风；尊重律师，依法保障律师参与诉讼活动的权利。"第24条规定："坚持文明司法，遵守司法礼仪，在履行职责过程中行为规范、着装得体、语言文明、态度平和，保持良好的职业修养和司法作风。"

五、恪尽职守，勤勉尽责

"恪尽职守，勤勉尽责"，这是对每个职业的从业者业务素质的基本要求，法律职业也不例外。对法律职业人员来说，在自身的法律职业活动中应严格履行自己的职责，热爱法律职业、专心工作、现身法律职业、珍惜职业荣誉、坚持职业操守、恪守职业良知，以谦虚、严肃的态度对待法律职业，对自己的本职工作一丝不苟、忠于职守、兢兢业业、努力钻研，保持良好的职业修养。

工作积极认真是恪尽职守、勤勉尽责的最基本要求，法律职业人员应当认真负责，吃苦耐劳，为国家的法治建设贡献力量，为维护社会的公平正义而努力奋斗，不将个人的利益置于国家、社会的利益之上，为做好工作能牺牲个人利益，以成全国家、社会利益。

认真负责最根本的是对自己的分内工作负责，因此法律职业人员要在认清自己工作职责的基础上，以积极的态度履行好自己的职责，完成好每一项工作。法律职业具有自己的特殊性和独立性，法律职业人员在履行自己工作职责的过程中，可能会受到来自各方面的影响与阻碍，会导致与事实和法律相违背的结果出现，因此为了避免这种情况的发生，要求法律职业人员不仅保持独立思考的能力，认清自己的职责范围和要求，还要能够力排各种影响与阻碍，忠于事实，忠于法律，依法履行自己的职责。

我国对于法律职业人员恪尽职守、勤勉尽责的职业行为准则要求已经在多部法律中有所规定，并且其中不仅以原则形式进行规定，还进行了相关的更加易于操作的形式进行解释，在一定程度上丰富和发展了这一行为准则，增强了法律职业人员遵守这一准则的意识和能力。《法官职业道德基本准则》第6条、第11条、第23条分别规定，法官应当"热爱司法事业，珍惜法官荣誉，坚持职业操守，恪守法官良知，牢固树立司法核心价值观，以维护社会公平正义为己任，认真履行法官职责"。"严格遵守法定办案时限，提高审判执行效率，及时化解纠纷，注重节约司法资源，杜绝玩忽职守、拖延办案等行为。""坚持学习，精研业务，忠于职守，秉公办案，惩恶扬善，弘扬正义，保持昂扬的精神状态和良好的职业操守。"《法官行为规范》第7条规定："敬业奉献。热爱人民司法事业，增强职业使命感和荣誉感，加强业务学习，提高司法能力，恪尽职守，任劳任怨，无私奉献，不得麻痹懈怠、玩忽职守。"

六、清正廉洁，遵纪守法

清正廉洁、遵纪守法是自古以来中西方对法律职业人员概莫能外的要求，法律职业是容易滋生腐败问题的职业之一，由于法律本质上是调整和分配社会利益的行为规范，法律的实施总是与权力、利益等紧密联系在一起的，而法律职业是一种实施法律或与此相关的职业，作为距离法律最近的群体，作为法律的适用者和执行者，如果连法律职业人员自己都不能以身作则、遵纪守法，还如何要求其他人去遵守法律、信仰法治，法律的权威和法律职业共同体的形象也都会受到负面影响。因此，清正廉洁、遵纪守法是保证法律职业人员公正执业的重要前提，也是其获得社会信任的重要前提。

法律职业人员在工作过程中不能利用职务上的方便为自己谋取非法利益，不在从事职业活动的过程中作出违反法律以及行业规定的行为；应当树立正确的权力观、地位观、利益观，保持一身正气、清正廉洁的优良作风，要识大体、顾大局，不畏权势、不为权力、地位、名誉、金钱和其他利益所动摇，始终保持清明、正直、廉洁、无私的优良作风。

目前我国司法领域中已经出现了诸多腐败问题，使得法律职业者的形象受到了严重损害，严重影响了法律职业者乃至法治的权威。清正廉洁、遵纪守法是法律职业形象重塑的首要步骤，是建设良好的法治环境的关键性因素。因此，提倡廉洁、倡导守法对于纯洁法治工作队伍、提高法律职业群体在公众心目中的地位、建设良好的法治运行环境具有重要意义。

《法官职业道德基本准则》第15条、第16条、第17条、第18条分别规定，法官应当"树立正确的权力观、地位观、利益观，坚持自重、自省、自警、自励，坚守廉洁底线，依法正确行使审判权、执行权，杜绝以权谋私、贪赃枉法行为"。"严格遵守廉洁司法规定，不接受案件当事人及相关人员的请客送礼，不利用职务便利或者法官身份谋取不正当利益，不违反规定与当事人或者其他诉讼参与人进行不正当交往，不在执法办案中徇私舞弊。""不从事或者参与营利性的经营活动，不在企业及其他营利性组织中兼任法律顾问等职务，不就未决案件或者再审案件给当事人及其他诉讼参与人提供咨询意见。""妥善处理个人和家庭事务，不利用法官身份寻求特殊利益。按规定如实报告个人有关事项，教育督促家庭成员不利用法官的职权、地位谋取不正当利益。"《律师职业道德和执业纪律规范》第 7 条规定："律师应当珍视和维护律师职业声誉，模范遵守社会公德，注重陶冶品行和职业道德修养。"《检察官职业道德基本准则》第 5 条规定，检察官应当"坚持廉洁操守，自觉接受监督"。

七、注重平等，追求正义，讲究效率

在法律中，平等是指公平地对待一切当事人的权利与义务，包括形式平等与实质平等。形式平等针对的是法律的普适性，是指所有人都受到法律的约束，任何人都不因年龄、身份、财产等而享有法外特权。实质平等针对个案的特殊性，即权利义务的配置应当与公民个人的年龄、性别、民族、职业等个性化因素相对应，同等情况同等对待，不同情况不同对待。法律职业人员在适用法律的过程中，不仅要遵循形式平等这一基本要求，还应当进一步追求事实上的平等，在同样情况同样处理的基础上更进一步，做到不同情况区别对待，即在合法的前提下合情合理地处理所面对的纠纷。

在诉讼的过程中，法官作为中立的裁判者，应当做到公正、中立、平等地对待案件的各方当事人，认真听取当事人的理由与辩解，在法官评议、裁判文书中作出有理有据的回应，不能罔顾事实和法律而偏袒某一方当事人。《法官职业道德基本准则》第 13 条规定："自觉遵守司法回避制度，审理案件保持中立公正的立场，平等对待当事人和其他诉讼参与人，不偏袒或歧视任何一方当事人，不私自单独会见当事人及其代理人、辩护人。"检察官应当依法尊重当事人的合法诉讼权利，尊重法官和律师，遵守法庭秩序，依法履行好国家赋予的职责。律师应当公正对待当事人及其他律师，忠于事实真相、履行辩护、代理职责，坚持用事实说话、以证据服人，不能进行误导性宣传评论。

法律的终极目标是实现正义，整个法律秩序的形成是建立在对正义的追求之上的，正义是以权威的法律规范体系进行依法治国的治国方略的最终目标。为了实现法律正义，现代法治确立了一系列司法的基本原则和要求，例如回避制度、审判公开、律师自由等。司法正义的实现不仅要求法律职业人员具有良好的法律职业素养，而且要有高尚的职业情操以及对正义深刻的理解和不懈的追求，这些构成了法律职业人员正义品格的核心内容。

西方法学界有句著名的格言："迟到的正义是非正义。"表明了效率在维护正义方面的重要性。而在法律层面上的效率主要是指司法效率，即司法资源的投入与办结案件及质量之间的比例关系，司法效率追求的是以尽可能合理、节约司法资源，谋取最大限度地对社会公平正义的保障和对社会成员合法权益的保护。在司法效率的指导下，法律服务也要讲究效率，即法律职业人员在从事法律职业活动时，应以最少的资源追求最大的服务，这便是法律职业伦理的效率规范。效率规范要求人民法院和法官履行职责时，在坚持司法公正的前提下，认真、及时、有效地工作，尽可能缩短诉讼周期，降低诉讼成本，力求在法定期限内尽早结案，取得最大的法律效果和社会效果。效率规范要求律师应当及时按照法律规定的各种时效、期限，及时提交材料、办理事务。

注重效率在我国相关的法律职业伦理规范中也大都有所体现。《法官职业道德基本

准则》第 11 条规定，法官应当"严格遵守法定办案时限，提高审判执行效率，及时化解纠纷，注意节约司法资源，杜绝玩忽职守、拖延办案等行为"。《律师职业道德和执业纪律规范》第 30 条、第 31 条分别规定："律师应当严格按照法律规定的期限、时效以及与委托人约定的时间，及时办理委托的事务。""律师应及时告知委托人有关代理工作的情况，对委托人了解委托事项情况的正当要求，应当尽快给予答复。"《公证员职业道德基本准则》第 10、11 条规定，公证员应当按规定的程序和期限办理公证事项，注重提高办证质量和效率，杜绝疏忽大意、敷衍塞责和延误办证行为。

重要名词术语

法律职业、法律职业伦理、法律职业共同体、"以事实为根据，以法律为准绳"、法律职业道德

思考题

1. 法律职业的特征。
2. 法律职业伦理的功能。
3. 法律职业伦理与法律职业道德的区别。
4. 法律职业伦理的层次。
5. 法律职业伦理的基本准则。
6. 为什么法律人比其他职业有更高的职业伦理要求？
7. 了解目前法律共同体的职业伦理现状，并且谈谈如何提高法律职业共同体的道德水平。

典型案例分析

案例一

2004 年至 2011 年，被告人周某某担任广东 A 律师事务所（以下简称 A 所）主任期间，为谋取不正当利益，先后多次向时任佛山市 B 区人民法院（以下简称 B 法院）院长何某志、佛山市 C 有限公司（以下简称 C 公司）总经理肖某伟和副总经理杜某佳（均另案处理）行贿现金共计 1320 万元。其具体犯罪事实如下。

2004 年至 2005 年，C 公司进行改革重组期间，聘请 A 所担任其法律顾问。周某某为使 A 所持续承接 C 公司的法律业务以获取法律服务费，经与 C 公司总经理肖某伟、副总经理杜某佳商议，商定以 A 所从 C 公司获取的律师费中的 20% 作为有关"费用"交给肖、杜二人个人使用。2005 年至 2006 年，周某某通过上述方式分三次在其办公室向肖某伟、杜某佳赠送现金共计 40 万元。

2006 年上半年，周某某经时任 B 法院院长何某志介绍，得知美国花旗银行有限公司 D 分公司对高明市 H 公司、高明市 I 公司等 9 家企业在高明法院申请执行的债权有财

产可供执行，认为有利可图，遂以他人名义购买了上述债权，并请托何某志指示其下属在执行中予以关照。至2007年，周某某从上述债权的执行中获利300余万元。为了感谢何某志给予的帮助，周某某于2007年6月、9月分两次在佛山市G区人民法院附近沧江路路边及何某志居住的佛山市环湖花园小区贿送何某志现金共计150万元。

2005年，A所代理的广州E公司诉佛山市F有限公司合作经营合同纠纷一案在佛山市中级人民法院一审败诉后上诉至广东省高级人民法院。周某某为争取二审胜诉，请托时任B法院院长的何某志为其疏通关系，并于同年8月、9月分两次在沧江路路边及环湖花园小区向何某志贿送现金共计130万元。

2011年7月，时任佛山市G区人民法院院长的何某志得知广东省检察院派调查组到佛山市调查E公司上述案件在佛山市中级人民法院诉讼过程中存在的腐败问题，因其与周某某在该案中涉嫌贿赂，恐遭调查，遂将此事告知周某某。周某某即请托何某志为其向检察院相关人员疏通关系以避免被调查并同意提供费用，后分四次在佛山市西湖茶庄、亚艺公园、绿景路等地向何某志贿送现金共计1000万元。

广东省中山市中级人民法院认为：被告人周某某无视国法，为谋取不正当利益，给予司法工作人员和国家工作人员以财物，影响司法公正和国家机关的廉洁性，情节特别严重，其行为已构成行贿罪，应依法惩处。被告人周某某在被追诉前主动交代行贿行为，依法可从轻处罚，据其行为性质、行贿数额、犯罪情节等，仍不足以对其减轻处罚。依照《刑法》以行贿罪判处被告人周某某有期徒刑11年，并处罚金100万元。周某某提起上诉。[1]

二审广东省高级人民法院认为：上诉人周某某为谋取不正当利益，给予国家工作人员财物，情节特别严重，其行为已构成行贿罪。上诉人周某某在被追诉前主动交代行贿行为，认罪态度好，但论罪不宜对其减轻处罚，可对其从轻处罚。原审判决适用《刑法修正案（九）》关于行贿犯罪的有关规定，对周某某判处罚金不正确，应当对周某某判处没收个人财产，对此二审予以纠正。原审判决认定事实清楚，证据确实、充分，定罪准确，审判程序合法，但适用法律错误，应予纠正。维持一审判决关于上诉人周某某定罪部分；撤销一审判决关于上诉人周某某量刑部分；判处有期徒刑11年，并处没收个人财产100万元。[2]

案例二

2016年2月，申请人金某某向上海市某公证处申请办理委托书签名公证，委托事项为办理位于上海市闵行区某房屋的房产证以及待房产证办妥并符合上市交易过户条件后，出售上述房屋的相关事宜。申请人同时提供了"（2015）沪闵证字第1178号公证书"作为材料。上海市某公证处公证员尤某某受理本案，并出具了公证书。上海市某公证处经复查发现，申请人金某某提供的"（2015）沪闵证字第1178号公证书"是假的。公证

---

[1]（2016）粤刑初2038号刑事判决书。
[2]（2016）粤刑终1093号刑事判决书。

员尤某某对材料审查把关不严，依据虚假材料出具了公证书。

2016年5月，申请人任某某、于某某向上海市某公证处申请办理委托书签名公证，委托事项为办理上海市浦东新区某房屋的房产证以及待房产证办妥并符合上市交易过户条件后，出售上述房屋的相关事宜。上海市某公证处公证员尤某某受理本案，并出具了公证书。上海市某公证处经复查发现，申请人任某某、于某某提供的"上海市浦东新区新场镇人民政府动迁安装办公室"出具的证明系伪造。公证员尤某某因审查不严，依据虚假材料出具了公证书。

2016年10月，申请人王某某向上海市某公证处申请办理委托书签名公证，委托事项为办理上海市某不动产的不动产登记，并计划在办妥不动产权证且符合上市条件后，出售上述不动产的相关事宜。上海市某公证处公证员尤某某受理本案，并出具了公证书。上海市某公证处经复查发现，申请人王某某提供的《自愿离婚协议书》与浦东新区档案馆留存的《自愿离婚协议书》内容不符。公证员尤某某因审查不严，依据虚假材料出具了公证书。上述案件因没有发生相关信访投诉，且法院和交易中心都认可当事人的相关交易行为，无法认定相关权利人产生了财产损失。

2018年11月，上海市司法局组织市公证协会质量督察组对全市公证机构开展质量抽查，同时结合投诉、信访掌握的相关线索，对上海市某公证处公证员尤某某在2015年7月1日起至2017年6月30日办理的公证事项进行了重点检查。经查明，2016年4月至10月，尤某某未对公证申请人提供证明材料的真实性进行审查，先后出具了编号为（2016）沪东证字第5827、25512、56955号的公证书，共计3件。根据司法部《公证程序规则》第3条第3款的规定，上海市某公证处于2018年出具了《撤销公证书决定书》，撤销了上述3份公证书。上海市司法局对尤某某的违法行为依法进行了立案调查，认为尤某某为不真实、不合法的事项出具公证书，其执业行为严重违反了《公证法》第23条的规定，且情节严重，根据《公证法》第42条第1款第2项的规定，决定给予尤某某吊销公证员执业证书的行政处罚。

案件暴露的问题：公证是依照法定程序对民事法律行为、有法律意义的事实和文书的真实性、合法性予以证明的活动，办理公证应当遵守法律，坚持客观、公正的原则。《公证法》第28条和《公证程序规则》第24条明确规定，公证机构办理公证，应当根据不同公证事项的办证规则，分别审查"提供的证明材料是否真实、合法、充分""申请公证的事项是否真实、合法"等事项。

在本案中，公证员不仅未对当事人提供的证明材料是否真实、合法、充分进行认真审查，而且对当事人的委托事项是否合法也未依职权进行审慎的法律判断。根据《上海市动迁安置房管理办法》（沪府发〔2011〕44号）第23条的规定，动迁安置房在取得房产证后3年内不得转让。本案公证员在执业过程中，明知有上述规定，依然为限制交易的动迁安置房办理委托书公证，协助当事人以委托公证为手段，规避动迁安置房在取得房产证后3年内不得转让的规定，变相实施了对动迁安置房的交易行为，且在办理相关公证事项过程中，还存在超标准收取公证费的情况。公证员既未谨慎履行审查职责，也未发挥预防纠纷的作用，办理的公证事项明显违反相关规定，极易引发矛盾纠纷，属于

《公证法》第 23 条规定中"为不真实、不合法的事项出具公证书"的情形。

本案暴露了个别公证员法治思维欠缺，质量意识淡薄，逐利倾向严重。同时也反映了公证机构内部管理存在漏洞，承办公证员受理案件后自行审批出证，未能发挥审批制度把控公证质量的应有效果。

本案的启示：公证员是法律职业共同体的一员，应当公道正派、遵纪守法、品行良好，具备扎实的法律功底，能够对事实和法律问题形成准确的判断，严格依照程序办理公证，充分履行审查义务，并履行普法职能，引导公证当事人作出正确的法律行为，绝不能为不真实、不合法的事项出具公证书。

首先，要树立正确的职业观，坚持客观公正的执业原则。公证人员应当严肃执业纪律，正确履行公证职责。要强化公证质量意识，坚守公证质量这根生命线。在执业过程中，要高标准、严要求地履行审查义务，杜绝重程序、轻实质的工作作风，强化红线意识、坚守底线思维，杜绝片面逐利思想等歪风邪气滋扰行业规范发展。

其次，要加强思想政治教育，提升公证人员职业素养。本案的发生，给公证员再次敲响了警钟，说明对公证人员的思想政治教育必须常抓不懈。各地司法行政机关和公证协会要切实采取有效措施，对公证人员进行系统化、专门化的培训，加强公证队伍的专业化建设，进一步提升公证人员的社会责任感和职业担当，坚决防止为虚假的公证申请人或不真实、不合法的事项出具公证书。

最后，要进一步完善公证机构自查、行业监督和行政监管机制。本案中，公证机构通过复查对相关错证进行了纠错，司法行政机关和公证协会根据相关线索对部分人员和案卷进行了重点排查，及时发现了问题并进行整改，减小了损失。各地司法行政机关和公证协会要进一步完善公证人员执业行为的监督管理，制定和实施从严监管的工作制度和措施，完善公证工作监管体系，通过制度的刚性力量保障公证质量。[1]

---

[1]《公证员违规执业导致吊销执业证案例》，载温州公证网，https://www.wznotary.net/newsinfo/395304.html。

第二章　法官职业伦理

【内容提示】

法官职业伦理是社会职业道德的重要组成部分，是审判人员在行使国家审判权、履行相关司法职能以及个人家庭生活中所应遵循的各种道德观念、行为规范与司法习惯规范的总和。法官职业伦理的核心是"公正、廉洁、为民"。其基本要求是忠诚司法事业、保证司法公正、确保司法廉洁、坚持司法为民、维护司法形象。法官因违反职业伦理而违反相关法律法规，应承担的不利后果，包括刑事责任和纪律责任。此外，在人民法院审判责任制改革之下，法官应当对其履行审判职责的行为承担责任，在职责范围内对办案质量终身负责。

第一节　法官职业伦理概述

法官职业伦理建设是法官在行使审判权中应当遵循的基本准则，加强法官职业伦理建设要求我们先厘清相关基础概念。本节介绍了法官职业伦理的含义、特点、作用以及法源，这是探讨检察官职业伦理规范的基础前提。

一、法官职业伦理的含义

法官职业伦理是社会职业道德的重要组成部分，是审判人员在行使国家审判权、履行相关司法职能以及个人家庭生活中所应遵循的各种道德观念、行为规范与司法习惯规范的总和，是调解审判人员之间关系以及审判人员与社会其他方面关系的行为准则。

具体而言，法官职业伦理主要是在司法审判工作中，为了实现特定司法目的，即保障当事人合法权益、解决各类争端和纠纷、维护社会的安定团结等，而必须遵循一些道德行为规范。它涉及审判人员在司法审判活动中与当事人、其他审判人员、律师、法院、其他国家部门、社会组织等之间的关系。从时间维度来讲，法官职业伦理的适用不局限于审理过程中，还包括案件审理之前、案件审理之后相当一段时间；从空间维度来讲，同样也不仅限于法庭当中，更包括法庭之外的个人生活场景中。

二、法官职业伦理的特征

法官职业伦理既有与社会职业道德相适应的一面，体现并服从于社会职业道德的一般性规定，但它又与法官职业本身有密不可分的联系，区别于一般的社会职业道德，具有自身的价值特点和职业属性。

（一）特定的主体

法官职业伦理的主体是在法院专门行使审判权的职业法官，并不包括法院的其他组成人员。由于我国法治建设历史的独特性，法官队伍的构成也相对较为复杂。按照法院内部的机构设置，根据职责分工的不同，除了拥有审判权的职业法官，法院内部还设有书记员、执行员、司法警察、行政内勤人员等一些其他工作人员。这些工作人员的任务只是协助职业法官行使审判权，根据本岗位的职业行为规范来工作，即虽然其与职业法官的司法活动有着极为密切的联系，但是他们与职业法官存在本质上的区别。我国《法官法》第2条对此亦有明确规定："法官是依法行使国家审判权的审判人员，包括最高人民法院、地方各级人民法院和军事法院等专门人民法院的院长、副院长、审判委员会委员、庭长、副庭长和审判员。"基于此，法官职业伦理的主体只有专门行使国家审判权的法官，不应泛化为法官队伍中不同职责的所有工作人员。

（二）特定的对象

法官职业伦理的规范对象是法官在行使审判权、履行相关司法职能以及个人家庭生活中的行为活动。一方面，法官职业伦理是与法官的职业角色和职业行为相联系的一种高度社会化的伦理，而法官的基本职责就是审判案件。因此，法官职业伦理首先要调整的就是法官行使审判权、履行相关司法职能的行为，这是对法官职业活动的行为规范和道德要求。另一方面，法官的个人家庭生活中的行为活动同样影响着法官的形象。因为，在社会公众看来，脱下法袍、走出法庭的法官个人亦是公平正义的符号和象征，是法律的代言人。基于此，法官职业伦理不仅体现在法官的职业活动中，而且渗透进法官群体的日常生活中。法官不仅要在职业活动中严格遵守法官职业伦理，而且在社会生活中也应该成为社会大众心目中的"楷模"。因此，法官职业伦理既约束法官的业内行为，也规范法官的业外活动。

（三）特定的内容

法官职业伦理的内容是特定的，其核心是公正司法。《法官职业道德基本准则》第2条规定，法官职业道德的核心是公正、为民、廉洁。为民和廉洁是一般职业伦理的通常要求，为民体现政治上的使命；而廉洁是对法官个人品质的要求。[1]而公正是结合法官角色定位的特殊性要求，这是因为法官代表国家行使审判权，其基本职责就是查清案件事实，正确适用法律，作出合理裁判，更深一层次的职责是定分止争，维护社会的公平正义。"公正"不仅是人类社会共同尊崇的价值追求，而且是司法活动最重要的价值目标。司法作为一种社会控制手段，不仅要依靠强制力消弭冲突、维护社会秩序，而且要

---

[1] 许身健：《法律职业伦理》（第三版），中国政法大学出版社2021年版，第108页。

依靠法官秉着公正的精神，运用法律专业知识和技能，公正裁决案件，让诉讼当事人和社会公众从心底上相信法官、相信司法。因此，公正司法是整个法官职业伦理最核心的内容，贯穿于法官职业伦理始终。

三、法官职业伦理的作用

法官职业伦理建设对规范法官业内业外行为、促进司法公信力提升、实现全面依法治国有着重要的意义，具体表现如下。

第一，法官职业伦理建设是规范法官业内和业外行为，维护司法职业形象的重要之举措。法官的职责是依法行使审判权，通过审判活动保护当事人权益、维护社会公平与稳定，从而促进法治国家的建设。然而，现实情况是司法腐败的情况一直存在，这不仅会造成个案的不公，而且会损毁法律职业的形象和声誉，使得公众对司法的信任感和依赖感大打折扣。法官公正的执法形象、庄严的审判活动、高尚的职业道德和良好的精神面貌，在人们心目中会唤起法律的威信和尊严，成为公平与正义的象征。[1]因此，法官职业伦理建设首要的目的就是规范法官的业内、业外行为，维护法官刚正不阿、公正司法的良好形象。

第二，法官职业伦理建设对司法公信力有促进作用，有助于社会道德风气的示范和引导。法官职业伦理在法律职业伦理中居于核心地位，对于法官业内、业外行为的要求都高于其他法律职业。在这些高要求、高标准之下，法官只有通过不断丰富自身的理论水平、不断精进案件的分析与论断，才能作出更符合各方诉讼当事人乃至社会公众心目中的公正裁判。同时，法官的司法形象和个人形象是社会的焦点，法官良好的裁判素养和高尚的道德情操，往往能潜移默化地向社会传递正能量，营造法治社会的良好氛围。因此，通过对法官实行职业伦理的学习和培养，可以使法官认识到自己应该担负的法律使命和社会责任，培养法律职业的荣誉感，从而减少司法腐败，提高司法公信力，重塑法律理想。

第三，法官职业伦理建设是落实"以德治国"治国方略，实现全面依法治国的重要保障。法律是成文的道德，道德是内心的法律。习近平总书记指出："要在道德体系中体现法治要求，发挥道德对法治的滋养作用，努力使道德体系同社会主义法律规范相衔接、相协调、相促进。"[2]法官具有良好的职业道德，是依法治国、建设社会主义法治国家的重要条件，是人民法院履行宪法和法律职责的重要保障。法官队伍的建设对于实现法治国家至关重要。法官的政治素质、职业道德和专业能力直接影响到法治工作的效果。因此，随着全面依法治国深入推进，法官队伍需要不断提升自身素质，包括思想政治素质、业务能力和职业道德，以适应新时代的法治要求。

---

[1] 余其营、吴云才：《法律伦理学研究》，西南交通大学出版社2009年版，第233页。

[2] 习近平：《坚持依法治国和以德治国相结合》，载新华网，http://www.xinhuanet.com/politics/2016-12/10/c.1120093133.htm。

四、法官职业伦理的法律渊源

我国法官职业伦理的来源主要体现在《法官法》(全国人大常委会 1995 年 2 月 28 日通过,2001 年 6 月 30 日、2017 年 9 月 1 日修正,2019 年 4 月 23 日修订)、《人民法院组织法》(全国人民代表大会 1979 年 7 月 1 日通过,1983 年 9 月 2 日、1986 年 12 月 2 日、2006 年 10 月 31 日修正,2018 年 10 月 26 日修订),两法奠定了原则性的法官职业伦理规范。而《法官职业道德基本准则》(最高人民法院 2001 年 10 月 18 日发布,2010 年 12 月 6 日修订后重新发布)和《法官行为规范》(最高人民法院 2005 年 11 月 4 日发布试行,2010 年 12 月 6 日修订后发布正式施行)搭建起较为完整的职业伦理规范框架体系。《人民法院工作人员处分条例》(最高人民法院 2009 年 12 月 31 日印发)和《人民法院监察工作条例》(最高人民法院 2008 年 6 月 5 日印发,2013 年 1 月 31 日修订)规定了法官违背职业伦理所应承担的惩戒后果。

此外,为全面推进高素质法官队伍建设,加强对法官的管理和监督,维护法官合法权益,保障法官依法履行职责,最高人民法院颁布了一系列有关规范性文件,亦构成了我国法官职业伦理的重要来源。例如,《关于"五个严禁"的规定》和《关于违反"五个严禁"规定的处理办法》(2009 年)、《关于人民法院落实廉政准则防止利益冲突的若干规定》(2012 年)、《关于完善人民法院司法责任制的若干意见》(2015 年)、《关于建立法官、检察官惩戒制度的意见(试行)》(2016 年)、《关于落实司法责任制完善审判监督管理机制的意见(试行)》(2017 年)、《人民法院落实〈保护司法人员依法履行法定职责规定〉的实施办法》(2017 年)等一系列具体规范构建起了我国法官行为规范体系。

第二节 法官职业伦理主要内容

最高人民法院出台的《法官职业道德基本准则》从我国法官队伍建设的实际情况出发,强调法官职业道德的核心是"公正、廉洁、为民"。根据该准则规定,法官职业伦理的基本要求包含五个方面:忠诚司法事业、保证司法公正、确保司法廉洁、坚持司法为民、维护司法形象。

一、忠诚司法事业

《忠经》云:"天下至德,莫大乎忠。"法官应当坚持社会主义法治理念,忠于党和人民,维护法律权威,热爱司法事业,恪守职业道德,保守国家秘密,维护国家利益和司法尊严。

(一)树立社会主义法治理念

根据《法官职业道德基本准则》第 4 条,法官应当牢固树立社会主义法治理念,这意味着法官要深刻理解并践行党的领导、人民当家作主和依法治国的有机统一。具体要求为：首先，忠诚于党，坚持党的领导，确保党的理论和路线方针政策在法治建设中得到贯彻和体现；其次，忠诚于国家，即维护国家的统一和尊严，保障国家的安全和发展利益；再次，忠于人民，即坚持以人民为中心的发展思想，保障人民的合法权益，维护人民的法治需求，让法治成为人民幸福生活的坚实后盾；最后，忠于法律，即确保法律的严肃性和权威性，让法律成为社会公平正义的有力保障。

（二）热爱司法事业、维护社会主义司法制度

根据《法官职业道德基本准则》第5—6条，法官应当热爱司法事业、维护社会主义司法制度。作为法治天平的守护者，法官应当满怀热情地投身于司法事业，珍惜身为法官的无上荣誉。维护社会主义司法制度要求法官做到以下几点。首先，深刻理解并践行依法治国的基本方略。将法治精神内化于心、外化于行，确保每一项司法决策和行为都符合法律的规定和精神。其次，尊崇、信仰以及遵守法律。要求法官以法律为准绳，以事实为依据，确保裁判的公正性和合法性。同时，不仅要在法庭上公正无私，在生活中也要严于律己。再次，严格执行法律。这要求法官在审理案件时，严格按照法定程序，公正地运用法律，确保每一项判决都能够体现法律的公正和权威。最后，自觉维护法律的权威和尊严。法官要通过自己的专业素养和公正行为，树立法律的权威，确保法律的尊严不受侵犯。

（三）维护国家利益、遵守政治纪律

根据《法官职业道德基本准则》第7条，法官应当维护国家利益、遵守政治纪律。法官在维护国家利益和司法权威方面承担着重要责任。他们必须遵守政治纪律，保守国家秘密和审判工作秘密，这是确保司法公正和法律严肃性的基础。法官不得从事或参与任何可能损害国家利益和司法权威的活动，也不能发表任何有损国家利益和司法权威的言论。

二、保证司法公正

《荀子·不苟》云："公生明，偏生暗。"法官应当坚持公正审理案件，不受外界干扰；以事实和法律为依据，确保裁判公正；遵守程序，保障诉讼权利；提高办案效率，节约司法资源；实行司法公开，接受监督；遵守回避制度，保持中立；尊重同行，不干预他案。

（一）依法独立行使审判权

根据《法官职业道德基本准则》第8条，法官应当依法独立行使审判权。依法独立行使审判权是指法官在审判案件时，依照法律规定独立作出判断和裁决，不受行政机关、社会团体和个人的非法干涉。这一原则的核心在于保障法官在审理案件时的独立性，包括外部独立和内部独立。外部独立意味着法官在行使审判权时不受外部因素如行政权力的干预；内部独立则指法官在法院系统内部也应享有独立性，不受来自上级人民法院或法院内部其他人员的不当影响。但是法官依法独立行使审判权并不意味着法官可以完全不受任何监督。法官仍然需要接受法律监督和人民群众的监督，确保其审判活动

的合法性和公正性。

（二）以事实为根据，以法律为准绳

根据《法官职业道德基本准则》第9条，法官在裁判案件时应当"以事实为根据，以法律为准绳"。"以事实为根据"要求法官在审理案件时，必须以案件的客观事实为基础，这些事实需要努力查明案件事实，通过合法、有效的证据来证明，避免主观臆断。"以法律为准绳"要求法官在裁判时应当选择正确的法律规范，准确理解和解释法律条文，确保法律的正确适用，避免法律适用上的错误，如法律条文的误读或不当类推等，确保裁判结果的合法性和正当性。"以事实为根据，以法律为准绳"是司法公正的重要体现。只有坚持实事求是，以充分确凿的事实作为判案的根据，用法律这个尺度来衡量，以法律作为定案的准绳，才能做到不枉不纵、公正无私，保证公正透明的司法审判。

（三）坚持实体公正与程序公正并重

根据《法官职业道德基本准则》第10条，法官在裁判案件时，应当坚持实体公正与程序公正并重。实体公正是指裁判结果的公正性，即裁判结果应当符合法律的规定和社会的公平正义。程序公正是指审判过程的公正性，即审判过程应当公开、透明、合法，保障当事人的诉讼权利。二者并重意味着法官在追求裁判结果公正的同时，不能忽视审判过程的公正性。实体公正和程序公正都是司法公正的重要组成部分，程序公正是实现实体公正的必要前提和重要手段，实体公正是程序公正的最终目的和结果，二者相互依存、不可偏废。实体公正存在一定程度的自由裁量权，程序公正则更具有客观性。

（四）提高司法效率

根据《法官职业道德基本准则》第11条，法官在履行职责时应当提高司法效率。这要求法官做到以下几点。首先，严格遵守法定办案时限。法官需要在规定的时间内完成案件的审理、判决和执行，以确保当事人的权益得到及时的保护。其次，注重节约司法资源。法官在办案过程中可以通过优化案件分配、减少不必要的程序和提高案件处理的自动化程度来实现合理利用司法资源。最后，杜绝玩忽职守、拖延办案。法官要有高度的职业责任感，避免任何可能导致案件延误的行为。包括但不限于故意拖延案件处理、忽视案件重要性以及未及时采取必要的救济措施。

（五）恪守司法公开

根据《法官职业道德基本准则》第12条，法官应当恪守司法公开原则，尊重人民群众的知情权。法官在执行职责时，应严格遵守司法公开原则，确保审判过程和结果对公众透明，以增强公众对司法的信任。恪守司法公开原则是尊重人民群众的知情权的重要体现。通过公开审判、发布判决书等方式，让公众了解案件进展和判决依据。同时，法官应自觉接受法律和社会的监督，确保不受外部不当影响。这包括避免政治、经济压力或其他形式的干预，坚守法律原则，公正无私地审理案件。通过这些措施，法官能够维护司法的公正性和透明度，促进法治社会的建设。

（六）保持司法中立

根据《法官职业道德基本准则》第13条，法官应当保持司法中立。在司法实践中，法官的角色至关重要，他们不仅是法律的执行者，而且是正义的守护者。因此，法官必须严格遵守司法回避制度，确保在审理案件时能够保持客观和公正。这意味着法官在处理案件时，必须摒弃任何个人偏见，确保每一方当事人都能得到平等的对待。为了实现这一目标，法官需要保持中立的立场，不偏袒任何一方，也不对任何一方进行歧视。这种中立不仅体现在言语和行为上，而且体现在法官的内心信念中。因此，法官应当通过公开透明的程序，确保所有的交流都在法庭上进行，让所有的证据和论点都能得到充分的展示和考量，避免与当事人及其代理人、辩护人进行任何不适当的私下接触。

三、确保司法廉洁

"公生明，廉生威。"公道正派才能出清风正气，廉洁自律才能塑良好形象。[1]司法廉洁是实现社会公平正义的前提，是构建公正、透明、高效司法体系的核心要素。法官应当坚守廉洁自律，正确行使审判权，拒绝任何形式的不正当利益；遵守廉洁规定，不接受请客送礼，不利用职务谋私利；不参与营利活动，不兼任法律顾问；公正处理个人事务，不谋求特殊利益，如实报告个人事项。

（一）禁止获取不正当利益

根据《法官职业道德基本准则》第 16 条，应当禁止法官获取不正当利益。在履行职责的过程中，法官必须严格遵守廉洁司法规定，这是确保司法公正的基石。廉洁司法不仅要求法官不接受案件当事人及相关人员的请客送礼，而且要求他们不利用职务便利或法官身份谋取不正当利益。这意味着法官必须在任何时候都保持高度的警觉，避免任何可能影响公正司法的行为。

此外，法官还应避免与当事人或其他诉讼参与人进行不正当的交往，这包括但不限于私下会见、不当接触或任何可能引起公众怀疑的行为。这种行为不仅损害了司法的公信力，而且破坏了法治的根基。法官应当以公正无私的态度对待每一起案件，确保法律的权威和尊严得到维护。

（二）限制从事业外活动

根据《法官职业道德基本准则》第 17 条，应当限制法官从事业外活动。法官作为司法公正的化身，必须恪守职业道德，确保其行为不受任何商业利益的影响。为此，法官不得从事或参与任何营利性的经营活动，包括但不限于不得在企业或其他以盈利为目的的组织中兼任法律顾问等职务。这样的规定旨在避免法官因经济利益而影响其公正裁决的能力，确保法官的独立性和公正性。

此外，法官在处理未决案件或再审案件时，不得向当事人或其他诉讼参与人提供任何形式的咨询意见。这是为了防止法官与案件当事人之间产生不当接触，确保案件的审理过程公正无私。法官应当在法庭上公开透明地进行案件的审理和判决，而不是在庭外进行任何可能影响案件公正性的交流。

---

[1] 顾伯冲：《人民日报人民论坛：行"正"致远》，载《人民日报》2020 年 9 月 25 日。

（三）督促约束家庭成员

根据《法官职业道德基本准则》第18条，法官应当督促约束其家庭成员。在个人和家庭事务的处理上，法官应以身作则，确保其行为不会对司法公正造成任何影响。具体来说，法官应当避免利用其职位的特殊性来寻求不应有的利益或便利，无论是在私人生活中还是在公共场合，都应保持谦逊和自律，以实际行动树立良好的个人形象。

此外，法官有责任如实向相关部门报告个人重要事项，包括但不限于个人财产、投资、债务等信息。这一透明度要求有助于增强公众对司法系统的信任，确保法官的决策不受个人经济利益的不当影响。同时，法官还应当教育和督促家庭成员，不得利用法官的职权或地位来谋取不正当的利益。这不仅是对法官个人的要求，而且是对其家庭成员行为的一种规范，以防止任何可能的道德风险和利益冲突。

四、坚持司法为民

《尚书·五子之歌》有曰："民惟邦本，本固邦宁。"法官应当坚持司法为民，关注群众诉求，维护合法权益；发挥司法能动性，寻求案结事了；执行便民规定，降低诉讼成本；尊重当事人和律师，保障其权利，避免不良作风。

（一）维护人民群众合法权益

根据《法官职业道德基本准则》第19条，法官应当树立"以人为本、司法为民"的理念。法官作为法治的实践者和公平正义的守护者，应当始终将人民的利益放在首位，坚持以人为本、司法为民的根本宗旨。这意味着法官在履行职责时，不仅要严格遵守法律程序，还要深刻理解并积极回应人民群众的合理诉求和期待。

在处理案件时，法官应耐心倾听当事人的意见，尊重他们的合法权益，以高度的责任感和使命感，确保每一位公民都能在司法过程中感到公平和正义。同时，法官还应关注群众的感受，以更加人性化的方式进行司法审判，努力让法律的温暖和力量触及人心。

此外，法官还应积极参与社会治理，通过公开审判、法治宣传等方式，提高公众的法律意识，促进社会和谐稳定。通过这些举措，法官不仅能够维护法律的权威，还能够赢得人民群众的信任和支持，为构建法治社会贡献力量。

（二）实现法与社会效果统一

根据《法官职业道德基本准则》第20条，法官应当努力实现法律效果与社会效果的统一。法官在处理案件时，应当注重发挥司法在社会治理中的作用，通过公正、高效的司法活动，促进社会和谐稳定。这要求法官在裁判中既要体现法律的权威，也要传递司法的温暖，让人民群众在每一个司法案件中都能感受到公平正义。法官在裁判过程中应注重法律效果与社会效果的统一。这意味着法官在确保法律正确适用的同时，也应考虑裁判结果对社会的影响，力求实现法律公正与社会公正的有机结合。

（三）尊重、保障当事人诉讼权利

根据《法官职业道德基本准则》第21—22条，法官应当尊重、保障当事人诉讼权利。一方面，法官应当认真执行司法便民规定，努力为当事人和其他诉讼参与人提供必要的诉讼便利,尽可能降低其诉讼成本,譬如通过提供网上立案、在线调解、巡回审判等多元化诉讼服务,减轻当事人诉累,降低诉讼成本,确保当事人能够便捷地行使诉讼权利。另一方面,法官应当尊重当事人和其他诉讼参与人的人格尊严,避免盛气凌人、"冷硬横推"等不良作风,这体现了司法的人文关怀和文明司法的精神。在与律师的互动时,法官应充分尊重律师的职业权利,依法保障律师参与诉讼活动的权利,这有助于构建法官与律师之间良性互动的司法环境,促进案件的公正审理。

五、维护司法形象

良好的司法形象是司法公信力的增色剂。法官应当持续学习,公正办案,弘扬正义;文明司法,遵守礼仪,保持良好形象;加强修养,培养高尚品德,遵守社会公德;退休后遵守规定,不干预办案,维护职业形象。

(一)坚持业务学习

根据《法官职业道德基本准则》第 23 条,法官应当坚持学习,精研业务,这是提升司法质量和效率的关键。首先,法官需要不断更新自己的法律知识。随着法律的不断发展和完善,新的法规、司法解释层出不穷,法官必须通过持续学习来掌握最新的法律动态。其次,法官应当通过实践来提高自己的业务能力。每一个案件都是对法官专业素养的考验,法官将理论知识与实际情况相结合,不断提升自己的实务操作能力。最后,法官还应当注重提升自己的综合素质,包括法律研究能力、数据搜索能力、舆情处置能力等,这有助于法官更好地理解案件背后的复杂情况,提高裁判的准确性和公信力。

(二)遵守司法礼仪

根据《法官职业道德基本准则》第 24 条,法官应当坚持文明司法,遵守司法礼仪。法官在司法活动中,应坚定不移地贯彻文明司法的原则,恪守司法礼仪,以实际行动维护法律的尊严和司法的权威。应当以规范的行为、得体的着装、文明的语言和平和的态度,展现法官应有的职业形象和修养。在审判过程中,法官的每一次开庭、每一次裁决,都是对法治精神的体现,也是对公众信任的塑造。

文明司法不仅是对法官在法庭上的表现的要求,而且要求他们在日常工作中,以公正无私、严谨细致的态度处理每一项司法事务。他们应当以身作则,通过自己的言行传递出法治的正能量,树立起司法公正、清廉、文明的良好形象。通过这样的努力,法官能够赢得当事人和社会的尊重,为构建和谐社会提供坚实的司法保障。

(三)加强自身修养

根据《法官职业道德基本准则》第 25 条,法官应当加强自身修养,培育高尚道德操守和健康生活情趣。首先,法官应当自觉抵制不良嗜好和行为,这些行为不仅包括违法违纪的严重行为,而且包括那些看似微小却可能侵蚀法官职业道德的不良习惯。其次,法官在履行职责过程中,应当展现规范的行为、得体的着装、文明的语言和温和的态度。通过这些外在表现,法官能够在公众心目中树立起正面形象,增强司法的亲和力和公信力。

此外,法官还应当注重个人声誉的维护,这不仅包括在司法活动中的公正无私,而且包括在私人生活中的正直诚实。法官的个人声誉是司法公信力的重要组成部分,良好的声誉能够为法官赢得当事人和社会的尊重与信任。最后,法官应当通过不断学习和实践,提高自己的道德认识和道德修养,确保自己的行为始终符合法官职业道德的要求。

第三节 法官职业责任

法官职业伦理规范不仅构成法官伦理义务,而且构成法官职业纪律的具体内容,即违反法官职业伦理的行为同样会违反法律义务,需要承担纪律惩戒或法律制裁。[1]故此,法官职业责任,是指法官因违反法官职业伦理而违反了国家公务员管理纪律或者法律法规的规定,从而应承担的不利后果。[2]

一、法官职业责任概述

根据《法官法》第46条的规定,我国法官职业责任分为纪律责任和刑事责任两种形式。对于法官在履职过程中,或利用职务便利实施的犯罪而言,我国《刑法》第八章和第九章有具体的规定[3],此处不再赘述。故此,本章所称的法官职业责任,特指纪律责任。

(一)责任的方式与期间

根据《人民法院工作人员处分条例》第6—11条规定,法官纪律处分的方式及期间为:(1)警告,6个月;(2)记过,12个月;(3)记大过,18个月;(4)降级、撤职,24个月;(5)开除。受处分期间不得晋升职务、级别,其中,受记过、记大过、降级、撤职处分的,不得晋升工资档次;受撤职处分的,应当按照规定降低级别;受开除处分的,自处分决定生效之日起,解除与人民法院的人事关系,不得再担任公务员职务。同时有两种以上需要给予处分的行为的,应当分别确定其处分种类。应当给予的处分种类不同的,执行其中最重的处分;应当给予撤职以下多个相同种类处分的,执行该处分,并在一个处分期以上、多个处分期之和以下,决定应当执行的处分期。在受处分期间受到新的处分的,其处分期为原处分期尚未执行的期限与新处分期限之和。处分期最长不超过48个月。二人以上共同违纪违法,需要给予处分的,根据各自应当承担的纪律责任分别给予处分。第18条规定,对违纪违法取得的财物和用于违纪违法的财物,应当

---

[1] 王新清主编:《法律职业伦理》,法律出版社2021年版,第136页。
[2] 许身健:《法官职业伦理(第三版)》,中国政法大学出版社2021年版,第128页。
[3] 具体包括贪污罪,受贿罪,挪用公款罪,巨额财产来源不明罪,隐瞒境外存款罪,滥用职权罪,玩忽职守罪,泄露国家秘密罪,徇私枉法罪,枉法裁判罪,徇私舞弊减刑、假释、暂予监外执行罪等。

没收、追缴或者责令退赔。没收、追缴的财物,一律上缴国库。对违纪违法获得的职务、职称、学历、学位、奖励、资格等,应当建议有关单位、部门按规定予以纠正或者撤销。

(二)责任的特殊情形

根据《人民法院工作人员处分条例》第4条中的"处分与违纪行为相适应"的原则,对于法官违反纪律行为的惩处需要根据违纪客观情况、主观过错以及后果影响等各异情况给予差别处分。如对违纪违法行为情节轻微,经过批评教育后改正的,可以免予处分;对本应当给予警告处分,又有减轻处分情形的,免予处分;在法官退休之后违纪违法,或者在任职期间违纪违法、在处分决定作出前已经退休的,不再给予纪律处分;但是,应当给予降级、撤职、开除处分的,应当按照规定相应降低或者取消其享受的待遇。

1. 从重、加重纪律处分的情形

法官有下列情形之一的,应当在《人民法院工作人员处分条例》分则规定的处分幅度以内从重、加重处分:(1)在共同违纪违法行为中起主要作用的;(2)隐匿、伪造、销毁证据的;(3)串供或者阻止他人揭发检举、提供证据材料的;(4)包庇同案人员的;(5)法律、法规和该条例分则中规定的其他从重情节。

2. 从轻、减轻纪律处分的情形

法官有下列情形之一的,应当在《人民法院工作人员处分条例》分则规定的处分幅度以内从轻、减轻处分:(1)主动交代违纪违法行为的;(2)主动采取措施,有效避免或者挽回损失的;(3)检举他人重大违纪违法行为,情况属实的;(4)法律、法规和本条例分则中规定的其他从轻情节。主动交代违纪违法行为,并主动采取措施有效避免或者挽回损失的,应当在该条例分则规定的处分幅度以外降低一个档次给予减轻处分。

3. 不给予或免于纪律处分的情形

法官有下列情形之一的,不应当给予纪律处分:(1)因法律、法规没有规定或者法律、法规规定不明确,在认识上产生偏差的;(2)法律、法规虽有规定,但在适用法律时对法律、法规在理解和认识上产生偏差的;(3)在案件事实和证据的认定上产生认识上的偏差的。错误情节较轻,未造成不良后果,且认错态度好,能积极改正错误的,可免予纪律处分。

4. 解除、变更和撤销纪律处分的情形

根据《人民法院工作人员处分条例》第19—21条,法官受开除以外处分的,在受处分期间有悔改表现,并且没有再发生违纪违法行为的,处分期满后应当解除处分。解除处分后,晋升工资档次、级别、职务不再受原处分的影响。但是,解除降级、撤职处分的,不视为恢复原级别、原职务。

有下列情形之一的,应当变更或者撤销法官的处分决定:(1)适用法律、法规或者该条例规定错误的;(2)对违纪违法行为的事实、情节认定有误的;(3)处分所依据的违纪违法事实证据不足的;(4)调查处理违反法定程序,影响案件公正处理的;(5)作出处分决定超越职权或者滥用职权的;(6)有其他处分不当情形的。

处分决定被变更,需要调整被处分人员的职务、级别或者工资档次的,应当按照规定予以调整;处分决定被撤销的,应当恢复其级别、工资档次,按照原职务安排相应的职务,并在适当范围内为其恢复名誉。因变更而减轻处分或者被撤销处分人员的工资福利受到损失的,应当予以补偿。

二、法官承担职业责任的具体事由

《法官法》第46条规定了9种需要追究法官职业责任的行为。根据《法官法》第46条,法官有下列行为之一的,应当给予处分;构成犯罪的,依法追究刑事责任:(1)贪污受贿、徇私舞弊、枉法裁判的;(2)隐瞒、伪造、变造、故意损毁证据、案件材料的;(3)泄露国家秘密、审判工作秘密、商业秘密或者个人隐私的;(4)故意违反法律法规办理案件的;(5)因重大过失导致裁判结果错误并造成严重后果的;(6)拖延办案,贻误工作的;(7)利用职权为自己或者他人谋取私利的;(8)接受当事人及其代理人利益输送,或者违反有关规定会见当事人及其代理人的;(9)违反有关规定从事或者参与营利性活动,在企业或者其他营利性组织中兼任职务的;(10)有其他违纪违法行为的。但这些规范表述较为粗略,因此最高人民法院于2009年颁布的《人民法院工作人员处分条例》从七个方面(违反政治纪律的行为、违反办案纪律的行为、违反廉政纪律的行为、违反组织人事纪律的行为、违反财经纪律的行为、失职行为、违反管理秩序和社会道德的行为),对人民法院工作人员的职务行为和日常生活行为进行了全面规范。

(一)违反政治纪律的行为

散布有损国家声誉的言论,参加旨在反对国家的集会、游行、示威等活动的,给予记大过处分;情节较重的,给予降级或者撤职处分;情节严重的,给予开除处分。因不明真相被裹挟参加上述活动,经批评教育后确有悔改表现的,可以减轻或者免予处分。

参加非法组织或者参加罢工的,给予记大过处分;情节较重的,给予降级或者撤职处分;情节严重的,给予开除处分。因不明真相被裹挟参加上述活动,经批评教育后确有悔改表现的,可以减轻或者免予处分。

违反国家的民族宗教政策,造成不良后果的,给予记大过处分;情节较重的,给予降级或者撤职处分;情节严重的,给予开除处分。因不明真相被裹挟参加上述活动,经批评教育后确有悔改表现的,可以减轻或者免予处分。

在对外交往中损害国家荣誉和利益的,给予记大过处分;情节较重的,给予降级或者撤职处分;情节严重的,给予开除处分。

非法出境,或者违反规定滞留境外不归的,给予记大过处分;情节较重的,给予降级或者撤职处分;情节严重的,给予开除处分。

未经批准获取境外永久居留资格,或者取得外国国籍的,给予记大过处分;情节较重的,给予降级或者撤职处分;情节严重的,给予开除处分。

有其他违反政治纪律行为的,给予警告、记过或者记大过处分;情节较重的,给予降级或者撤职处分;情节严重的,给予开除处分。

（二）违反办案纪律的行为

违反规定，擅自对应当受理的案件不予受理，或者对不应当受理的案件违法受理的，给予警告、记过或者记大过处分；情节较重的，给予降级或者撤职处分；情节严重的，给予开除处分。

违反规定应当回避而不回避，造成不良后果的，给予警告、记过或者记大过处分；情节较重的，给予降级或者撤职处分；情节严重的，给予开除处分。

明知诉讼代理人、辩护人不符合担任代理人、辩护人的规定，仍准许其担任代理人、辩护人，造成不良后果的，给予警告、记过或者记大过处分；情节较重的，给予降级处分；情节严重的，给予撤职处分。

违反规定会见案件当事人及其辩护人、代理人、请托人的，给予警告处分；造成不良后果的，给予记过或者记大过处分。

违反规定为案件当事人推荐、介绍律师或者代理人，或者为律师或者其他人员介绍案件的，给予警告处分；造成不良后果的，给予记过或者记大过处分。

违反规定插手、干预、过问案件，或者为案件当事人通风报信、说情打招呼的，给予警告、记过或者记大过处分；情节较重的，给予降级或者撤职处分；情节严重的，给予开除处分。

依照规定应当调查收集相关证据而故意不予收集，造成不良后果的，给予警告、记过或者记大过处分；情节较重的，给予降级或者撤职处分；情节严重的，给予开除处分。

依照规定应当采取鉴定、勘验、证据保全等措施而故意不采取，造成不良后果的，给予警告、记过或者记大过处分；情节较重的，给予降级或者撤职处分；情节严重的，给予开除处分。

依照规定应当采取财产保全措施或者执行措施而故意不采取，或者依法应当委托有关机构审计、鉴定、评估、拍卖而故意不委托，造成不良后果的，给予警告、记过或者记大过处分；情节较重的，给予降级或者撤职处分；情节严重的，给予开除处分。

违反规定采取或者解除财产保全措施，造成不良后果的，给予警告、记过或者记大过处分；情节较重的，给予降级或者撤职处分；情节严重的，给予开除处分。

故意违反规定选定审计、鉴定、评估、拍卖等中介机构，或者串通、指使相关中介机构在审计、鉴定、评估、拍卖等活动中徇私舞弊、弄虚作假的，给予警告、记过或者记大过处分；情节较重的，给予降级或者撤职处分；情节严重的，给予开除处分。

故意违反规定采取强制措施的，给予警告、记过或者记大过处分；情节较重的，给予降级或者撤职处分；情节严重的，给予开除处分。

故意毁弃、篡改、隐匿、伪造、偷换证据或者其他诉讼材料的，给予记大过处分；情节较重的，给予降级或者撤职处分；情节严重的，给予开除处分。指使、帮助他人作伪证或者阻止他人作证的，给予降级或者撤职处分；情节严重的，给予开除处分。

故意向合议庭、审判委员会隐瞒主要证据、重要情节或者提供虚假情况的，给予警告、记过或者记大过处分；情节较重的，给予降级或者撤职处分；情节严重的，给予开除处分。

故意泄露合议庭、审判委员会评议、讨论案件的具体情况或者其他审判执行工作秘密的，给予记过或者记大过处分；情节较重的，给予降级或者撤职处分；情节严重的，给予开除处分。

故意违背事实和法律枉法裁判的，给予降级或者撤职处分；情节严重的，给予开除处分。

因徇私而违反规定迫使当事人违背真实意愿撤诉、接受调解、达成执行和解协议并损害其利益的，给予警告、记过或者记大过处分；情节较重的，给予降级或者撤职处分；情节严重的，给予开除处分。

故意违反规定采取执行措施，造成案件当事人、案外人或者第三人财产损失的，给予记大过处分；情节较重的，给予降级或者撤职处分；情节严重的，给予开除处分。

故意违反规定对具备执行条件的案件暂缓执行、中止执行、终结执行或者不依法恢复执行，造成不良后果的，给予记大过处分；情节较重的，给予降级或者撤职处分；情节严重的，给予开除处分。

故意违反规定拖延办案的，给予警告、记过或者记大过处分；情节较重的，给予降级或者撤职处分；情节严重的，给予开除处分。

故意拖延或者拒不执行合议庭决议、审判委员会决定以及上级人民法院判决、裁定、决定、命令的，给予警告、记过或者记大过处分；情节较重的，给予降级或者撤职处分；情节严重的，给予开除处分。

私放被羁押人员的，给予记大过处分；情节较重的，给予降级或者撤职处分；情节严重的，给予开除处分。

违反规定私自办理案件的，给予警告、记过或者记大过处分；情节较重的，给予降级或者撤职处分；情节严重的，给予开除处分。内外勾结制造假案的，给予降级、撤职或者开除处分。

伪造诉讼、执行文书，或者故意违背合议庭决议、审判委员会决定制作诉讼、执行文书的，给予记大过处分；情节较重的，给予降级或者撤职处分；情节严重的，给予开除处分。送达诉讼、执行文书故意不依照规定，造成不良后果的，给予警告、记过或者记大过处分。

违反规定将案卷或者其他诉讼材料借给他人的，给予警告处分；造成不良后果的，给予记过或者记大过处分。

对外地人民法院依法委托的事项拒不办理或者故意拖延办理，造成不良后果的，给予警告、记过或者记大过处分；情节严重的，给予降级或者撤职处分。阻挠、干扰外地人民法院依法在本地调查取证或者采取相关财产保全措施、执行措施、强制措施的，给予警告、记过或者记大过处分；情节较重的，给予降级或者撤职处分；情节严重的，给予开除处分。

有其他违反办案纪律行为的，给予警告、记过或者记大过处分；情节较重的，给予降级或者撤职处分；情节严重的，给予开除处分。

（三）违反廉政纪律的行为

利用职务便利，采取侵吞、窃取、骗取等手段非法占有诉讼费、执行款物、罚没款物、案件暂存款、赃款赃物及其孳息等涉案财物或者其他公共财物的，给予记大过处分；情节较重的，给予降级或者撤职处分；情节严重的，给予开除处分。

利用司法职权或者其他职务便利，索取他人财物及其他财产性利益的，或者非法收受他人财物及其他财产性利益，为他人谋取利益的，给予记大过处分；情节较重的，给予降级或者撤职处分；情节严重的，给予开除处分。

利用司法职权或者其他职务便利为他人谋取利益，以低价购买、高价出售、收受干股、合作投资、委托理财、赌博等形式非法收受他人财物，或者以特定关系人"挂名"领取薪酬或者收受财物等形式，非法收受他人财物，或者违反规定收受各种名义的回扣、手续费归个人所有的，依照前款规定处分。

行贿或者介绍贿赂的，给予记过或者记大过处分；情节较重的，给予降级或者撤职处分；情节严重的，给予开除处分。向审判、执行人员行贿或者介绍贿赂的，依照前款规定从重处分。

挪用诉讼费、执行款物、罚没款物、案件暂存款、赃款赃物及其孳息等涉案财物或者其他公共财物的，给予记过或者记大过处分；情节较重的，给予降级或者撤职处分；情节严重的，给予开除处分。

接受案件当事人、相关中介机构及其委托人的财物、宴请或者其他利益的，给予警告、记过或者记大过处分；情节较重的，给予降级或者撤职处分；情节严重的，给予开除处分。违反规定向案件当事人、相关中介机构及其委托人借钱、借物的，给予警告、记过或者记大过处分。

以单位名义集体截留、使用、私分诉讼费、执行款物、罚没款物、案件暂存款、赃款赃物及其孳息等涉案财物或者其他公共财物的，给予警告、记过或者记大过处分；情节较重的，给予降级或者撤职处分；情节严重的，给予开除处分。

利用司法职权，以单位名义向公民、法人或者其他组织索要赞助或者摊派、收取财物的，给予记过或者记大过处分；情节较重的，给予降级或者撤职处分；情节严重的，给予开除处分。

故意违反规定设置收费项目、扩大收费范围、提高收费标准的，给予警告、记过或者记大过处分；情节较重的，给予降级或者撤职处分；情节严重的，给予开除处分。

违反规定从事或者参与营利性活动，在企业或者其他营利性组织中兼职的，给予记过或者记大过处分；情节较重的，给予降级或者撤职处分；情节严重的，给予开除处分。

利用司法职权或者其他职务便利，为特定关系人谋取不正当利益，或者放任其特定关系人、身边工作人员利用本人职权谋取不正当利益的，给予记过或者记大过处分；情节较重的，给予降级或者撤职处分；情节严重的，给予开除处分。

有其他违反廉政纪律行为的，给予警告、记过或者记大过处分；情节较重的，给予降级或者撤职处分；情节严重的，给予开除处分。

（四）违反组织人事纪律的行为

违反议事规则，个人或者少数人决定重大事项，或者改变集体作出的重大决定，造成决策错误的，给予警告、记过或者记大过处分；情节较重的，给予降级或者撤职处分；情节严重的，给予开除处分。

故意拖延或者拒不执行上级依法作出的决定、决议的，给予警告、记过或者记大过处分；情节较重的，给予降级或者撤职处分；情节严重的，给予开除处分。

对职责范围内发生的重大事故、事件不按规定报告、处理的，给予记过或者记大过处分；情节较重的，给予降级或者撤职处分；情节严重的，给予开除处分。

对职责范围内发生的违纪违法问题隐瞒不报、压案不查、包庇袒护的，或者对上级交办的违纪违法案件故意拖延或者拒不办理的，给予记大过处分；情节较重的，给予降级或者撤职处分；情节严重的，给予开除处分。

压制批评，打击报复，扣压、销毁举报信件，或者向被举报人透露举报情况的，给予记过或者记大过处分；情节较重的，给予降级或者撤职处分；情节严重的，给予开除处分。

在人员录用、招聘、考核、晋升职务、晋升级别、职称评定以及岗位调整等工作中徇私舞弊、弄虚作假的，给予警告、记过或者记大过处分；情节较重的，给予降级或者撤职处分；情节严重的，给予开除处分。

弄虚作假，骗取荣誉，或者谎报学历、学位、职称的，给予警告、记过或者记大过处分；情节较重的，给予降级或者撤职处分；情节严重的，给予开除处分。

拒不执行机关的交流决定，或者在离任、辞职、被辞退时，拒不办理公务交接手续或者拒不接受审计的，给予警告、记过或者记大过处分；情节较重的，给予降级或者撤职处分；情节严重的，给予开除处分。

旷工或者因公外出、请假期满无正当理由逾期不归，造成不良后果的，给予警告、记过或者记大过处分；情节较重的，给予降级或者撤职处分；情节严重的，给予开除处分。

以不正当方式谋求本人或者特定关系人用公款出国，或者擅自延长在国外、境外期限，或者擅自变更路线，造成不良后果的，给予警告、记过或者记大过处分；情节较重的，给予降级或者撤职处分；情节严重的，给予开除处分。

有其他违反组织人事纪律行为的，给予警告、记过或者记大过处分；情节较重的，给予降级或者撤职处分；情节严重的，给予开除处分。

（五）违反财经纪律的行为

违反规定进行物资采购或者工程项目招投标，造成不良后果的，给予警告、记过或者记大过处分；情节较重的，给予降级或者撤职处分；情节严重的，给予开除处分。

违反规定擅自开设银行账户或者私设"小金库"的，给予警告处分；情节较重的，给予记过或者记大过处分；情节严重的，给予降级或者撤职处分。

伪造、变造、隐匿、毁弃财务账册、会计凭证、财务会计报告的，给予警告、记过或者记大过处分；情节较重的，给予降级或者撤职处分；情节严重的，给予开除处分。

违反规定挥霍浪费国家资财的，给予警告处分；情节较重的，给予记过或者记大过处分；情节严重的，给予降级或者撤职处分。

有其他违反财经纪律行为的，给予警告、记过或者记大过处分；情节较重的，给予降级或者撤职处分；情节严重的，给予开除处分。

（六）失职行为

因过失导致依法应当受理的案件未予受理，或者不应当受理的案件被违法受理，造成不良后果的，给予警告、记过或者记大过处分。

因过失导致错误裁判、错误采取财产保全措施、强制措施、执行措施，或者应当采取财产保全措施、强制措施、执行措施而未采取，造成不良后果的，给予警告、记过或者记大过处分；造成严重后果的，给予降级、撤职或者开除处分。

因过失导致所办案件严重超出规定办理期限，造成严重后果的，给予警告、记过或者记大过处分。

因过失导致被羁押人员脱逃、自伤、自杀或者行凶伤人的，给予记过或者记大过处分；造成严重后果的，给予降级、撤职或者开除处分。

因过失导致诉讼、执行文书内容错误，造成严重后果的，给予警告、记过或者记大过处分。

因过失导致国家秘密、审判执行工作秘密及其他工作秘密、履行职务掌握的商业秘密或者个人隐私被泄露，造成不良后果的，给予警告、记过或者记大过处分；情节较重的，给予降级或者撤职处分；情节严重的，给予开除处分。

因过失导致案卷或者证据材料损毁、丢失的，给予警告、记过或者记大过处分；造成严重后果的，给予降级或者撤职处分。

因过失导致职责范围内发生刑事案件、重大治安案件、重大社会群体性事件或者重大人员伤亡事故，使公共财产、国家和人民利益遭受重大损失的，给予记过或者记大过处分；情节较重的，给予降级或者撤职处分；情节严重的，给予开除处分。

有其他失职行为造成不良后果的，给予警告、记过或者记大过处分；情节较重的，给予降级或者撤职处分；情节严重的，给予开除处分。

（七）违反管理秩序和社会道德的行为

因工作作风懈怠、工作态度恶劣，造成不良后果的，给予警告、记过或者记大过处分。

故意泄露国家秘密、工作秘密，或者故意泄露因履行职责掌握的商业秘密、个人隐私的，给予记过或者记大过处分；情节较重的，给予降级或者撤职处分；情节严重的，给予开除处分。

弄虚作假，误导、欺骗领导和公众，造成不良后果的，给予警告、记过或者记大过处分；情节较重的，给予降级或者撤职处分；情节严重的，给予开除处分。

因酗酒影响正常工作或者造成其他不良后果的，给予警告、记过或者记大过处分；情节较重的，给予降级、撤职处分；情节严重的，给予开除处分。

违反规定保管、使用枪支、弹药、警械等特殊物品，造成不良后果的，给予警告、记过或者记大过处分；情节较重的，给予降级或者撤职处分；情节严重的，给予开除处分。

违反公务车管理使用规定，发生严重交通事故或者造成其他不良后果的，给予警告、记过或者记大过处分；情节较重的，给予降级或者撤职处分；情节严重的，给予开除处分。

妨碍执行公务或者违反规定干预执行公务的，给予记过或者记大过处分；情节较重的，给予降级或者撤职处分；情节严重的，给予开除处分。

以殴打、辱骂、体罚、非法拘禁或者诽谤、诬告等方式侵犯他人人身权利的，给予记过或者记大过处分；情节较重的，给予降级或者撤职处分；情节严重的，给予开除处分。体罚、虐待被羁押人员，或者殴打、辱骂诉讼参与人、涉诉上访人的，依照前款规定从重处分。

与他人通奸，造成不良影响的，给予警告、记过或者记大过处分；情节较重的，给予降级或者撤职处分；情节严重的，给予开除处分。与所承办案件的当事人或者当事人亲属发生不正当两性关系的，依照前款规定从重处分。

重婚或者包养情人的，给予撤职或者开除处分。

拒不承担赡养、抚养、扶养义务，或者虐待、遗弃家庭成员的，给予警告、记过或者记大过处分；情节较重的，给予降级或者撤职处分；情节严重的，给予开除处分。

吸食、注射毒品或者参与嫖娼、卖淫、色情淫乱活动的，给予撤职或者开除处分。

参与赌博的，给予警告或者记过处分；情节较重的，给予记大过或者降级处分；情节严重的，给予撤职或者开除处分。为赌博活动提供场所或者其他便利条件的，给予警告、记过或者记大过处分；情节较重的，给予降级、撤职处分；情节严重的，给予开除处分。在工作时间赌博的，给予记过、记大过或者降级处分；屡教不改的，给予撤职或者开除处分。挪用公款赌博的，给予撤职或者开除处分。

参与迷信活动，造成不良影响的，给予警告、记过或者记大过处分。组织迷信活动的，给予降级处分；情节较重的，给予撤职处分；情节严重的，给予开除处分。

有其他违反管理秩序和社会道德行为的，给予警告、记过或者记大过处分；情节较重的，给予降级或者撤职处分；情节严重的，给予开除处分。

三、违反法官职业责任追究程序

对于法官违法违纪、依法应当追究刑事责任的，由司法机关按照《刑事诉讼法》处理，人民法院是定罪量刑的唯一机构；对于违法违纪、应当追究职业责任或者纪律责任的，则由各级人民法院的监察部门负责处理；人民法院的裁决、裁定、决定是否错误，应当由人民法院审判组织确认。[1]同样，对于刑事责任的追究程序本书不再赘述；而对于审判责任的追究本书放在后续讨论。因此，此处责任追究程序仅针对纪律责任。

---

[1] 李本森：《法律职业伦理概论》，高等教育出版社2022年版，第128页。

（一）受理、立案、调查

根据 2008 年最高人民法院出台、2013 年修订的《人民法院监察工作条例》，人民法院内部设立监察部门，依照法律法规对人民法院及其法官和其他工作人员进行监察。监察部门对群众检举、控告法官违法违纪的问题应当受理并进行初步调查。初步调查时，应向检举、控告人了解情况，要求其提供证据。经初步调查后，认为构成违法违纪应当给予纪律处分的，立案进行正式调查；对不构成违法违纪或反映问题失实的，不予立案，并视具体情况将不予立案的原因告知检举、控告人。监察部门在调查中应当全面收集证据，听取被监察对象的陈述和辩解。调查结束后，应将调查认定的事实材料与被监察人核对。案件查清后，需要作出审查结论和处理决定的，提交案件审理小组或审理委员会审理评议。

（二）作出处分决定

审理小组或审理委员会是法院内部负责对法院工作人员违法违纪案件进行审理的机构，中级人民法院监察室设案件审理小组，高级人民法院和最高人民法院监察室设案件审理委员会。审理委员会或审理小组由监察室主任、副主任和监察员组成。审理委员会和审理小组按少数服从多数原则进行评议，有权作出记大过以下的处分。根据审理结果，对违法违纪的被调查人按以下方式处理：需给予记大过以下处分的，监察部门直接作出处分决定；需要给予降级以上处分的，监察部门提出处分意见，报请院长批准后，按相关权限和程序办理。处分决定应当向本人宣布并与受处分法官见面。

（三）复议、申诉

对纪律处分决定不服的，受处分人员自受到纪律处分决定之日起 30 日内可以向作出纪律处分决定的人民法院申请复议，复议的人民法院应当在 30 日内作出复议决定；对复议决定仍不服的，可以在接到复议决定 30 日内向作出复议决定的上一级人民法院申诉，上一级人民法院应当在 60 日内作出处理决定。复议和申诉期间，不停止原决定的执行。上一级人民法院对不服纪律处分决定的申诉，经复查认为原决定不当的，或者上级人民法院认为下级人民法院所作纪律处分决定不当的，既可以建议作出原纪律处分决定的人民法院予以变更或者撤销，也可以按照纪律处分程序直接作出变更或者撤销的决定。上级人民法院的处理决定为最终决定。

四、法官审判责任

2015 年 9 月，为了明确审判组织权限，完善人民法院的司法责任制，建立健全符合司法规律的审判权力运行机制，增强法官审理案件的亲历性，确保法官依法独立公正履行审判职责，最高人民法院《关于完善人民法院司法责任制的若干意见》规定了法官的审判责任，即法官应当对其履行审判职责的行为承担责任，在职责范围内对办案质量终身负责。

对于此处的审判责任和前文所述纪律责任之间区别，《关于完善人民法院司法责任制的若干意见》中有所界定：法官有违反职业道德准则和纪律规定，接受案件当事人及相关人员的请客送礼、与律师进行不正当交往等违纪违法行为，依照法律及有关纪律规定另行处理,即审判责任是审判工作中的导致裁判错误的责任,而纪律责任是指违反法律法规和职业伦理规范所应承担的责任。

(一)审判责任范围

法官在审判工作中,故意违反法律法规的,或者因重大过失导致裁判错误并造成严重后果的,依法应当承担违法审判责任。其中,有下列情形之一的,应当依纪依法追究相关人员的违法审判责任:(1)审理案件时有贪污受贿、徇私舞弊、枉法裁判行为的;(2)违反规定私自办案或者制造虚假案件的;(3)涂改、隐匿、伪造、偷换和故意损毁证据材料的,或者因重大过失丢失、损毁证据材料并造成严重后果的;(4)向合议庭、审判委员会汇报案情时隐瞒主要证据、重要情节和故意提供虚假材料的,或者因重大过失遗漏主要证据、重要情节导致裁判错误并造成严重后果的;(5)制作诉讼文书时,故意违背合议庭评议结果、审判委员会决定的,或者因重大过失导致裁判文书主文错误并造成严重后果的;(6)违反法律规定,对不符合减刑、假释条件的罪犯裁定减刑、假释的,或者因重大过失对不符合减刑、假释条件的罪犯裁定减刑、假释并造成严重后果的;(7)其他故意违背法定程序、证据规则和法律明确规定违法审判的,或者因重大过失导致裁判结果错误并造成严重后果的。

负有监督管理职责的人员等因故意或者重大过失,怠于行使或者不当行使审判监督权和审判管理权导致裁判错误并造成严重后果的,依照有关规定应当承担监督管理责任。追究其监督管理责任的,依照干部管理有关规定和程序办理。

(二)审判责任承担

在审判责任的承担上,最高人民法院《关于完善人民法院司法责任制的若干意见》明确规定,独任制审理的案件,由独任法官对案件的事实认定和法律适用承担全部责任。合议庭审理的案件,合议庭成员对案件的事实认定和法律适用共同承担责任,进行违法审判责任追究时,根据合议庭成员是否存在违法审判行为、情节、合议庭成员发表意见的情况和过错程度合理确定各自责任。审判委员会讨论案件时,合议庭对其汇报的事实负责,审判委员会委员对其本人发表的意见及最终表决负责。案件经审判委员会讨论的,构成违法审判责任追究情形时,根据审判委员会委员是否故意曲解法律发表意见的情况,合理确定委员责任。审判委员会改变合议庭意见导致裁判错误的,由持多数意见的委员共同承担责任,合议庭不承担责任。审判委员会维持合议庭意见导致裁判错误的,由合议庭和持多数意见的委员共同承担责任,合议庭汇报案件时,故意隐瞒主要证据或者重要情节,或者故意提供虚假情况,导致审判委员会作出错误决定的,由合议庭成员承担责任,审判委员会委员根据具体情况承担部分责任或者不承担责任。审判委员会讨论案件违反民主集中制原则,导致审判委员会决定错误的,主持人应当承担主要责任。审判辅助人员根据职责权限和分工承担与其职责相对应的责任。

法官负有审核把关职责的,法官也应当承担相应责任。法官受领导干部干预导致裁判错误的,且法官不记录或者不如实记录,应当排除干预而没有排除的,承担违法审判责任。

(三) 违反审判责任追究程序

关于违法审判责任的追究程序，最高人民法院《关于完善人民法院司法责任制的若干意见》强调，需要追究违法审判责任的，一般由院长、审判监督部门或者审判管理部门提出初步意见，由院长委托审判监督部门审查或者提请审判委员会进行讨论，经审查初步认定有关人员具有本意见所列违法审判责任追究情形的，人民法院监察部门应当启动违法审判责任追究程序。各级人民法院应当依法自觉接受人大、政协、媒体和社会监督，依法受理对法官违法审判行为的举报、投诉，并认真进行调查核实。人民法院监察部门应当对法官是否存在违法审判行为进行调查，并采取必要、合理的保护措施。在调查过程中，当事法官享有知情、辩解和举证的权利，监察部门应当对当事法官的意见、辩解和举证如实记录，并在调查报告中对是否采纳作出说明。人民法院监察部门经调查后，认为应当追究法官违法审判责任的，应当报请院长决定，并报送省（区、市）法官惩戒委员会审议。高级人民法院监察部门应当派员向法官惩戒委员会通报当事法官的违法审判事实及拟处理建议、依据，并就其违法审判行为和主观过错进行举证。当事法官有权进行陈述、举证、辩解、申请复议和申诉。法官惩戒委员会根据查明的事实和法律规定作出无责、免责或者给予惩戒处分的建议。

(四) 依法履职行为的免责保护

《法官法》第7条规定了法官依法履行职责，受法律保护，不受行政机关、社会团体和个人的干涉，最高人民法院《关于完善人民法院司法责任制的若干意见》在此基础上对于加强法官的履职保障有详细的规定，具体如下。

在案件审理的各个阶段，除非确有证据证明法官存在贪污受贿、徇私舞弊、枉法裁判等严重违法审判行为外，法官依法履职的行为不得暂停或者终止。

法官依法审判不受行政机关、社会团体和个人的干涉。任何组织和个人违法干预司法活动、过问和插手具体案件处理的，应当依照规定予以记录、通报和追究责任。领导干部干预司法活动、插手具体案件和司法机关内部人员过问案件的，分别按照《领导干部干预司法活动、插手具体案件处理的记录、通报和责任追究规定》和《司法机关内部人员过问案件的记录和责任追究规定》及其实施办法处理。

法官因依法履职遭受不实举报、诬告陷害，致使名誉受到损害的，或者经法官惩戒委员会等组织认定不应追究法律和纪律责任的，人民法院监察部门、新闻宣传部门应当在适当范围以适当形式及时澄清事实，消除不良影响，维护法官良好声誉。

人民法院或者相关部门对法官作出错误处理的，应当赔礼道歉、恢复职务和名誉、消除影响，对造成经济损失的依法给予赔偿。

法官因接受调查暂缓等级晋升的，后经有关部门认定不构成违法审判责任，或者法官惩戒委员会作出无责或者免责建议的，其等级晋升时间从暂缓之日起连续计算。

依法及时惩治当庭损毁证据材料、庭审记录、法律文书和法庭设施等妨碍诉讼活动或者严重藐视法庭权威的行为。依法保护法官及其近亲属的人身和财产安全，依法及时惩治在法庭内外恐吓、威胁、侮辱、跟踪、骚扰、伤害法官及其近亲属等违法犯罪行为。侵犯法官人格尊严，或者泄露依法不能公开的法官及其亲属隐私，干扰法官依法履职的，依法追究有关人员责任。

加大对妨碍法官依法行使审判权、诬告陷害法官、藐视法庭权威、严重扰乱审判秩序等违法犯罪行为的惩罚力度，研究完善配套制度，推动相关法律的修改完善。

重要名词术语

法官、职业伦理、公平正义、职业责任、法官审判责任

思考题

1. 法官职业伦理的特点是什么？
2. 法官职业伦理基本要求有哪些，请简要阐述。
3. 法官纪律处分有哪些形式？
4. 法官审判责任的内核是什么？

典型案例分析

2013年6月9日，上海市高级人民法院民一庭副庭长赵某接受上海建工某集团有限公司综合管理部副总经理郭某邀请，前往南汇地区的通济路某农家饭店吃晚餐，赵某又邀市高级人民法院民一庭庭长陈某，市高级人民法院纪检组副组长、监察室副主任倪某，市高级人民法院民五庭副庭长王某一同前往。晚餐后，以上五人又和三名社会人员一起，前往位于惠南镇的衡山度假村内的夜总会，接受异性陪侍服务。当晚，参与活动的某社会人员从附近某养生馆叫来色情服务人员，赵某、陈某、倪某、郭某、王某参与嫖娼活动。

依照相关法纪规定，上海市纪委、市高级人民法院党组和有关部门决定给予赵某、陈某开除党籍处分，由上海市高级人民法院提请市人大常委会按法律规定撤销其审判职务，开除公职；给予倪某开除党籍处分，免去其市高级人民法院纪检组、监察室相关职务，由市高级人民法院提请市人大常委会按法律规定撤销其审判职务，开除公职；给予王某留党察看2年之处分，由市高级人民法院提请市人大常委会按法律规定免去其审判职务，予以撤职；给予郭某开除党籍处分，相关企业给予其撤职处分并解除劳动合同。此外，根据《治安管理处罚法》，上海市公安局已对赵某、陈某、倪某、郭某、王某作出行政拘留10日的行政处罚。有关部门已责令位于惠南镇的衡山度假村内的夜总会停业整顿。[1]

问：如何看待本案中法官的业外行为？

答：相较于普通公民来说，法官犯罪不仅是对社会秩序的破坏，而且是对法律权威的冲击，影响司法公信力，对法治进程产生阻碍。本案引起了非常高的社会关注度，这

---

[1]《上海市对法官夜总会娱乐事件作出严肃处理》，载中央政府门户网，https://www.gov.cn/jrzg/2013-08/06/content_2462391.htm。

是因为法官象征着威严与庄重，法官的业内、业外行为都会影响着法官的职业形象。现实中，法官本身参加宴请活动就已经有损法官的司法形象，更不用提本案中法官进行集体嫖娼这种严重违法犯罪活动，只会让社会公众产生对司法不信任的恶劣影响。我们要清楚地认识到，法官群体的法律意识和行为模式对一个国家的法治进程有着重要的影响。法官犯罪可能会导致法治进程的阻碍，影响法治秩序的形成。因此，有效约束法官的业内、业外行为是非常重要的事情。

《法官职业道德基本准则》第六章"维护司法形象"中提到法官必须加强自身修养，培育高尚道德操守和健康生活情趣，杜绝与法官职业形象不相称、与法官职业道德相违背的不良嗜好和行为，遵守社会公德和家庭美德，维护良好的个人声誉。法官的业外行为关乎法官的个人道德，法官的个人道德与职业伦理密不可分。形象公正与司法公正密切相关，形象公正是司法公正的重要内容。对此，形象公正与司法公正密切关联。形象公正是司法公正的重要内容。对此，《法官行为规范》第2条规定，法官应当坚持以事实为根据、以法律为准绳，平等对待各方当事人，确保实体公正、程序公正和形象公正。形象公正是司法公正的一项重要评价标准。一般来说，外在的现象反映内在的本质，如果法官缺乏司法公正的理念，则往往难以作出公正的裁决。形象公正有助于当事人服判息诉。良好的法官形象不仅可以提高当事人的信赖感，而且可以形成积极的社会评价，对于提高司法公信力具有显著的效果。

第三章　检察官职业伦理

【内容提示】

检察官职业伦理是社会职业道德的重要组成部分，是检察人员在行使国家检察权、履行相关司法职能以及个人家庭生活中所应遵循的各种道德观念、行为规范与司法习惯规范的总和。检察官职业伦理的基本准则包含"忠诚、为民、担当、公正、廉洁"五个方面。检察官因违反职业伦理而违反相关法律法规，应承担的不利后果，包括刑事责任和纪律责任。此外，在以司法责任制为核心的新一轮司法体制改革中，检察官司法责任成为人民检察院依法独立公正行使检察权，提高司法公信力的重要保障。

第一节　检察官职业伦理概述

检察官职业伦理是检察官在行使检察权中应当遵循的基本行为准则，加强检察官职业伦理建设要求我们先厘清相关基础概念。本节介绍了检察官职业伦理的含义、特点、作用以及法源，这是探讨检察官职业伦理规范的基础前提。

一、检察官职业伦理的含义

检察官职业伦理是社会职业道德的重要组成部分，是检察人员在行使国家检察权、履行相关司法职能以及个人家庭生活中所应遵循的各种道德观念、行为规范与司法习惯规范的总和，是调解检察人员之间关系以及检察人员与社会其他方面关系的行为准则。

具体而言，检察官职业伦理是调整检察人员与其职业相关主体之间的行为规范和社会活动的社会职业道德。检察官职业伦理是检察官职业的黏合剂。对内而言，其能从精神和气质方面将检察官职业共同体黏合成一个整体；对外而言，检察官职业伦理通过满足社会或者民众对检察官职业行为预期的理念要求，从而助力检察官赢得社会公信，继而获得法律职业权威。从世界范围来看，在国家所有的行政官或者司法官中，虽然检察官职位创制历史不算特别久远，但是，建基于人们对法律的尊崇之上，检察官同样扮演十分重要的角色。可以说，无论是理念中还是制度中，检察官承担的都是一种输出正义或者塑造社会共同价值的神圣角色。

二、检察官职业伦理的特征

检察机关的性质和检察官职业的特殊性决定了检察官职业伦理既不同于一般社会职业道德,也区别于其他法律职业伦理。因此,检察官的角色定位使得其职业伦理有独属于自身的职业特性。

(一)特定的主体

检察官职业伦理的主体是职业检察官,不包括检察院的其他组成人员。我国《检察官法》第2条规定:"检察官是依法行使国家检察权的检察人员,包括最高人民检察院、地方各级人民检察院和军事检察院等专门人民检察院的检察长、副检察长、检察委员会委员和检察员。"按照检察院内部的机构设置及职责分工的不同,检察院工作人员具体分为检察官、检察辅助人员、司法行政人员。其中,检察辅助人员是协助检察官履行检察职责的人员,包括检察官助力、书记员、司法警察、检察技术人员等;而司法行政人员是检察院内从事行政管理工作的人员,主要负责政工党务、行政和后勤管理。[1]虽然这些除检察官外的工作人员与检察官的司法活动密切相关,但是他们并不具有检察官的检察权,自然也不用承担检察官的法律和道德义务,其只需要遵守基本的司法行政人员的职业伦理即可。因此,检察官职业伦理的主体只能是在检察院专门行使检察权的职业检察官,并不包括检察院的其他组成人员。

(二)特定的对象

检察官职业伦理规范的对象是指检察官的职业行为及其各种社会活动。毋庸置疑,检察官职业伦理首先要调整的是检察官的职业行为,这是由检察官的工作属性所决定的。检察官是被宪法赋予对犯罪行为提起公诉、有法律监督职能,即代表国家行使检察权的特定主体。检察官权力的行使直接决定了法律实施的效果,也影响着广大群众对人民检察院的信心以及对法律的信赖。因此,检察官在履行相关检察职能,行使检察权的行为是检察官职业伦理首要、重点规范的对象。同时,我们也不能忽视检察官脱下工作制服,走出检察院后的个人、家庭活动中的各种社会活动,这也是检察官职业伦理需要规制的对象。这是因为,检察官是弘扬社会正气的存在,代表国家和法律公正无私的形象。因此,检察官的一言一行必须要谨慎,无论是在日常的职业活动中,还是在业外活动中,检察官都应一丝不苟地遵守检察官职业伦理,成为公民的道德楷模。

(三)特定的内容

检察官职业伦理的核心是公正司法。根据《中共中央关于新时代加强检察机关法律监督工作的意见》,人民检察院是国家的法律监督机关,是保障国家法律统一正确实施的司法机关,是保护国家利益和社会公共利益的重要力量,是国家监督体系的重要组成部分。检察官队伍是社会主义民主与法治建设的重要力量,其职业行为既是一种司法活动,又是法律监督活动,一举一动都关系到国家的长治久安和社会稳定,关系到对公民人身权利、财产权利及其他合法权益的保护。作为一种特殊的法律职业,检察官的任务

---

[1] 巢容华主编:《法律职业伦理》,北京大学出版社2019年版,第54页。

是通过行使检察权,追究犯罪嫌疑人的违法犯罪活动,保护人民群众的生命、财产和健康安全,保障公民的人身权利、民主权利和其他权利,维护正常的社会秩序。[1]因此,公正司法的意义不仅在于规范检察官检察权的正确行使,而且是树立民众心中人民检察院和检察官良好形象的关键,更能够强化社会对宪法和法律的尊崇和敬仰。

三、检察官职业伦理的作用

检察官职业伦理建设对规范检察官职权行为、促进司法公信力提升、实现全面依法治国起着重要的作用,具体体现在以下三个方面。

第一,检察官职业伦理是检察官履行职能的示范模板,反映了社会对检察官群体的期望和要求。检察官职业伦理建设要求检察官具备高尚的职业道德和操守,这促使检察官不断学习和提升自己的法律知识和技能,提高办案能力和自律能力,确保在处理案件时能够公正、廉洁、高效地履行职责。社会期望检察官能够忠诚于国家和公众利益,公正无私地执行法律,维护社会公平正义。这种期望转化为检察官职业伦理的具体规范,就要求检察官在行使检察权时,既要追求案件的公正处理,也要保障当事人的合法权益。因此,检察官职业伦理是检察官职业的黏合剂,它不仅能够优化检察官职业的内在结构,还能够通过满足社会或民众对检察官职业行为的预期,助力检察官赢得社会公信。

第二,检察官职业伦理建设能促进司法公信力的提升,有助于司法公正和社会正义的实现。检察官职业伦理的建设是提升司法公信力的关键因素之一。检察官作为司法机关的代表,其行为直接影响到公众对司法系统的信任。当检察官遵守高标准的伦理规范时,公众对司法系统的信任度自然会提高。这种信任基于公众对检察官公正无私、专业严谨的期望,而职业伦理的建设正是满足这些期望的保障。同时,检察官职业伦理的建设有助于预防和减少司法腐败。明确的伦理规范为检察官提供了行为的界限,帮助他们识别和抵制腐败的诱惑。减少司法腐败不仅能够提升司法公信力、促进司法系统的自我净化和自我完善,还能够增强公众对法律和司法系统的信任,最终有助于司法公正和社会正义的实现。

第三,检察官职业伦理建设是落实"以德治国"治国方略,实现全面依法治国的重要保障。法律和道德是现代国家治理不可缺少的两种重要手段。习近平总书记在中央全面依法治国工作会议上指出:"要坚持依法治国和以德治国相结合,实现法治和德治相辅相成、相得益彰。"检察官职业伦理建设是"以德治国"理念在司法领域的具体体现。通过强调职业道德和个人品德,检察官能够以身作则,成为社会道德的楷模。这种以德治国的实践有助于提升整个社会的道德水平,促进社会和谐与稳定。因此,检察官职业伦理建设是实现全面依法治国的重要保障。检察官作为法律的守护者,他们的职业行为直接影响法律的执行和公众对法律的信任。通过强化职业伦理,检察官能够更加公正、高效地执行法律。

---

[1] 许身健:《法律职业伦理》(第三版),中国政法大学出版社2021年版,第154页。

四、检察官职业伦理的法源

我国检察官职业伦理的依据主要为《检察官法》（全国人民代表大会常务委员会 1995 年 2 月 28 日通过，2001 年 6 月 30 日、2017 年 9 月 1 日修正，2019 年 4 月 23 日修订）、《人民检察院组织法》（全国人民代表大会 1979 年 7 月 1 日通过，1983 年 9 月 2 日、1986 年 12 月 2 日修正，2018 年 10 月 26 日修订），二法奠定了原则性的检察官职业伦理规范。而《检察官职业道德基本准则》（最高人民检察院 2016 年 11 月 4 日通过）和《检察官职业行为基本规范（试行）》（最高人民检察院 2010 年 10 月 9 日发布）搭建起较为完整的职业伦理规范框架体系。《检察人员纪律处分条例》（最高人民检察院 2016 年 12 月 9 日修订）、《关于建立法官、检察官惩戒制度的意见（试行）》（最高人民法院、最高人民检察院 2016 年 10 月 12 日发布）、《检察人员执法过错责任追究条例》（2007 年）则介绍了违反检察官伦理规范的责任承担。

此外，为了加强检察队伍建设，严格队伍的教育、监督和管理，规范法律监督职责履行和检察环节执法办案活动，最高人民检察院颁布了一系列有关规范性文件，体现了我国对检察官基本职业伦理的要求。[1] 例如，《检察人员廉洁从检十项纪律》（2000 年）、《检察人员任职回避和公务回避暂行办法》（2000 年）、《人民检察院监察工作条例》（2000 年）、《人民检察院执法办案内部监督暂行规定》（2008 年）、《检察机关执法工作基本规范》（2013 年）、《检察人员八小时外行为禁令》（2014 年）、《关于加强执法办案活动内部监督防止说情等干扰的若干规定》（2014 年）、《最高人民检察院机关严肃纪律作风的规定》（2015 年）、《关于完善人民检察院司法责任制的若干意见》（2015 年）、《关于建立法官、检察官惩戒制度的意见（试行）》（2016 年）、《人民检察院检务督查工作条例》（2019 年）、《人民检察院刑事诉讼规则》（2019 年）、《人民检察院司法责任追究条例》（2024 年）等一系列具体规范构建起了我国检察官行为规范体系。

第二节　检察官职业伦理主要内容

最高人民检察院曾于 2009 年发布了《检察官职业道德基本准则（试行）》，强调检察官应忠诚、公正、清廉、文明。之后又于 2016 年正式通过了《检察官职业道德基本准则》，该准则规定的检察官的职业伦理包含五个方面：一是坚持忠诚品格，永葆政治本色；二是坚持为民宗旨，保障人民权益；三是坚持担当精神，强化法律监督；四是坚持公正理念，维护法制统一；五是坚持廉洁操守，自觉接受监督。

---

[1] 李本森：《法律职业伦理概论》，高等教育出版社 2022 年版，第 140 页。

一、忠诚

《检察官职业道德基本准则》第1条规定,"坚持忠诚品格,永葆政治本色"。具体要求检察官忠于党、忠于国家、忠于人民、忠于宪法和法律;坚持检察工作政治性、人民性、法律性的统一;努力实现执法办案法律效果、社会效果和政治效果的统一。

（一）忠于党、忠于国家、忠于人民

检察官的忠诚是其职业道德的基石,首先表现在坚定的政治立场上,即忠于党的领导,确保检察工作坚定不移地沿着党指定的政治路线前进。这种忠诚不仅是一种政治要求,也是确保法律正确实施、维护法治统一的重要保障。

在忠于国家方面,检察官有责任维护国家的统一和尊严,保卫国家的法律秩序,确保国家利益不受侵害。他们通过依法履职,捍卫国家的法律权威,保障国家的长治久安。

对于人民的忠诚,则体现在检察官的为民服务上。检察官要深入群众,倾听人民的意愿和需求,保护人民的合法权益不受侵犯。他们通过公正司法,让人民群众在每一起案件中都能感受到公平正义。

（二）忠于宪法和法律

忠于宪法和法律是检察官职责的核心。检察官必须严格遵守宪法和法律的规定,保证法律的严肃性和权威性。他们在执行法律时,必须以事实为依据,以法律为准绳,确保每一项决定都经得起法律和历史的检验。因此,检察官应严格遵守宪法和法律,依法独立行使检察权,确保法律的权威和尊严。

此外,检察官还要努力实现执法办案的法律效果、社会效果和政治效果的统一,这涉及在办理案件时,不仅要考虑法律规定,还要考虑案件处理对社会的影响和政治意义,确保案件处理结果能够促进社会公平正义,维护社会稳定,服务国家发展大局。

（三）忠于检察事业

检察官的忠诚还体现在他们对职责的坚守,忠于检察事业,这意味着他们将检察工作视为崇高的使命和责任。检察官必须具备深厚的法律专业知识和高尚的职业道德,他们在工作中展现的正直、公正和清廉,是维护法律尊严和权威的基石。他们不仅要在法庭上捍卫正义,而且要在社会中传播法治精神,教育和引导公众尊重和遵守法律。

无论是面对复杂的案件还是社会的压力,他们都将坚守法律的底线,不偏不倚地执行法律。他们的工作不仅是对法律的执行,而且是对社会正义的贡献,是构建和谐社会的重要力量。通过他们的努力,检察事业得以蓬勃发展,法治理念得以深入人心。

二、为民

《检察官职业道德基本准则》第2条规定,"坚持为民宗旨,保障人民权益"。要求检察官坚持为民宗旨,保障人民权益。要求检察官坚持以人民利益为重的理念;坚持严格、规范、公正、文明执法;坚持融入群众、倾听群众呼声、解决群众诉求、接受群众监督。

（一）保障人民权益

检察官坚持执法为民的根本宗旨，将人民利益放在首位。法律的力量在于服务人民，因此检察官要深入群众，与人民保持密切联系，倾听人民的声音，感受人民的需求。检察官以高度的责任感和使命感，认真对待每一项群众诉求，通过专业的法律知识和严谨的工作态度，确保每一起案件都能得到公正处理，每一项权益都能得到有效维护。

此外，检察官不仅在法庭上捍卫正义，而且在社会中传播法治理念，教育和引导公众尊重法律、遵守法律。检察官通过自己的努力，让人民群众在每一项法律服务中都能感受到公平正义，确保人民群众的合法权益不受侵犯。

（二）便利诉讼当事人

检察官在司法过程中扮演着至关重要的角色，他们不仅担负着法律监督的职责，而且是实现司法为民、保障诉讼当事人权益的关键力量。为了便利诉讼当事人，检察官们可以采取多项措施，如提供法律援助信息、优化案件管理、推动法律服务创新、保障律师执业权利、强化诉讼指导、推动和解与调解等。通过这些措施，检察官致力于构建一个更加公正、高效、便捷的司法环境，确保每一位诉讼当事人的合法权益得到充分保护和尊重。

三、担当

《检察官职业道德基本准则》第3条规定，"坚持担当精神，强化法律监督"。具体要求检察官敢于担当，坚决打击发生在群众身边损害群众利益的各类犯罪；要坚守良知、公正执法、执法公开，自觉接受人民群众和社会的监督；要直面矛盾，正视问题。

（一）坚持担当精神

检察官作为法律监督机关的重要组成部分，肩负着维护法律尊严和正义的神圣使命。检察官必须勇于承担责任，不惧任何挑战，坚决打击那些直接损害人民群众利益的犯罪行为。坚持担当精神，要求检察官要坚持原则、认真负责，面对大是大非敢于"亮剑"，面对矛盾敢于迎难而上，面对危机敢于挺身而出，面对失误敢于承担责任，面对歪风邪气敢于坚决斗争。坚持担当精神，要求检察官要有法治信仰，必须忠实执行宪法和法律，维护社会公平正义，全心全意为人民服务。[1]

（二）强化法律监督

检察官作为法律监督的重要力量，其职责是确保法律的正确实施和维护社会正义。在强化法律监督的过程中，检察官需要坚守良知、公正执法、执法公开，并自觉接受人民群众和社会的监督。

首先，坚守良知是检察官履职的道德基石。检察官应以一颗公正无私的心，对待每一项法律监督工作，确保每一项决定都基于法律和事实，而非私利或偏见。其次，公正

---

[1] 王新清主编：《法律职业伦理》，法律出版社2021年版，第160页。

执法是检察官的职责所在。这意味着在执行法律时，检察官应公平对待所有人，不偏不倚，确保每个人的权利得到平等保护。再次，执法公开是提高法律监督透明度的重要措施。通过公开执法活动，检察官可以增加公众对司法活动的信任，同时有助于防止腐败和滥用权力。最后，自觉接受人民群众和社会的监督是确保检察官权力不被滥用的关键。检察官应当主动接受来自社会各界的监督，包括媒体、公众以及专门的监督机构的监督。这种监督有助于确保检察官在行使职权时更加审慎和负责。

四、公正

《检察官职业道德基本准则》第4条规定，"坚持公正理念，维护法制统一"。要求检察官应当坚持法治理念；依法独立行使检察权；依法客观全面地收集、审查证据；坚持实体公正与程序公正并重；树立人权保护意识；提高司法效率。

（一）依法独立行使检察权

检察官依法独立行使检察权是法治国家的基本原则，它意味着检察官在办理案件时只服从法律，不受行政机关、社会团体和个人的非法干涉。这一原则是确保司法公正和法律监督职能有效实施的关键。检察官在履行职责时，必须以事实为依据，以法律为准绳，确保每一项检察决定都严格依照法律规定和法律程序进行。

为了实现这一原则，检察官需要具备独立判断案件事实和适用法律的能力，同时享有法律所赋予的职权和工作条件。他们有权在不受外界不当影响的情况下，对案件进行客观公正的审查，并独立作出决定。这种独立性是检察官职业保障的重要组成部分，确保了检察权的正当行使和司法的公正性。

（二）公平公正执法

检察官作为法治的守护者，肩负着维护社会公平正义的神圣职责。公平公正执法是检察官履职的基本原则，它要求检察官在处理每一起案件时，都应以事实为依据，以法律为准绳，不偏不倚，不受任何外界因素的不当影响。检察官的公正不仅体现在对案件的客观分析和判断上，而且体现在对法律的忠诚和对职责的坚守上。

在执法过程中，检察官要注重听取各方意见，保障当事人的合法权益，确保每一项检察决策都经得起法律和时间的检验。他们通过公正的司法行为，传递法治正能量，增强人民群众对司法公正的信心。检察官的公平执法还意味着在法律框架内，对所有案件一视同仁，坚决杜绝任何形式的歧视和不公。

（三）实体程序并重

检察官在履行职责时，必须牢固树立程序意识，认识到程序公正与实体公正同等重要。程序公正是司法公正的前提和保障，它确保了司法过程的公开、透明和可预期，让人民群众在每一项司法活动中都能感受到公平正义。

检察官坚持程序公正，意味着在案件的每一个环节，从立案、侦查、起诉到审判监督，都要严格遵循法律规定的程序，确保诉讼参与人的合法权益不受侵犯。这不仅包括对犯罪嫌疑人的权利保护，而且包括对被害人、证人等其他诉讼参与人的权益保障。

同时，检察官在追求程序公正的过程中，还要注重发现和纠正实体问题，确保案件处理结果的公正性。他们通过严谨的法律分析和证据审查，防止冤假错案的发生，实现法律效果与社会效果的有机统一。

（四）提高司法效率

严守法定办案时限是提高办案效率、节约司法资源的重要保障。检察官在履行职责时，应当通过优化办案流程和提升自身专业能力，确保案件在法律规定的时限内得到妥善处理。这不仅体现了对法律的尊重，还展示了对当事人权益的保护。在提高办案效率的同时，检察官也注重办案的质量，确保每一起案件都能得到公正和细致的处理。因此，检察官通过严守法定办案时限，不仅提升了办案效率，而且节约了司法资源，为实现公平正义的司法环境做出了积极贡献。

五、廉洁

《检察官职业道德基本准则》第5条规定，"坚持廉洁操守，自觉接受监督"。具体要求检察官坚持社会主义核心价值观，遵纪守法，严格自律，不以权谋私，以案谋利；珍惜检察官荣誉，自觉接受监督制约，维护检察机关形象及公信力。

（一）坚守廉洁底线

检察官应当恪守社会主义核心价值观，以清正廉洁为职业操守的核心。具体而言，严格遵守法律法规，不利用职权谋取私利，不插手经济纠纷，保持职业行为的公正性。检察官还需确保家人和亲属遵守廉政规定，不从事任何可能损害检察官形象的商业活动。

在与案件当事人交往中，检察官不接受任何形式的馈赠或利益，避免参与可能影响公正履职的活动。他们不得兼任律师或法律顾问，不私下为案件当事人介绍辩护人或诉讼代理人，以防止利益冲突。

检察官在职务外活动中，不得泄露或使用未公开的检察工作信息和保密信息。他们还需按规定报告个人有关事项，保持勤俭朴素的生活水平，坚持健康的生活情趣。

（二）维护检察形象

检察官恪守职业道德和行为规范，以维护检察形象为己任。他们应当注重职业礼仪，以庄重的仪表、大方的举止、公允的态度和文明的用语展现职业风范，保持良好的职业操守。在执行公务和政务活动中，检察官应按规定着装，佩戴标识，守时守纪，树立正面形象。

在公共场合和媒体上，检察官谨慎言行，避免发表损害法律和检察机关形象的言论，不擅自评论正在办理的案件。他们热爱集体，倡导团结协作，共同营造和谐的工作环境，并在社会交往中展现尊重、理解和诚信的品质。

在职务外活动中，检察官同样自律，避免行为引起公众对公正执法和清廉形象的合理怀疑，防止对履职和检察机关公信力产生负面影响。通过这些规范，检察官展现了法律工作者的良好形象，赢得了公众的尊重和信任。

第三节 检察官职业责任

检察官职业责任,是指检察官因违反法官职业伦理而违反了国家公务员管理纪律或者法律法规的规定,从而应承担的不利后果。[1]为规范检察人员行为,严肃检察纪律,保证检察人员依法履职,我国《检察官法》第六章规定了检察官的考核、奖励与惩戒,这是我国检察官职业责任的基础法律依据。

一、检察官职业责任概述

根据《检察官法》第47条规定,我国检察官职业责任可分为纪律责任和刑事责任两大类。其中,检察官行为构成犯罪的,应当根据《刑法》和《刑事诉讼法》追究其刑事责任〔检察官在履行职务的过程中触犯刑律而构成的犯罪。这类犯罪的罪名多分布在《刑法》分则第四章"侵犯公民人身权利、民主权利罪"、第八章"贪污贿赂罪"和第九章"渎职罪"中。具体包括:(1)刑讯逼供罪、暴力取证罪;(2)贪污罪;(3)受贿罪;(4)挪用公款罪;(5)巨额财产来源不明罪;(6)隐瞒境外存款罪;(7)滥用职权罪、玩忽职守罪;(8)泄露国家秘密罪;(9)徇私枉法罪;(10)私放在押人员罪、失职致使在押人员脱逃罪;(11)帮助犯罪分子逃避处罚罪〕;对行为尚未构成犯罪,而只是违反检察官职业伦理和职业纪律的,应当只追究其纪律责任。因此,如同上一章法官职业责任,此处所指检察官职业责任特指检察官的纪律责任。

(一)责任的方式与期间

根据《检察人员纪律处分条例》规定,检察纪律处分的方式及期间为:(1)警告,6个月;(2)记过,12个月;(3)记大过,18个月;(4)降级,24个月;(5)撤职,24个月;(6)开除。在纪律处分期间内,受纪律处分者应承担相应后果:(1)受纪律处分者,不得晋升职务、级别。(2)受记过、记大过、降级、撤职处分的,在处分期间内不得晋升工资档次。其中,受降级处分的,自处分的下个月起降低　个级别。如果受处分人为最低级别的,按降低一个工资档次处理;如果受处分人为最低级别最低档次的,给予记大过处分。受撤职处分的,撤销其所有行政职务。在处分期间不得担任领导职务,自处分的下个月起按降低一个以上的职务层次,另行确定非领导职务。办事员应当给予撤职处分的,给予降级处分。(3)受到开除处分的,自处分决定生效之日起解除其人事关系,其职务、级别自然撤销,不得再被录用为检察人员。(4)受处分人具有法律职务的,按照有关规定重新确定或者依法罢免、免除法律职务。受开除处分的,依法罢免或者免除法律职务。

受纪律处分者除承受上述不利后果外,对其因违纪行为所获得的经济利益,应当收缴或者责令退赔。对于违纪行为所获得的职务、职称、学历、学位、奖励等其他利益,应当建议有关组织、部门、单位按规定予以纠正。

---

[1] 王进喜、陈宜主编:《法律职业伦理》,中国政法大学出版社2022年版,第253页。

（二）责任的特殊情形

检察纪律的处分需遵循实事求是、宽严相济、惩戒与教育相结合的原则，落实这些原则需要对违反检察纪律的检察官依据其实施违纪行为的主观过错、客观情况以及后果影响等不同情况，根据其违纪行为的事实、性质和情节，依照《检察人员纪律处分条例》的规定，给予不同的纪律处分。[1]如情节轻微，经批评教育确已认识错误的，可以免予处分；情节显著轻微，不认为构成违纪的，不予处分。

1. 从重、加重纪律处分的情形

检察官有下列情形之一的，可以在《检察人员纪律处分条例》规定的处分幅度以内，给予从重、加重处分：(1)在集中整治过程中，不收敛、不收手的；(2)强迫他人违纪的；(3)本条例另有规定的。

另外，故意违纪受处分后又故意违纪应当受到纪律处分的，应当从重处分。

2. 从轻、减轻纪律处分的情形

检察官有下列情形之一的，可以在《检察人员纪律处分条例》规定的处分幅度以内，给予从轻、减轻处分：(1)主动交代本人应当受到纪律处分的问题的；(2)检举他人应当受到纪律处分或者法律追究的问题，经查证属实的；(3)主动挽回损失、消除不良影响或者有效阻止危害结果发生的；(4)主动上交违纪所得的；(5)有其他立功表现的。

需要注意的是，只有开除处分一个档次的违纪行为，不适用减轻处分的规定。

3. 解除和变更纪律处分的情形

《检察人员纪律处分条例》规定的纪律处分解除的情形有：受处分人在处分期间确有悔改表现，处分期满后，经所在单位或者部门提出意见，由处分决定机关作出解除处分的决定。解除处分决定应当在1个月内书面通知受处分人，并在一定范围内宣布。解除处分决定应当在作出后的1个月内，由干部人事管理部门归入受处分人档案。解除降级、撤职处分，不得恢复原职务、级别和工资档次，但以后晋升职务、级别和工资档次不受原处分的影响。

《检察人员纪律处分条例》规定的纪律处分变更情形有：(1)受处分人在处分期间获得三等功以上奖励的，可以缩短处分期间，但缩短后的期间不得少于原处分期间的1/2；(2)受处分人在处分期间，发现其另有应当受到纪律处分的违纪行为，应当根据新发现违纪行为的事实、性质、情节和已经作出的处分，重新作出处分决定，处分期间依照《检察人员纪律处分条例》第14条的规定重新计算（即"一人有本条例规定的两种以上应当受到处分的违纪行为，应当分别确定其处分种类。应当给予的处分种类不同的，执行其中最重的处分；应当给予撤职以下多个相同种类处分的，执行该处分，并在最高处分期间以上，多个处分期间之和以下，决定应当执行的处分期间。处分期间最长不超过48个月"），已经执行的处分期间应当从重新确定的处分期间中扣除。受处分人在处分期间又犯应当受到纪律处分的违纪行为，应当依照前款规定重新作出处分决定，处分期间为原处分期间尚未执行的期间与新处分期间之和。

---

[1] 巢容华主编：《法律职业伦理》，北京大学出版社2019年版，第72页。

二、检察官承担职业责任的具体事由

《检察官法》第 47 条规定：检察官有下列行为之一的，应当给予处分；构成犯罪的，依法追究刑事责任：（1）贪污受贿、徇私枉法、刑讯逼供的；（2）隐瞒、伪造、变造、故意损毁证据、案件材料的；（3）泄露国家秘密、检察工作秘密、商业秘密或者个人隐私的；（4）故意违反法律法规办理案件的；（5）因重大过失导致案件错误并造成严重后果的；（6）拖延办案，贻误工作的；（7）利用职权为自己或者他人谋取私利的；（8）接受当事人及其代理人利益输送，或者违反有关规定会见当事人及其代理人的；（9）违反有关规定从事或者参与营利性活动，在企业或者其他营利性组织中兼任职务的；（10）有其他违纪违法行为的。而《检察人员纪律处分条例》第二章分则从七个方面（违反政治纪律的行为、违反组织纪律的行为、违反办案纪律的行为、违反廉洁纪律的行为、违反群众纪律的行为、违反工作纪律的行为、违反生活纪律的行为）详细规定了 114 种违纪行为，下面详细介绍我国的检察官惩戒的具体事由。

（一）违反政治纪律行为的处分

通过信息网络、广播、电视、报刊、书籍、讲座、论坛、报告会、座谈会等方式，公开发表坚持资产阶级自由化立场、反对四项基本原则，反对党的改革开放决策的文章、演说、宣言、声明等的，给予开除处分。发布、播出、刊登、出版前款所列文章、演说、宣言、声明等或者为上述行为提供方便条件的，对直接责任者和领导责任者，给予记大过或者降级处分；情节严重的，给予撤职或者开除处分。

通过信息网络、广播、电视、报刊、书籍、讲座、论坛、报告会、座谈会等方式，有下列行为之一，情节较轻的，给予警告、记过或者记大过处分；情节较重的，给予降级或者撤职处分；情节严重的，给予开除处分：（1）公开发表违背四项基本原则，违背、歪曲党的改革开放决策，或者其他有严重政治问题的文章、演说、宣言、声明等的；（2）妄议中央大政方针，破坏党的集中统一的；（3）丑化党和国家形象，或者诋毁、诬蔑党和国家领导人，或者歪曲党史、军史的。发布、播出、刊登、出版前款所列内容或者为上述行为提供方便条件的，对直接责任者和领导责任者，给予记过、记大过或者降级处分；情节严重的，给予撤职或者开除处分。

制作、贩卖、传播《检察人员纪律处分条例》第 42 条、第 44 条所列内容之一的书刊、音像制品、电子读物、网络音视频资料等，情节较轻的，给予警告、记过或者记大过处分；情节较重的，给予降级或者撤职处分；情节严重的，给予开除处分。私自携带、寄递该条例第 43 条、第 44 条所列内容之一的书刊、音像制品、电子读物等入出境，情节较重的，给予警告、记过或者记大过处分；情节严重的，给予降级、撤职或者开除处分。

组织、参加反对党的基本理论、基本路线、基本纲领、基本经验、基本要求或者重大方针政策的集会、游行、示威等活动的，或者以组织讲座、论坛、报告会、座谈会等方式，反对党的基本理论、基本路线、基本纲领、基本经验、基本要求或者重大方针政策，造成严重不良影响的，对策划者、组织者和骨干分子，给予开除处分。对其他参加人员或者以提供信息、资料、财物、场地等方式支持上述活动者，情节较轻的，给予警告、记过或者记大过处分；情节较重的，给予降级或者撤职处分；情节严重的，给予开除处分。对不明真相被裹挟参加，经批评教育后确有悔改表现的，可以免予处分或者不予处分。对未经组织批准参加其他集会、游行、示威等活动，情节较轻的，给予警告、记过或者记大过处分；情节较重的，给予降级或者撤职处分；情节严重的，给予开除处分。

组织、参加旨在反对党的领导、反对社会主义制度或者敌视政府等组织的，对策划者、组织者和骨干分子，给予开除处分。对其他参加人员，情节较轻的，给予警告、记过或者记大过处分；情节较重的，给予降级或者撤职处分；情节严重的，给予开除处分。

组织、参加会道门或者邪教组织的，对策划者、组织者和骨干分子，给予开除处分。对其他参加人员，情节较轻的，给予警告、记过或者记大过处分；情节较重的，给予降级或者撤职处分；情节严重的，给予开除处分。对不明真相的参加人员，经批评教育后确有悔改表现的，可以免予处分或者不予处分。

搞团团伙伙、结党营私、拉帮结派、培植私人势力或者通过搞利益交换、为自己营造声势等活动捞取政治资本的，给予记过、记大过或者降级处分；情节严重的，给予撤职或者开除处分。

有下列行为之一的，对直接责任者和领导责任者，给予记过、记大过或者降级处分；情节严重的，给予撤职或者开除处分：（1）拒不执行党和国家的方针政策以及决策部署的；（2）故意作出与党和国家的方针政策以及决策部署相违背的决定的；（3）擅自对应当由中央决定的重大政策问题作出决定和对外发表主张的。

挑拨民族关系制造事端或者参加民族分裂活动的，对策划者、组织者和骨干分子，给予开除处分。对其他参加人员，情节较轻的，给予警告、记过或者记大过处分；情节较重的，给予降级或者撤职处分；情节严重的，给予开除处分。对不明真相被裹挟参加，经批评教育后确有悔改表现的，可以免予处分或者不予处分。有其他违反党和国家民族政策的行为，情节较轻的，给予警告、记过或者记大过处分；情节较重的，给予降级或者撤职处分；情节严重的，给予开除处分。

组织、利用宗教活动反对党的路线、方针、政策和决议，破坏民族团结的，对策划者、组织者和骨干分子，给予撤职或者开除处分。对其他参加人员，情节较轻的，给予警告、记过或者记大过处分；情节较重的，给予降级或者撤职处分；情节严重的，给予开除处分。对不明真相被裹挟参加，经批评教育后确有悔改表现的，可以免予处分或者不予处分。有其他违反国家宗教政策的行为，情节较轻的，给予警告、记过或者记大过处分；情节较重的，给予降级或者撤职处分；情节严重的，给予开除处分。

组织、利用宗族势力对抗党和政府，妨碍党和国家的方针政策以及决策部署的实施，或者破坏党的基层组织建设的，对策划者、组织者和骨干分子，给予撤职或者开除处分。对其他参加人员，情节较轻的，给予警告、记过或者记大过处分；情节较重的，给予降级或者撤职处分；情节严重的，给予开除处分。对不明真相被裹挟参加，经批评教育后确有悔改表现的,可以免予处分或者不予处分。

对抗组织调查,有下列行为之一的,给予警告、记过或者记大过处分;情节较重的,给予降级或者撤职处分;情节严重的,给予开除处分:(1)串供或者伪造、销毁、转移、隐匿证据的;(2)阻止他人揭发检举、提供证据材料的;(3)包庇同案人员的;(4)向组织提供虚假情况,掩盖事实的;(5)其他对抗组织调查行为的。

组织迷信活动的,给予降级或者撤职处分;情节严重的,给予开除处分。参加迷信活动,造成不良影响的,给予警告、记过或者记大过处分;情节较重的,给予降级或者撤职处分;情节严重的,给予开除处分。对不明真相的参加人员,经批评教育后确有悔改表现的,可以免予处分或者不予处分。

在国(境)外、外国驻华使(领)馆申请政治避难,或者违纪后逃往国(境)外、外国驻华使(领)馆的,给予开除处分。在国(境)外公开发表反对党和政府的文章、演说、宣言、声明等的,依照前款规定处理。故意为上述行为提供方便条件的,给予撤职或者开除处分。

在涉外活动中,其言行在政治上造成恶劣影响,损害党和国家尊严、利益的,给予降级或者撤职处分;情节严重的,给予开除处分。

领导干部对违反政治纪律和政治规矩等错误思想和行为放任不管,搞无原则一团和气,造成不良影响的,给予警告、记过或者记大过处分;情节严重的,给予降级或者撤职处分。

有其他违反政治纪律和政治规矩行为的,应当视具体情节给予警告直至开除处分。

(二)违反组织纪律行为的处分

违反民主集中制原则,拒不执行或者擅自改变组织作出的重大决定,或者违反议事规则,个人或者少数人决定重大问题的,给予警告、记过或者记大过处分;情节严重的,给予降级或者撤职处分。

下级检察机关拒不执行或者擅自改变上级检察机关决定的,对直接责任者和领导责任者,给予警告、记过或者记大过处分;情节严重的,给予降级或者撤职处分。

拒不执行组织的分配、调动、交流等决定的,给予警告、记过、记大过或者降级处分。在特殊时期或者紧急状况下,拒不执行组织决定的,给予撤职或者开除处分。

离任、辞职或者被辞退时,拒不办理公务交接手续或者拒不接受审计的,给予警告、记过或者记大过处分;情节较重的,给予降级或者撤职处分;情节严重的,给予开除处分。

不按照有关规定或者工作要求,向组织请示报告重大问题、重要事项的,给予警告、记过或者记大过处分;情节严重的,给予降级或者撤职处分。不按要求报告或者不如实报告个人去向,情节较重的,给予警告、记过或者记大过处分。

有下列行为之一,情节较重的,给予警告、记过或者记大过处分:(1)违反个人有关事项报告规定,不报告、不如实报告的;(2)在组织进行谈话、函询时,不如实向组织说明问题的;(3)不如实填报个人档案资料的。篡改、伪造个人档案资料的,给予记过或者记大过处分;情节严重的,给予降级或者撤职处分。

领导干部违反有关规定组织、参加自发成立的老乡会、校友会、战友会等，情节严重的，给予警告、记过、记大过或者降级处分。

诬告陷害他人意在使他人受纪律追究的，给予警告、记过或者记大过处分；情节较重的，给予降级或者撤职处分；情节严重的，给予开除处分。

有下列行为之一的，给予警告、记过或者记大过处分；情节较重的，给予降级或者撤职处分；情节严重的，给予开除处分：(1) 对检察人员的批评、检举、控告进行阻挠、压制，或者将批评、检举、控告材料私自扣压、销毁，或者故意将其泄露给他人的；(2) 对检察人员的申辩、辩护、作证等进行压制，造成不良后果的；(3) 压制检察人员申诉，造成不良后果的，或者不按照有关规定处理检察人员申诉的；(4) 其他侵犯检察人员权利行为，造成不良后果的。对批评人、检举人、控告人、证人及其他人员打击报复的，依照前款规定从重或者加重处分。单位或者部门有上述行为的，对直接责任者和领导责任者，依照前款规定处理。

有下列行为之一的，给予警告、记过或者记大过处分；情节较重的，给予降级或者撤职处分；情节严重的，给予开除处分：(1) 在民主推荐、民主测评、组织考察和选举中搞拉票、助选等非组织活动的；(2) 在法律规定的投票、选举活动中违背组织原则搞非组织活动，组织、怂恿、诱使他人投票、表决的；(3) 在选举中进行其他违反法律和纪律规定活动的。

在干部选拔任用工作中，违反干部选拔任用规定，对直接责任者和领导责任者，情节较轻的，给予警告、记过或者记大过处分；情节较重的，给予降级或者撤职处分；情节严重的，给予开除处分。用人失察失误造成严重后果的，对直接责任者和领导责任者，依照前款规定处理。

违反有关规定在人员录用、考评考核、职务晋升和职称评定等工作中，隐瞒、歪曲事实真相，或者利用职权、职务上的影响为本人或者他人谋取利益的，给予警告、记过或者记大过处分；情节较重的，给予降级或者撤职处分；情节严重的，给予开除处分。弄虚作假，骗取职务、职级、职称、待遇、资格、学历、学位、荣誉或者其他利益的，依照前款规定处理。

违反有关规定取得外国国籍或者获取国（境）外永久居留资格、长期居留许可，非法出境，或者违反规定滞留境外不归的，给予开除处分。

违反有关规定办理因私出国（境）证件、港澳通行证、大陆居民来往台湾通行证，或者未经批准出入国（边）境，情节较轻的，给予警告、记过或者记大过处分；情节较重的，给予降级处分；情节严重的，给予撤职处分。

在临时出国（境）团（组）中擅自脱离组织，或者从事外事、机要等工作的检察人员违反有关规定同国（境）外机构、人员联系和交往的，给予警告、记过、记大过、降级或者撤职处分。

在临时出国（境）团（组）中脱离组织出走的，给予撤职或者开除处分。故意为他人脱离组织出走提供方便条件的，给予记过、记大过、降级或者撤职处分。

（三）违反办案纪律行为的处分

故意伪造、隐匿、损毁举报、控告、申诉材料，包庇被举报人、被控告人，或者对举报人、控告人、申诉人、批评人打击报复的，给予记过或者记大过处分；情节较重的，给予降级或者撤职处分；情节严重的，给予开除处分。

泄露案件秘密，或者为案件当事人及其近亲属、辩护人、诉讼代理人、利害关系人等打探案情、通风报信的，给予记过或者记大过处分；造成严重后果或者恶劣影响的，给予降级、撤职或者开除处分。

擅自处置案件线索、随意初查或者在初查中对被调查对象采取限制人身自由强制性措施的，给予记过或者记大过处分；情节较重的，给予降级或者撤职处分；情节严重的，给予开除处分。

违反有关规定搜查他人身体、住宅，或者侵入他人住宅的，给予记过或者记大过处分；情节较重的，给予降级或者撤职处分；情节严重的，给予开除处分。

违反有关规定采取、变更、解除、撤销强制措施的，给予记过或者记大过处分；情节较重的，给予降级或者撤职处分；情节严重的，给予开除处分。

违反有关规定限制、剥夺诉讼参与人人身自由、诉讼权利的，给予警告、记过或者记大过处分；情节较重的，给予降级或者撤职处分；情节严重的，给予开除处分。

违反职务犯罪侦查全程同步录音录像有关规定，情节较重的，给予警告、记过或者记大过处分；情节严重的，给予降级或者撤职处分。

殴打、体罚虐待、侮辱犯罪嫌疑人、被告人及其他人员的，给予记过或者记大过处分；造成严重后果或者恶劣影响的，给予降级、撤职或者开除处分。

采用刑讯逼供等非法方法收集犯罪嫌疑人、被告人供述，或者采用暴力、威胁等非法方法收集证人证言、被害人陈述的，给予记过或者记大过处分；情节较重的，给予降级或者撤职处分；情节严重的，给予开除处分。

故意违背案件事实作出勘验、检查、鉴定意见的，给予降级或者撤职处分；情节严重的，给予开除处分。

违反有关规定，有下列行为之一的，对直接责任者和领导责任者，给予记过或者记大过处分；情节较重的，给予降级或者撤职处分；情节严重的，给予开除处分：（1）在立案之前查封、扣押、冻结涉案财物的；（2）超范围查封、扣押、冻结涉案财物的；（3）不返还、不退还扣押、冻结涉案财物的；（4）侵吞、挪用、私分、私存、调换、外借、压价收购涉案财物的；（5）擅自处理扣押、冻结的涉案财物及其孳息的；（6）故意损毁、丢失涉案财物的；（7）其他违反涉案财物管理规定的。

违反有关规定阻碍律师依法行使会见权、阅卷权、申请收集调取证据等执业权利，情节较重的，给予警告、记过或者记大过处分；情节严重的，给予降级或者撤职处分。

违反有关规定应当回避而故意不回避，或者拒不服从回避决定，或者对符合回避条件的申请故意不作出回避决定的，给予警告、记过或者记大过处分；情节严重的，给予降级或者撤职处分。

私自会见案件当事人及其近亲属、辩护人、诉讼代理人、利害关系人、中介组织，或者接受上述人员提供的礼品、礼金、消费卡等财物，以及宴请、娱乐、健身、旅游等活动的，给予记过或者记大过处分；情节较重的，给予降级或者撤职处分；情节严重的，给予开除处分。

有重大过失，不履行或者不正确履行司法办案职责，造成下列后果之一的，给予警告、记过或者记大过处分；情节较重的，给予降级或者撤职处分；情节严重的，给予开除处分：（1）认定事实、适用法律出现重大错误，或者案件被错误处理的；（2）遗漏重要犯罪嫌疑人或者重大罪行的；（3）错误羁押或者超期羁押犯罪嫌疑人、被告人的；（4）犯罪嫌疑人、被告人串供、毁证、逃跑的；（5）涉案人员自杀、自伤、行凶的；（6）其他严重后果或者恶劣影响的。

负有监督管理职责的检察人员因故意或者重大过失，不履行或者不正确履行监督管理职责，导致司法办案工作出现错误，情节较重的，给予警告、记过或者记大过处分；情节严重的，给予降级或者撤职处分。

故意伪造、隐匿、损毁证据材料、诉讼文书的，给予降级或者撤职处分；情节严重的，给予开除处分。

丢失案卷、案件材料、档案的，给予警告、记过或者记大过处分；情节严重的，给予降级或者撤职处分。

违反有关规定，有下列行为之一的，给予记过或者记大过处分；情节较重的，给予降级或者撤职处分；情节严重的，给予开除处分：（1）体罚虐待被监管人员的；（2）私自带人会见被监管人员的；（3）给被监管人员特殊待遇或者照顾的；（4）让被监管人员为自己提供劳务的。

违反有关规定对司法机关、行政机关违法行使职权或者不行使职权的行为不履行法律监督职责，造成严重后果或者恶劣影响的，给予警告、记过或者记大过处分；情节严重的，给予降级或者撤职处分。

违反有关规定干预司法办案活动，有下列行为之一的，给予警告或者记过处分；情节较重的，给予记大过或者降级处分；情节严重的，给予撤职处分：（1）在初查、立案、侦查、审查逮捕、审查起诉、审判、执行等环节为案件当事人请托说情的；（2）邀请或者要求办案人员私下会见案件当事人或者其辩护人、诉讼代理人、近亲属以及其他与案件有利害关系的人的；（3）私自为案件当事人及其近亲属、辩护人、诉讼代理人传递涉案材料的；（4）领导干部授意、纵容身边工作人员或者近亲属为案件当事人请托说情的；（5）领导干部为了地方利益或者部门利益，以听取汇报、开协调会、发文件等形式，超越职权对案件处理提出倾向性意见或者具体要求的；（6）其他影响司法人员依法公正处理案件的。

对领导干部违规干预司法办案活动、司法机关内部人员过问案件，两次以上不记录或者不如实记录的，给予警告或者记过处分；情节严重的，给予记大过处分。授意不记录、不如实记录的，依照前款规定处理。对如实记录的检察人员打击报复的，依照《检察人员纪律处分条例》第68条第2款处理。

利用检察权或者借办案之机，借用、占用案件当事人、辩护人、诉讼代理人、利害关系人或者发案单位、证人等的住房、交通工具或者其他财物，或者谋取其他个人利益的，给予警告、记过或者记大过处分；情节较重的，给予降级或者撤职处分；情节严重的，给予开除处分。利用职权或者职务上的影响，借用、占用企事业单位、社会团体或者个人的住房、交通工具或者其他财物，给予警告、记过或者记大过处分；情节较重的，给予降级或者撤职处分；情节严重的，给予开除处分。

违反办案期限或者有关案件管理程序规定，情节较重的，给予警告、记过或者记大过处分；情节严重的，给予降级或者撤职处分。

有其他违反办案纪律规定行为的，应当视具体情节给予警告直至开除处分。

（四）违反廉洁纪律行为的处分

利用职权或者职务上的影响为他人谋取利益，本人的配偶、子女及其配偶等亲属和其他特定关系人收受对方财物，情节较重的，给予警告、记过或者记大过处分；情节严重的，给予降级、撤职或者开除处分。

相互利用职权或者职务上的影响为对方及其配偶、子女及其配偶等亲属、身边工作人员和其他特定关系人谋取利益搞权权交易的，给予警告、记过或者记大过处分；情节较重的，给予降级或者撤职处分；情节严重的，给予开除处分。

纵容、默许配偶、子女及其配偶等亲属和身边工作人员利用本人职权或者职务上的影响谋取私利，情节较轻的，给予警告、记过或者记大过处分；情节较重的，给予降级或者撤职处分；情节严重的，给予开除处分。检察人员的配偶、子女及其配偶未从事实际工作而获取薪酬或者虽从事实际工作但领取明显超出同职级标准薪酬，检察人员知情未予纠正的，依照前款规定处理。

收受可能影响公正执行公务的礼品、礼金、消费卡等，情节较轻的，给予警告、记过或者记大过处分；情节较重的，给予降级或者撤职处分；情节严重的，给予开除处分。收受其他明显超出正常礼尚往来的礼品、礼金、消费卡等的，依照前款规定处理。

向从事公务的人员及其配偶、子女及其配偶等亲属和其他特定关系人赠送明显超出正常礼尚往来的礼品、礼金、消费卡等，情节较重的，给予警告、记过或者记大过处分；情节严重的，给予降级或者撤职处分。

利用职权或者职务上的影响操办婚丧喜庆事宜，在社会上造成不良影响的，给予警告、记过或者记大过处分；情节严重的，给予降级或者撤职处分。在操办婚丧喜庆事宜中，借机敛财或者有其他侵犯国家、集体和人民利益行为的，依照前款规定从重或者加重处分，直至给予开除处分。

接受可能影响公正执行公务的宴请或者旅游、健身、娱乐等活动安排，情节较重的，给予警告、记过或者记大过处分；情节严重的，给予降级或者撤职处分。

违反有关规定取得、持有、实际使用运动健身卡、会所和俱乐部会员卡、高尔夫球卡等各种消费卡，或者违反有关规定出入私人会所、夜总会，情节较重的，给予警告、记过或者记大过处分；情节严重的，给予降级或者撤职处分。

违反有关规定从事营利活动，有下列行为之一，情节较轻的，给予警告、记过或者记大过处分；情节较重的，给予降级或者撤职处分；情节严重的，给予开除处分：

（1）经商办企业的；（2）拥有非上市公司（企业）的股份或者证券的；（3）买卖股票或者进行其他证券投资的；（4）兼任律师、法律顾问、仲裁员等职务，以及从事其他有偿中介活动的；（5）在国（境）外注册公司或者投资入股的；（6）其他违反有关规定从事营利活动的。利用职权或者职务上的影响，为本人配偶、子女及其配偶等亲属和其他特定关系人的经营活动谋取利益的，依照前款规定处理。违反有关规定在经济实体、社会团体等单位中兼职，或者经批准兼职但获取薪酬、奖金、津贴等额外利益的，依照前款规定处理。

领导干部的配偶、子女及其配偶，违反有关规定在该领导干部管辖的区域或者业务范围内从事可能影响其公正执行公务的经营活动，或者在该领导干部管辖的区域或者业务范围内的外商独资企业、中外合资企业中担任由外方委派、聘任的高级职务的，该领导干部应当按照规定予以纠正；拒不纠正的，其本人应当辞去现任职务或者由组织予以调整职务；不辞去现任职务或者不服从组织调整职务的，给予撤职处分。领导干部或者在司法办案岗位工作的检察人员的配偶、子女及其配偶在其本人任职的检察机关管辖区域内从事案件代理、辩护业务的，适用前款规定处理。

检察机关违反有关规定经商办企业的，对直接责任者和领导责任者，给予警告、记过或者记大过处分；情节严重的，给予降级或者撤职处分。

领导干部违反工作、生活保障制度，在交通、医疗等方面为本人、配偶、子女及其配偶等亲属和其他特定关系人谋求特殊待遇，情节较重的，给予警告、记过或者记大过处分；情节严重的，给予降级或者撤职处分。

在分配、购买住房中侵犯国家、集体利益，情节较轻的，给予警告、记过或者记大过处分；情节较重的，给予降级或者撤职处分；情节严重的，给予开除处分。

利用职权或者职务上的影响，侵占非本人经管的公私财物，或者以象征性地支付钱款等方式侵占公私财物，或者无偿、象征性地支付报酬接受服务、使用劳务，情节较轻的，给予警告、记过或者记大过处分；情节较重的，给予降级或者撤职处分；情节严重的，给予开除处分。利用职权或者职务上的影响，将本人、配偶、子女及其配偶等亲属应当由个人支付的费用，由下属单位、其他单位或者他人支付、报销的，依照前款规定处理。

利用职权或者职务上的影响，违反有关规定占用公物归个人使用，时间超过6个月，情节较重的，给予警告、记过或者记大过处分；情节严重的，给予降级或者撤职处分。占用公物进行营利活动的，给予警告、记过或者记大过处分；情节较重的，给予降级或者撤职处分；情节严重的，给予开除处分。将公物借给他人进行营利活动的，依照前款规定处理。

违反有关规定组织、参加用公款支付的宴请、高消费娱乐、健身活动，或者用公款购买赠送、发放礼品，对直接责任者和领导责任者，情节较轻的，给予警告、记过或者记大过处分；情节较重的，给予降级或者撤职处分；情节严重的，给予开除处分。

违反有关规定滥发津贴、补贴、奖金等，对直接责任者和领导责任者，情节较轻的，给予警告、记过或者记大过处分；情节较重的，给予降级或者撤职处分；情节严重的，给予开除处分。

有下列行为之一，对直接责任者和领导责任者，情节较轻的，给予警告、记过或者记大过处分；情节较重的，给予降级或者撤职处分；情节严重的，给予开除处分：（1）用公款旅游、借公务差旅之机旅游或者以公务差旅为名变相旅游的；（2）以考察、学习、培训、研讨、参展等名义变相用公款出国（境）旅游的。

违反公务接待管理规定，超标准、超范围接待或者借机大吃大喝，对直接责任者和领导责任者，情节较重的，给予警告、记过或者记大过处分；情节严重的，给予降级或者撤职处分。

违反有关规定配备、购买、更换、装饰、使用公务用车或者有其他违反公务用车管理规定的行为，对直接责任者和领导责任者，情节较重的，给予警告、记过或者记大过处分；情节严重的，给予降级或者撤职处分。

违反会议活动管理规定，有下列行为之一，对直接责任者和领导责任者，情节较重的，给予警告、记过或者记大过处分；情节严重的，给予降级或者撤职处分：（1）到禁止召开会议的风景名胜区开会的；（2）决定或者批准举办各类节会、庆典活动的。擅自举办评比达标表彰活动或者借评比达标表彰活动收取费用的，依照前款规定处理。

违反办公用房管理规定，有下列行为之一，对直接责任者和领导责任者，情节较重的，给予警告、记过或者记大过处分；情节严重的，给予降级或者撤职处分：（1）决定或者批准兴建、装修办公楼、培训中心等楼堂馆所，超标准配备、使用办公用房的；（2）用公款包租、占用客房或者其他场所供个人使用的。

搞权色交易或者给予财物搞钱色交易的，给予记过或者记大过处分；情节较重的，给予降级或者撤职处分；情节严重的，给予开除处分。

有其他违反廉洁纪律规定行为的，应当视具体情节给予警告直至开除处分。

（五）违反群众纪律行为的处分

在检察工作中违反有关规定向群众收取、摊派费用的，给予警告、记过或者记大过处分；情节严重的，给予降级、撤职或者开除处分。

在从事涉及群众事务的工作中，刁难群众、吃拿卡要的，给予警告、记过或者记大过处分；情节严重的，给予降级、撤职或者开除处分。

对群众合法诉求消极应付、推诿扯皮，损害检察机关形象，情节较重的，给予警告、记过或者记大过处分；情节严重的，给予降级或者撤职处分。

对待群众态度恶劣、简单粗暴，造成不良影响，情节较重的，给予警告、记过或者记大过处分；情节严重的，给予降级或者撤职处分。

遇到国家财产和人民群众生命财产受到严重威胁时，能救而不救，情节较重的，给予警告、记过或者记大过处分；情节严重的，给予降级、撤职或者开除处分。

不按照规定公开检察事务，侵犯群众知情权，对直接责任者和领导责任者，情节较重的，给予警告、记过或者记大过处分；情节严重的，给予降级或者撤职处分。

有其他违反群众纪律规定行为的，应当视具体情节给予警告直至开除处分。

（六）违反工作纪律行为的处分

在工作中不负责任或者疏于管理，有下列情形之一的，对直接责任者和领导责任者，给予警告、记过或者记大过处分；造成严重后果或者恶劣影响的，给予降级、撤职或者开除处分：（1）不传达贯彻、不检查督促落实党和国家，以及最高人民检察院的方针政策和决策部署，或者作出违背党和国家，以及最高人民检察院方针政策和决策部署的错误决策的；（2）本系统和本单位发生公开反对党的基本理论、基本路线、基本纲领、基本经验、基本要求或者党和国家，以及最高人民检察院方针政策和决策部署行为的；（3）不正确履行职责或者严重不负责任，致使发生重大责任事故，给国家、集体利益和人民群众生命财产造成较大损失的。

不履行全面从严治检主体责任或者履行全面从严治检主体责任不力，造成严重后果或者恶劣影响的，对直接责任者和领导责任者，给予警告、记过或者记大过处分；情节严重的，给予降级或者撤职处分。

有下列行为之一，对直接责任者和领导责任者，情节较重的，给予警告、记过或者记大过处分；情节严重的，给予降级或者撤职处分：（1）检察人员违反纪律或者法律、法规规定，应当给予纪律处分而不处分的；（2）纪律处分决定或者申诉复查决定作出后，不按照规定落实决定中关于受处分人职务、职级、待遇等事项的；（3）不按照干部管理权限对受处分人开展日常教育、管理和监督工作的。

因工作不负责任致使所管理的人员叛逃的，对直接责任者和领导责任者，给予警告、记过或者记大过处分；情节严重的，给予降级或者撤职处分。因工作不负责任致使所管理的人员出走，对直接责任者和领导责任者，情节较重的，给予警告、记过或者记大过处分；情节严重的，给予降级或者撤职处分。

在上级单位检查、视察工作或者向上级单位汇报、报告工作时对应当报告的事项不报告或者不如实报告，造成严重后果或者恶劣影响的，对直接责任者和领导责任者，给予警告、记过或者记大过处分；情节严重的，给予降级或者撤职处分。

违反有关规定干预和插手市场经济活动，有下列行为之一，造成不良影响的，给予警告、记过或者记大过处分；情节较重的，给予降级或者撤职处分；情节严重的，给予开除处分：（1）干预和插手建设工程项目承发包、土地使用权出让、政府采购、房地产开发与经营、矿产资源开发利用、中介机构服务等活动的；（2）干预和插手国有企业重组改制、兼并、破产、产权交易、清产核资、资产评估、资产转让、重大项目投资以及其他重大经营活动等事项的；（3）干预和插手经济纠纷的；（4）干预和插手集体资金、资产和资源的使用、分配、承包、租赁等事项的；（5）其他违反有关规定干预和插手市场经济活动的。

违反有关规定干预和插手执纪执法活动，向有关地方或者部门打招呼、说情，或者以其他方式对执纪执法活动施加影响，情节较轻的，给予记过或者记大过处分；情节较重的，给予降级或者撤职处分；情节严重的，给予开除处分。违反有关规定干预和插手公共财政资金分配、项目立项评审、奖励表彰等活动，造成严重后果或者恶劣影响的，依照前款规定处理。

泄露、扩散、窃取关于干部选拔任用、纪律审查等尚未公开事项或者其他应当保密的信息的，给予警告、记过或者记大过处分；情节较重的，给予降级或者撤职处分；情节严重的，给予开除处分。

在考试、录取工作中，有泄露试题、考场舞弊、涂改考卷、违规录取等违反有关规定行为的，给予警告、记过或者记大过处分；情节较重的，给予降级或者撤职处分；情节严重的，给予开除处分。

以不正当方式谋求本人或者他人用公款出国（境），情节较轻的，给予警告或者记过处分；情节较重的，给予记大过处分；情节严重的，给予降级或者撤职处分。

临时出国（境）团（组）或者人员中的检察人员，擅自延长在国（境）外期限，或者擅自变更路线的，对直接责任者和领导责任者，给予警告、记过或者记大过处分；情节严重的，给予降级或者撤职处分。

临时出国（境）团（组）中的检察人员，触犯所在国家、地区的法律、法令或者不尊重所在国家、地区的宗教习俗，情节较重的，给予警告、记过或者记大过处分；情节严重的，给予降级、撤职或者开除处分。

违反枪支、弹药管理规定，有下列行为之一的，给予记过、记大过或者降级处分；造成严重后果或者恶劣影响的，给予撤职或者开除处分：（1）擅自携带枪支、弹药进入公共场所的；（2）将枪支、弹药借给他人使用的；（3）枪支、弹药丢失、被盗、被骗的；（4）示枪恫吓他人或者随意鸣枪的；（5）因管理使用不当，造成枪支走火的。

违反有关规定使用、管理警械、警具的，给予警告、记过或者记大过处分；造成严重后果或者恶劣影响的，给予降级、撤职或者开除处分。

违反有关规定使用、管理警车的，给予警告、记过或者记大过处分；造成严重后果或者恶劣影响的，给予降级、撤职或者开除处分。违反有关规定将警车停放在餐饮、休闲娱乐场所和旅游景区，造成不良影响的，应当从重处分。警车私用造成交通事故并致人重伤、死亡或者重大经济损失的，给予开除处分。

违反有关规定，有下列行为之一的，给予警告、记过或者记大过处分；情节严重的，给予降级、撤职或者开除处分：（1）工作时间或者工作日中午饮酒，经批评教育仍不改正的；（2）承担司法办案任务时饮酒的；（3）携带枪支、弹药、档案、案卷、案件材料、秘密文件或者其他涉密载体饮酒的；（4）佩戴检察标识或者着司法警察制服在公共场所饮酒的；（5）饮酒后驾驶机动车辆的。

旷工或者因公外出、请假期满无正当理由逾期不归，造成不良影响的，给予警告、记过或者记大过处分；情节较重的，给予降级或者撤职处分；情节严重的，给予开除处分。

违反有关规定对正在办理的案件公开发表个人意见或者进行评论，造成不良影响的，给予警告、记过或者记大过处分，情节严重的，给予降级或者撤职处分。

有其他违反工作纪律行为的，应当视具体情节给予警告直至开除处分。

（七）违反生活纪律行为的处分

生活奢靡、贪图享乐、追求低级趣味，造成不良影响的，给予警告、记过或者记大过处分；情节严重的，给予降级或者撤职处分。

与他人发生不正当性关系，造成不良影响的，给予警告、记过或者记大过处分；情节较重的，给予降级或者撤职处分；情节严重的，给予开除处分。利用职权、教养关系、从属关系或者其他相类似关系与他人发生性关系的，依照前款规定从重处分。

违背社会公序良俗，在公共场所有不当行为，造成不良影响的，给予警告、记过或者记大过处分；情节较重的，给予降级或者撤职处分；情节严重的，给予开除处分。

实施、参与或者支持下列行为的，给予撤职或者开除处分：（1）卖淫、嫖娼、色情淫乱活动的；（2）吸食、注射毒品的。组织上述行为的，给予开除处分。

参与赌博的，给予警告或者记过处分；情节较重的，给予记大过或者降级处分；情节严重的，给予撤职或者开除处分。为赌博活动提供场所或者其他方便条件的，给予记过、记大过或者降级处分；情节严重的，给予撤职或者开除处分。在工作时间赌博的，给予记过、记大过或者降级处分；经批评教育仍不改正的，给予撤职或者开除处分。组织赌博的，给予撤职或者开除处分。

有其他严重违反职业道德、社会公德、家庭美德行为的，应当视具体情节给予警告直至开除处分。

三、检察官职业责任追究程序

2000年最高人民检察院颁布《人民检察院监察工作条例》要求在人民检察院内部设监察部门。然而，在国家监察体制改革之后，人民检察院的纪检组和监察局（处）从检察机关剥离，转隶成为受纪委、监委"双派驻"的纪检监察组，负责对驻在单位进行外部监督。因此，为了填补纪检监察机构剥离后留下的内部监督职能空白，人民检察院于2019年出台《人民检察院检务督察工作条例》，新设立检务督察部门，作为检察机关专司内部监督的综合业务部门。[1]

（一）受理、初核

检务督察部门统一受理下列途径发现的涉嫌违反检察职责线索：（1）人民检察院内设机构、派驻派出机构、直属单位和下级人民检察院移送的；（2）统一业务应用系统信息反映的；（3）开展内部监督工作发现的；（4）检察人员有关工作记录报告的；（5）检察长和上级人民检察院检务督察部门交办的。

检务督察部门对线索的初核，应当报请检察长批准。检务督察部门初核后认为需要立案调查的，应当报请检察长批准后，组成调查组开展工作。调查组对查核认定的问题应当提出处理建议，报检务督察部门主要负责人审核后，提请检察长办公会审议决定。

（二）立案、调查

检务督察部门初核后认为需要立案调查的，应当报请检察长批准后，组成调查组开展工作。调查组对查核认定的问题应当提出处理建议，报检务督察部门主要负责人审核后，提请检察长办公会审议决定。检务督察部门开展工作的方式包括：（1）参加或者列

---

[1] 许身健：《法律职业伦理》（第三版），中国政法大学出版社2021年版，第181页。

席与督察事项有关的会议；（2）听取被督察单位、部门的汇报；（3）听取有关单位及人民群众的意见和建议；（4）查阅、调取、复制与督察事项有关的材料、案卷、档案、电子数据等；（5）与被督察对象谈话、函询；（6）向有关知情人询问情况；（7）现场督察或者视情开展暗访；（8）其他合法合规的工作方式。

检务督察人员办理的督察事项与本人或者其近亲属有利害关系的，或者有其他关系可能影响督察事项公正处理的，应当回避。检务督察部门主要负责人的回避，由检察长决定；其他人员的回避，由检务督察部门主要负责人决定。

（三）处理

对被督察的单位、部门、办案组织的处理方式包括：（1）检查，对履行职责不力，情节较轻的，责令其作出书面检查；（2）通报，对履行职责不力，情节较重的，在一定范围内通报批评。

对被督察的检察人员的处理方式包括：（1）批评教育，对失职失责，情节轻微的，批评教育并责令检讨；（2）诫勉，对失职失责，情节较轻的，以谈话或者书面方式进行诫勉；（3）组织调整或者组织处理，对失职失责，情节较重的，视情况采取停职检查、调整职务、调离司法办案岗位、延期晋职晋级、责令辞职、降职、降低等级、免职、退出检察官员额等组织措施；（4）移送纪检监察机构处理。对失职失责应当给予纪律处分的，由检务督察部门移送纪检监察机构处理。上述处理经检察长办公会研究决定后，由检务督察或政工部门依职能承办。

此外，被督察对象能够主动说明情况，及时挽回损失，未造成严重后果的，可以从宽处理；不如实报告情况，不配合调查工作，甚至干扰对抗调查的，应当从严处理。被督察对象尽到了注意义务，没有故意或者重大过失的，不承担责任；被督察对象虽有过错，但情节显著轻微，未造成不良后果的，可以免除责任。

四、检察官司法责任

2015年为保证检察院独立公正行使检察权，提高司法公信力，中央全面深化改革领导小组第15次会议审议通过了《最高人民检察院关于完善人民检察院司法责任制的若干意见》，专门对我国检察官办案责任制改革进行了全面阐述，确定完善人民检察院司法责任制的目标是：健全司法办案组织，科学界定内部司法办案权限，完善司法办案责任体系，构建公正高效的检察权运行机制和公平合理的司法责任认定和追究机制，做到谁办案谁负责、谁决定谁负责。

同样，对于此处的司法责任和前文所述纪律责任之间区别，《关于完善人民检察院司法责任制的若干意见》中有所界定：检察人员与司法办案活动无关的其他违纪违法行为，依照法律及《检察人员纪律处分条例》等有关规定处理，即司法责任是检察官履行检察职责中导致的办案过错所承担的责任，而纪律责任是指违反法律法规和职业伦理规范所应承担的责任。

（一）司法责任范围

检察人员应当对其履行检察职责的行为承担司法责任，在职责范围内对办案质量终身负责。司法责任包括故意违反法律法规责任、重大过失责任和监督管理责任，下面分别介绍每种司法责任的具体范围。

故意违反法律法规责任，是指检察人员在司法办案工作中，故意实施下列行为之一而应当承担的司法责任：包庇、放纵被举报人、犯罪嫌疑人、被告人，或使无罪的人受到刑事追究的；毁灭、伪造、变造或隐匿证据的；刑讯逼供、暴力取证或以其他非法方法获取证据的；违反规定剥夺、限制当事人、证人人身自由的；违反规定限制诉讼参与人行使诉讼权利，造成严重后果或恶劣影响的；超越刑事案件管辖范围初查、立案的；非法搜查或损毁当事人财物的；违法违规查封、扣押、冻结、保管、处理涉案财物的；对已经决定给予刑事赔偿的案件拒不赔偿或拖延赔偿的；违法违规使用武器、警械的；其他违反诉讼程序或司法办案规定，造成严重后果或恶劣影响的。

重大过失责任，是指检察人员在司法办案工作中有重大过失，怠于履行或不正确履行职责，造成下列后果之一而应当承担的司法责任：认定事实、适用法律出现重大错误，或案件被错误处理的；遗漏重要犯罪嫌疑人或重大罪行的；错误羁押或超期羁押犯罪嫌疑人、被告人的；涉案人员自杀、自伤、行凶的；犯罪嫌疑人、被告人串供、毁证、逃跑的；举报控告材料或其他案件材料、扣押财物遗失、严重损毁的；举报控告材料内容或其他案件秘密泄露的；有其他严重后果或恶劣影响的。

监督管理责任，是指负有监督管理职责的检察人员因故意或重大过失怠于行使或不当行使监督管理权，导致司法办案工作出现严重错误而应当承担相应的司法责任。

同样，有些情形下不应当承担司法责任：（1）检察人员做出的与司法办案活动无关的其他违纪违法行为，依照法律及《检察人员纪律处分条例》等有关规定处理；（2）司法办案工作中虽有错案发生，但检察人员履行职责时尽到必要注意义务，没有故意或重大过失的，不承担司法责任；（3）检察人员在事实认定、证据采信、法律适用、办案程序、文书制作以及司法作风等方面不符合法律和有关规定，但不影响案件结论的正确性和效力的，属司法瑕疵，依照相关纪律规定处理。

（二）司法责任承担

我国人民检察院司法责任制的核心就是在通过科学划分司法责任，使司法责任的承担实现谁办案谁负责、谁决定谁负责，司法责任具体落实到人，检察官在职责范围内对办案质量终身负责。根据履行职能需要、案件类型及复杂难易程度，实行独任检察官或检察官办案组的办案组织形式。下面一一介绍各种组织形式的司法责任承担。

独任检察官承办并作出决定的案件，由独任检察官承担责任。

检察官办案组承办的案件，由其负责人和其他检察官共同承担责任。办案组负责人对职权范围内决定的事项承担责任，其他检察官对自己的行为承担责任。

检察辅助人员参与司法办案工作的，根据职权和分工承担相应的责任。检察官有审核把关责任的，应当承担相应的责任。

属于检察长（副检察长）或检察委员会决定的事项，检察官对事实和证据负责，检察长（副检察长）或检察委员会对决定事项负责。检察长（副检察长）除承担监督管理的司法责任外，对在职权范围内作出的有关办案事项决定承担完全责任。对于检察官在职权范围内作出决定的事项，检察长（副检察长）不因签发法律文书承担司法责任。检察官根据检察长（副检察长）的要求进行复核并改变原处理意见的，由检察长（副检察长）与检察官共同承担责任。检察长（副检察长）改变检察官决定的，对改变部分承担责任。检察官向检察委员会汇报案件时，故意隐瞒、歪曲事实，遗漏重要事实、证据或情节，导致检察委员会作出错误决定的，由检察官承担责任；检察委员会委员根据错误决定形成的具体原因和主观过错情况承担部分责任或不承担责任。

上级人民检察院不采纳或改变下级人民检察院正确意见的，应当由上级人民检察院有关人员承担相应的责任。下级人民检察院有关人员故意隐瞒、歪曲事实，遗漏重要事实、证据或情节，导致上级人民检察院作出错误命令、决定的，由下级人民检察院有关人员承担责任；上级人民检察院有关人员有过错的，应当承担相应的责任。

（三）违反司法责任追究程序

实体规范的实现需要程序规则的护航，《关于完善人民检察院司法责任制的若干意见》详细规定了违反司法责任的追责主体和追究方式，使得司法责任的追究有法可依，下面具体介绍这一程序。

问责机制由人民检察院纪检监察机构启动。人民检察院纪检监察机构受理对检察人员在司法办案工作中违纪违法行为和司法过错行为的检举控告，并进行调查核实。对检察人员承办的案件发生被告人被宣告无罪，国家承担赔偿责任，确认发生冤假错案，犯罪嫌疑人、被告人逃跑或死亡、伤残等情形的，应当核查是否存在应予追究司法责任的情形。

调查后由检察官惩戒委员会审议、决定。人民检察院纪检监察机构经调查后认为应当追究检察官故意违反法律法规责任或重大过失责任的，应当报请检察长决定后，移送省、自治区、直辖市检察官惩戒委员会审议。人民检察院纪检监察机构应当及时向检察官惩戒委员会通报当事检察官的故意违反法律法规或重大过失事实及拟处理建议、依据，并就其故意违反法律法规或重大过失承担举证责任。当事检察官有权进行陈述、辩解、申请复议。

检察官惩戒委员会根据查明的事实和法律规定作出无责、免责或给予惩戒处分的建议。

对经调查属实应当承担司法责任的人员，分别作出如下处理：（1）应当给予停职、延期晋升、调离司法办案工作岗位以及免职、责令辞职、辞退等处理的，由组织人事部门按照干部管理权限和程序办理；（2）应当给予纪律处分的，由人民检察院纪检监察机构依照有关规定和程序办理；（3）涉嫌犯罪的，由人民检察院纪检监察机构将犯罪线索移送司法机关处理。

检察官对审查意见有异议的，可以向惩戒委员会提出。惩戒委员会应当对异议及其理由进行审查，作出决定。检察官惩戒委员会提出审查意见后，人民检察院依照有关规定作出是否予以惩戒的决定，并给予相应处理。当事法官、检察官对惩戒决定不服的，可以向作出决定的人民法院、人民检察院申请复议，并有权向上一级人民法院、人民检察院申诉。

（四）依法履职行为的免责保护

我国《检察官法》规定，检察官依法履行职责，受法律保护，不受行政机关、社会团体和个人的干涉，在此基础上《关于完善人民检察院司法责任制的若干意见》具体表述为，检察官依法履职受法律保护。非因法定事由、非经法定程序，不得将检察官调离、辞退或作出免职、降级等处分。检察官依法办理案件不受行政机关、社会团体和个人的干涉。检察官对法定职责范围之外的事务有权拒绝执行。以上法律规范以及《保护司法人员依法履行法定职责规定》（中共中央办公厅、国务院办公厅2016年印发）建立起我国检察官依法履职行为的免责保护制度。

一方面，《关于完善人民检察院司法责任制的若干意见》强调，司法办案工作中虽有错案发生，但检察人员履行职责中尽到必要注意义务，没有故意或重大过失的，不承担司法责任。《保护司法人员依法履行法定职责规定》第11条也同样规定，检察官非因故意违反法律、法规或者有重大过失导致错案并造成严重后果的，不承担错案责任。同时，《保护司法人员依法履行法定职责规定》第14条规定了严格的错案责任追究程序，即检察官履行法定职责的行为，非经检察官惩戒委员会审议不受错案责任追究。检察官因违反党纪，检察纪律，治安及刑事法律，应当追究错案责任之外的其他责任的，依照相关规定办理。检察官惩戒委员会审议检察官错案责任案件，应当进行听证。人民检察院相关机构应当派员向检察官惩戒委员会通报当事检察官违纪违法事实以及拟处理意见、依据。调查核实对检察官履职的举报、控告和申诉过程中，当事检察官享有知情、申辩和举证的权利。人民检察院纪检监察机构应当将检察官的陈述、申辩和举证如实记录，并对是否采纳作出说明。当事检察官有权陈述、申辩，检察官惩戒委员根据查明的事实和法律规定，作出无责、免责或者给予惩戒处分的建议。

另一方面，为了保护检察官的依法履职行为，《保护司法人员依法履行法定职责规定》第15—17条建立了不实举报的澄清、善后机制。检察官因依法履职遭受不实举报、诬告陷害、利用信息网络等方式侮辱诽谤，致使名誉受到损害的，人民检察院应当会同有关部门及时澄清事实，消除不良影响，维护检察官良好声誉，并依法追究相关单位或者个人的责任。有关机关对检察官作出错误处理的，应当恢复被处理人的职务和名誉、消除不良影响，对造成的经济损失给予赔偿，并依法追究诬告陷害者的责任，检察官因接受调查暂缓晋级，经有关部门认定不应追究法律或者纪律责任的，晋级时间从暂缓之日起计算，对干扰阻碍司法活动，威胁、报复陷害、侮辱诽谤、暴力伤害司法人员及其近亲属的行为，应当依法从严惩处。

重要名词术语

检察官、职业伦理、职业责任、司法改革、检察官司法责任

思考题

1.检察官职业伦理的概念与特征是什么？

2. 检察官职业伦理建设具有哪些重要意义？
3. 检察官职业伦理基本准则有哪些，请简要阐述。
4. 检察官承担司法责任的形式有哪些，请简要阐述。

> 典型案例分析

案例一

2020年12月28日，云南省普洱市墨江哈尼族自治县人民法院作出一审判决："被告人岩某某犯受贿罪，判处有期徒刑四年，并处罚金人民币六十万元；犯徇私枉法罪判处有期徒刑三年。数罪并罚，决定执行有期徒刑六年，并处罚金人民币六十万元。违法所得依法予以没收。"岩某某提出上诉后，普洱市中级人民法院于2021年3月18日作出终审裁定：驳回上诉，维持原判。

岩某某，曾任云南省西双版纳傣族自治州某市人民检察院副检察长，员额检察官，云南省西双版纳州十二届政协委员，十届人大代表。工作初期，岩某某曾和家人一起经商做生意，开过卡拉OK、游戏机室、录像厅、台球室，干过磁带出租、液化气运输，卖过鲜啤等，生意做得风生水起。在担任副检察长后，又将检察官的身份当成谋取私利的筹码，利用案件信息、工作秘密大搞权力寻租、利益交换。2011年至2018年，岩某某接受学某某的请托，帮忙向景洪市公安局某派出所原副所长说情，使学某某开设的游戏室不被公安机关查处，先后收受其贿送的18万余元。从收受好处费开始，岩某某一步步走向贪腐，坠入深渊。2011年，其接受申某某的请托，为申某某在接受检察机关反贪部门调查时，违规向相关工作人员打探案情。之后，利用自己的职业和身份多次为申某某家庭民事纠纷、民事案件执行过程提供帮助。2015年，岩某某向申某某提出想要入股其经营的企业，申某某基于得到过岩某某的帮助，便同意给予10%的干股。2016年至2018年，岩某某非法获取干股分红100余万元。2018年6月，组织对岩某某进行函询，要求其说明参与企业经营、与商人违规交往情况等问题时，岩某某处心积虑，妄图逃避监督，未如实填写领导干部个人有关事项报告表，向组织隐瞒在企业占干股及收取分红的情况，不如实向组织交代相关违纪违法问题。更为恶劣的是，当岩某某感到组织可能会对其展开调查时，利用自己多年的办案经验和反侦察能力，与相关人员统一口径、分批次转账，欲盖弥彰，对抗组织调查。

2016年，岩某某为岩某甲打探一起非法持有毒品案案情，收受岩某甲贿送的人民币5万元；违规将祝某、蔡某等人开设赌场一案案情告知吴某某，收受其贿送的苹果牌笔记本电脑1台；2018年，岩某某指使景洪市公安局一民警查询公民身份及在逃人员信息，并将查询到的结果泄露给刘某某黑恶势力团伙骨干……2014年5月，其以"立案走司法程序钱赔的少"为由，向景洪市公安局办案民警要求对岩某乙被唐某故意伤害一案不立案，导致唐某未被追究刑事责任。

2019年，刘某某犯罪团伙被认定为组织、领导、参加黑社会性质组织罪，唐某也因参加刘某某黑社会性质团伙，被公安机关立案侦查并移送审查起诉，上述犯罪事实均被依法追究其刑事责任。然而，早在 2005 年 4 月，刘某某等人就被景洪市公安局以涉嫌故意伤害、寻衅滋事、聚众斗殴、包庇等罪名移送景洪市人民检察院审查起诉，岩某某作为分管公诉副检察长却玩忽职守，签批时遗漏肖某某被刘某某故意伤害案，导致刘某某未被追究刑事责任。2008 年 3 月，刘某某又因涉嫌被妨害作证案、敲诈勒索案，肖某某等人被故意伤害案移送景洪市人民检察院审查起诉，其间岩某某接受李某甲和高某的请托，收受贿送财物。将对刘某某涉及的案件作不诉处理的意见传达给时任景洪市人民检察院公诉科科长李某乙，李某乙与案件承办人商量后，以"情节轻微、危害性不大"，作相对不诉处理，最终景洪市人民检察院作出建议公安机关撤案的处置意见，导致刘某某再一次未被追究刑事责任。[1]

问：如何评析本案中岩某某的行为？

答：本案中，法院依据《刑法》对岩某某的受贿行为和徇私枉法行为进行了定罪和量刑，体现了法律对于公职人员廉洁性的严格要求以及对于利用职务之便进行利益交换行为的零容忍态度。在个人违法犯罪的表象之外，我们应当看到岩某某作为司法机关的检察官，其犯罪行为不仅违反了法律，而且严重损害了司法公正和公信力，这一恶劣行为对社会的影响远远超过普通公民的违法乱纪行为。

此外，岩某某案作为司法人员，一心只想利用职务之便敛财，而忘了当官从政必须"以人为本"，时刻铭记"廉洁自律是干部为官从政的底线"。《检察官职业道德基本准则》第四章强调了检察官在行使国家检察权、履行相关司法职能必须"清廉"，这具体体现为不利用职务便利或者检察官的身份、声誉及影响，为自己、家人或者他人谋取不正当利益；不从事、参与经商办企业、违法违规营利活动，以及其他可能有损检察官廉洁形象的商业、经营活动；不参加营利性或者可能借检察官影响力营利的社团组织。岩某某的行为违反了检察官职业道德中的忠诚、公正、清廉、严明等要求。

因此，岩某某一案对于社会公众有着警示作用，提醒所有公职人员必须依法行使职权，不得利用职务之便进行违法犯罪活动。

案例二

2020 年，河南省人民检察院在办理"群众信访件件有回复"案件工作中，收到反映洛阳市某基层人民法院在办理张某某寻衅滋事一案中存在违规违法办案问题的举报信件后，经初步审查，发现该案承办检察官李某某涉嫌违反检察职责，遂严格按照检察官惩戒工作程序对该问题线索进行了调查处理。2020 年 5 月，河南省、洛阳市两级检察院共同组建专业化团队，对当事检察官李某某开展司法责任调查，并组织一线检察官和刑事检察业务专家对调查结论反复论证、严格把关。经查，李某某在原案办理中，为争取办案时间，错误理解和适用退回补充侦查的有关法律规定，在原案指定管辖前已经两次退回补充侦查的情况下，第三次退回公安机关补充侦查，违反《刑事诉讼法》关于"补

---

[1]《以案为鉴：念错"生意经"的检察官》，载中央纪委国家监委网，https://www.ccdi.gov.cn/yaowen/202110/t20211011_251912.html。

充侦查以二次为限"规定,造成办案期限超期,并引发信访问题;且李某某在后期已经意识到此问题的情况下,为掩盖自身错误,在该院检委会研究此案时未如实汇报有关情况,导致该问题未被及时发现和处理。

据此,调查组提出"李某某存在违反检察职责行为,属重大过失,应承担相应司法责任"的调查结论。因李某某明确表示对调查认定的责任事实、证据和结论无异议,惩戒办依据《河南省检察官惩戒工作实施办法(试行)》规定对司法责任调查材料进行审查后,经省检察院检察长签发并报惩戒委员会主任委员决定,于6月24日向惩戒委员会委员分别呈送了提请审议公函和调查材料,组织对司法责任调查意见进行了书面审议。经审议,17名委员中有15人认为"李某某存在重大过失,应承担相应司法责任"。7月14日,惩戒办报经惩戒委员会主任委员同意,制发了审查意见书。7月15日,根据惩戒委员会审查意见和《河南省检察官惩戒工作实施办法(试行)》有关规定,决定给予李某某警告处分。李某某表示接受处分决定,并作深刻检查。

问:该案中,当事检察官对案件实体的处理并无不当,但为何会引发群众信访?如何体现新时代落实司法责任制改革?

答:党的十九大以来,最高人民检察院先后制定实施《人民检察院司法责任追究条例》《检察官惩戒工作程序规定(试行)》等规范性文件。该案是全国检察机关首起检察官惩戒案件。对于该案的典型意义,最高人民检察院指出,进入新时代,人民群众对公平正义有了更高的期待,要求正义不仅要实现,而且要以看得见的方式实现,但"重实体、轻程序"的问题在一线办案干警和基层检察院中仍较突出。本案中当事检察官对案件实体的处理并无不当,就是因程序违法而引发群众信访。通过此案办理,河南省人民检察院适用惩戒制度对程序违法行为进行认定处理,明确释放"即使案件实体公正,但程序违法造成严重后果一样要承担司法责任"的信号,警示教育全省检察干警切实强化程序与实体并重理念,以"求极致""止于至善"的标准办好每一起案件。

通过此案的震慑警示,河南检察机关2021年以来因程序违法被给予处分的检察人员数量出现明显下降。建立检察官惩戒制度是检察机关落实司法责任制、健全完善司法责任体系,促进检察官依法公正行使检察权的必然要求。

第四章　监察官职业伦理

【内容提示】

　　监察委员会是中国的国家监察机关，负责监督公职人员行使公权力，调查职务违法和犯罪，以及推动廉政建设和反腐败工作。它由全国人民代表大会产生，对人大及其常委会负责，并受其监督。地方各级监察委员会的产生和监督机制也遵循类似原则。监察委员会与党的纪律检查委员会合署办公，实行双重领导体制。

　　监察工作贯彻公权力运行的整个过程，聚焦特定群体，有一套特殊的工作模式和内容。工作模式包括建立监督机制、依法开展工作、发现和纠正政治偏差、强化对关键岗位的监督、制定监督工作指引和依法监督六个方面。监察程序通常包括线索管理、初步核实、立案调查、调查取证、采取调查措施、审理、作出处理决定、移送审查起诉和监察建议等步骤。

　　监察官是行使监察权的职业群体，包括国家和地方监察委员会的主任、副主任、委员等。监察官的特点包括政治性、法律性和专业性。政治性体现在监察工作的政治属性和党的领导；法律性体现在监察官依法行使监察权；专业性则指监察官职业要求具备高度的政治和法律水平。

　　监察官的监察范围包括中国共产党机关、人大、政府、法院、检察院等公务员，以及国有企业管理人员、公办单位管理人员、基层群众性自治组织管理人员和其他依法履行公职的人员。

　　监察内容包括对公职人员的廉政教育、监督检查、调查职务违法和犯罪、提出处置意见、开展反腐败国际合作以及对监察机关和人员的监督和惩戒。

　　监察官职业伦理的基本内涵包括坚持党的领导、以人民为中心和依法监督。监察官需要忠诚坚定、敢于斗争，保证工作质量和高效监督，保守工作秘密，严守纪律，接受监督。违反职业伦理的监察官可能面临行政责任、刑事责任、纪律责任和其他法律责任。

第一节　监察工作概述

　　监察委员会是中华人民共和国的国家监察机关，其主要职责是维护宪法和法律法规，依法监察公职人员行使公权力的情况，调查职务违法和职务犯罪，开展廉政建设和反腐败工作。监察委员会由全国人民代表大会产生，对全国人民代表大会及其常务委员会负责，并接受监督。地方各级监察委员会由本级人民代表大会产生，对本级人民代表大会及其常务委员会和上一级监察委员会负责，并接受监督。监察委员会与中国共产党的纪律检查委员会合署办公，实行双重领导体制，即在党中央领导下开展工作，同时上级监察委员会领导下级监察委员会的工作。

监察委员会的设立依据是《宪法》和《监察法》。2018年3月，全国人民代表大会通过了《宪法修正案》，专门增写了监察委员会一节，确立了监察委员会作为国家机构的宪法地位。随后，全国人民代表大会还通过了《监察法》，明确了监察委员会的组织和职权。监察委员会的成立是中国特色国家监察体制的重要组成部分，它与中国共产党的纪律检查机关合署办公，实现了对所有行使公权力的公职人员的监察全覆盖。

按照国家权能划分原则，监察权是在立法权、司法权、行政权之外的一种独立权力类别，它由监察委员会专责行使，对所有行使公权力的公职人员进行监察监督，调查职务违法、犯罪等。监察官作为监察权的行使主体，与行使司法权的法官、检察官相似，其工作内容均具有明显的特殊性、专业性。法官、检察官作为法律职业共同体的重要组成部分，其行为除应符合法律职业伦理的基本要求外，还应各自契合法官职业和检察官职业的伦理规范要求。相似地，宪法和监察法在赋予监察机关和监察官法律责任和法律地位的同时，还对其职业伦理设定了相应要求。监察官作为国家监察体制改革后的一个特殊职业群体，其从事需要特殊专业技能的工作，因而也应有相应的特殊职业伦理准则进行约束。鉴于国家监察体制已在全国范围内确立，《监察法》《公职人员政务处分法》《监察官法》三部关于深化国家监察体制改革的立法相继出台[1]，监察官作为一种新的法律职业，对其职业伦理的理论探索和制度构建势在必行。2021年9月20日，国家监察委员会第1号公告公布了《监察法实施条例》，为监察工作明确了具体的办法。

一、监察监督工作

监察委员会就是反腐败工作机构，深化国家监察体制改革的一个重要目的，就是加强党对反腐败工作的统一领导。监察工作主要针对公职人员的职务行为进行监督，以确保其依法履职、秉公用权、廉洁从政从业以及道德操守。监察机关的工作职责包括对公职人员开展廉政教育，对其履行职责的情况进行监督检查；对涉嫌贪污贿赂、滥用职权、玩忽职守、权力寻租、利益输送、徇私舞弊以及浪费国家资财等职务违法和职务犯罪进行调查；对违法的公职人员依法作出政务处分决定；对履行职责不力、失职失责的领导人员进行问责；对涉嫌职务犯罪的，将调查结果移送人民检察院依法审查、提起公诉；向监察对象所在单位提出监察建议。监察工作还涉及对重点领域和对象的监督，如国企、金融、医疗、粮食购销、乡村振兴等领域的案件查处，以及对党的十八大以来不收敛、不收手的领导干部的严肃查处。此外，监察机关还关注形式主义、官僚主义等问

---

[1] 孙少龙：《构建中国特色监察官制度》，载《新华每日电讯》2021年8月25日，第5版。

题,以及对基层减负的监督。监察官可以对上述违反相关规定的人员提出政务处分,政务处分的种类包括警告、记过、记大过、降级、撤职和开除等,具体适用根据具体违法行为的性质、情节和危害程度来确定。

监察工作的具体方式就目前情况可以概括为六种。一是摸索建立监督机制。监察委员会内部设立专门工作部门,履行管理协调职能,强化对调查、处置工作全过程的监督管理。这些部门负责线索管理、监督检查、督促办理、统计分析等,确保监察工作的规范性和有效性。二是按照法定程序和纪委工作惯例开展工作。监察委员会建立问题线索处置、调查、审理各部门相互协调、相互制约的工作机制,以确保监察工作的合法性和公正性。三是发现和纠正政治偏差。在监督检查中,监察委员会优先发现和纠正政治偏差,确保党中央决策部署的贯彻落实。四是强化对"一把手"和领导班子的监督。监察委员会通过参加民主生活会、组织述责述廉、常态化约谈等方式,压紧压实党组织管党治党政治责任和书记第一责任人责任。五是制定监督工作指引。监察委员会制定具体的监督工作指引,明确监督的切入点、关键点,提高监督工作的精准性和效率。六是依法监督,执行法律,维护宪法和法律的尊严:监察委员会通过调查职务违法和职务犯罪,开展廉政建设和反腐败工作,确保公职人员依法行使公权力,维护法律的权威。

二、监察监督工作的环节

我国的监察程序主要依据《监察法》和《监察法实施条例》进行。监察程序通常包括以下七个步骤。(1)线索管理和初步核实:监察机关对问题线索进行分类办理,需要采取初步核实方式处置的,依法履行审批程序,成立核查组进行调查。(2)立案调查:经过初步核实,对监察对象涉嫌职务违法犯罪,需要追究法律责任的,监察机关依法办理立案手续。(3)调查取证:监察机关在调查过程中,应当收集证据,并严格执行调查方案,不得随意扩大调查范围、变更调查对象和事项。调查人员进行重要取证工作时,应当对全过程进行录音录像。(4)采取调查措施:监察机关在调查过程中可以依法采取留置、搜查、查封、扣押等措施,并应当按照规定的审批权限履行报批手续。(5)审理:监察机关对调查终结的案件进行审理,确保事实清楚、证据确凿、定性准确。(6)作出处理决定:根据审理结果,监察机关可以作出政务处分决定,对涉嫌职务犯罪的,移送人民检察院审查起诉。(7)移送审查起诉:监察机关经调查认为犯罪事实清楚、证据确实、充分的,制作起诉意见书,连同案卷材料、证据一并移送人民检察院依法审查、提起公诉。(8)监察建议:监察机关对监察对象所在单位廉政建设和履行职责存在的问题等提出监察建议。此外,监察制度还为监察对象设置了申诉复查程序,监察对象对监察机关作出的处理决定不服的,可以申请复审、复核或申诉、复查。监察程序的设计旨在确保监察工作的合法性、规范性和有效性,防止权力滥用,保护被调查人的合法权益,并通过内部监督和外部监督机制,确保监察机关及其工作人员依法行使职权。

三、监察官的概念与特点

(一) 监察官的概念

监察官作为国家监察体制改革的重要主体与成果,其概念为何?《监察法》并未对监察官的概念予以明确,仅在第3条中以列举的形式明确了哪些群体系监察官。可以说,"监察官"一词的明确解释并未出现,因此我们需要尝试明确其范畴,以期形成统一含义。本书认为,监察官就是行使监察权的职业群体。如今,我国设立的监察委员会受中国共产党领导,由人民代表大会选举产生,对人民代表大会负责,受人民代表大会监督(地方监察委员会还需要对上级监察委员会负责)。因此,监察官是指在党的领导下依法行使国家监察权的监察人员,包括国家监察委员会和地方各级监察委员会的主任、副主任、委员和其他依法行使国家监察权的监察人员。是否纳入监察官的范围,必须以是否依法行使监察权为判断标准,对那些缺少法律授予的监察权行使资质、仅从事辅助性工作的监察委员会工作人员并非监察官。监察权的权力来源是人民代表大会,因此,监察官应当由本级人民代表大会任命,这样才能保障落实上述《监察法》第4条监察权独立行使之内容。

目前,我国监察官与党的纪检干部之间关系紧密,在事实上不分你我。但不可否认的是二者在监督范围(公职人员与党员)、监督依据(《监察法》与党纪党规)、监督内容等方面存在明显区别。但是由于公职人员与党员群体存在大量的重合,相关工作的关联性强,在实践中,各级监察委员会与党的纪律检查机关采取合署办公的模式,监察委员会委务会同纪委常委会合并召开,监察委员会不设党组,主任、副主任一般由同级党的纪律检查机关书记、副书记担任。中纪委副书记、国家监察委员会副主任肖培曾表示,国家监委与中纪委的关系就是"一套人马、两块牌子"。[1]

监察官的监察权受到法律的规制,而监察权的内容也是明确的。《监察法》和《监察法实施条例》等相关法律法规赋予了监察官以下的权利,以确保监察机关能够有效履行监督、调查、处置职责,维护国家法律法规的严肃性和权威性。(1)监督权:监察官有权依法对公职人员进行监督,包括对其履行职责的情况进行检查和评估。(2)调查权:监察官可以对涉嫌职务违法和职务犯罪的行为进行调查,包括收集证据、询问相关人员等。(3)处置权:监察官在调查过程中,可以依法采取必要的措施,如查询、冻结、调取、查封、扣押、搜查等,以确保调查的顺利进行。(4)建议权:监察官可以根据调查结果,向监察对象所在单位提出监察建议,以促进廉政建设和提高公职人员的责任意识。(5)移送权:对于涉嫌犯罪的案件,监察官可以将调查结果移送人民检察院依法审查起诉。(6)留置权:监察官在特定条件下,可以依法对涉嫌严重职务违法或职务犯罪的公职人员采取留置措施。(7)其他权限:监察官还可以依法行使其他与监察职能相关的权限,如限制出境、技术调查等。监察官在行使这些权限时,必须严格遵守法律规

---

[1]《肖培诠释国家监察委员会与中纪委关系:"一套人马两块牌子"》,载人民网,http://fanfu.people.com.cn/n1/2017/0109/c64371-29009575.html。

定，确保监察工作的合法性和正当性。

（二）监察官职业的特点

监察官职业的具有政治性、法律性、专业性三个特点。

首先，监察官职业具有政治性，具体是指监察工作、监察机关具有政治属性。《监察法》第6条规定，"国家监察工作坚持标本兼治、综合治理，强化监督问责，严厉惩治腐败；深化改革、健全法治，有效制约和监督权力；加强法治教育和道德教育，弘扬中华优秀传统文化，构建不敢腐、不能腐、不想腐的长效机制"。这表明监察官从事监察工作除要依法监督问责惩治腐败外，也要达到惩前毖后治病救人的效果，通过开展思想政治工作进行理想信念宗旨教育使国家公职人员达到不想腐的理想廉政状态，本质上具有政治工作的特点。同时，监察权独立于司法权与检察权。监察权的设立目的在于集中反腐力量，加强党对反腐工作的领导力。因而监察委员会是实现党和国家自我监督的政治机关。故而称其具有政治性。有学者认为，监察制度作为全面依法治国一部分，监察制度改革是推进全面依法治国的重要制度改革。将监察委员会称为政治机关不利于提高国家监察的法治化程度。因此，应将监察委员会定位为具有政治属性的国家监察机关，政治属性只是监察机关的特点。本书对这种观点予以赞同。

其次，监察官职业具有法律性，具体是指监察官应当依法行使监察权，在法律的规定下开展监察工作。现行《宪法》规定，"监察委员会依照法律规定独立行使监察权，不受行政机关、社会团体和个人的干涉"，即表明监察委员会依法设立，监察权来自宪法和法律的规定，监察工作必须依法有据，且"依法"二字在《监察法》中总计出现32次，分布在各章节中，足见在立法层面已经确定了监察机关和监察工作的法律性。"职业主义话语强调，同质性是职业的基本属性。这种同质性表现为从事同一职业的人们在职业意识、思维方式、话语系统、职业道德等方面具有共同性。"[1]监察官职业具有法律职业的诸多特点，是法律职业的一种，监察官职业与法律职业就具有职业伦理上的同质性。这也启示我们，监察官准入制度的建立，应当与法律职业准入制度同步，以通过法律职业资格考试为要求，通过法律训练来提高监察官的法律素养和法律职业认同度，从而使依法监察在监察官制度上得到保障。

最后，监察官职业具有专业性，是指监察官职业是专门行使监察权的职业。监察官依法履职过程中行使的监察权不是传统的司法权和行政权，从法的运行角度来说，法的运行包括立法、执法、司法、守法、法律监督五个环节，其中，法律监督是对政治权力运用过程中，监督主体依法行使职权，以确保国家权力在正常范围的轨道上运行。监察权属于广义上法律监督的权力，监察官的监察工作属于法律监督环节，监督行使公权力的国家公职人员，具有监督性。监察工作性质与立法、执法、司法、党的纪律检查工作有较大差异，与立法工作相比较，监察工作并不能"造法"，而是严格依法履职；与执法工作相比，监察工作的对象并不是整个社会，而仅仅是行使公权力的国家公职人员；与司法工作的被动性相比，监察工作不能"不告不理"，而是要依法主动监察履职；与

---

[1] 黄文艺:《中国法律发展的法哲学反思》，法律出版社2010年版，第132页。

党的纪律检查工作相比，监察官开展监察工作的依据和手段有着明显不同。因此，监察官职业具有高度专业性，要求兼具较高的政治水平和法律水平，具备丰富的法律监督工作经验。

四、监察范围

根据《监察法》和相关条例，我国监察官的监察范围主要包括以下六类公职人员和有关人员：中国共产党机关、人民代表大会及其常务委员会机关、人民政府、监察委员会、人民法院、人民检察院、中国人民政治协商会议各级委员会机关、民主党派机关和工商业联合会机关的公务员，以及参照《公务员法》管理的人员；法律、法规授权或者受国家机关依法委托管理公共事务的组织中从事公务的人员；国有企业管理人员；公办的教育、科研、文化、医疗卫生、体育等单位中从事管理的人员；基层群众性自治组织中从事管理的人员；其他依法履行公职的人员。

监察机关按照管理权限管辖本辖区内上述监察对象所涉监察事项。上级监察机关可以办理下一级监察机关管辖范围内的监察事项，必要时也可以办理所辖各级监察机关管辖范围内的监察事项。监察机关之间对监察事项的管辖有争议的，由其共同的上级监察机关确定。

有关于"其他依法履行公职的人员"该怎么理解呢？事实上，被监察人员的核心在于"行使公权力"，即这些人员在其职务或职责范围内，能够进行组织、领导、管理、监督等公务活动。具体到实践中，监察机关在认定"其他依法履行公职的人员"时，会综合考虑个人的职位、职责、行为是否涉及公权力的行使等因素。例如，非国家工作人员因受国家机关、国有单位的合法委托而从事公务的人员，或者在特定情况下行使公权力的临时工、合同制民警、协管员等，都可能被纳入这一范畴。需要注意的是，监察法的适用范围是动态的，随着法律的实施和监察实践的发展，对"其他依法履行公职的人员"的理解和界定也可能会有所深化和细化。监察机关和司法机关在具体案件中会根据案件的具体情况和相关法律法规，对这一定义进行准确的适用和解释。

监察机关在处理监察对象时，通常会遵循本书上述的程序。但是，对于不同类型的监察对象，监察机关可能会根据其职务性质、违法行为的严重程度等因素适用不同的程序和标准。例如，对于涉及国家安全、外交等特殊领域的监察对象，监察机关可能会采取更为审慎和保密的调查措施。而对于一般的职务违法行为，监察机关则会依据一般的调查程序和证据标准进行处理。但是，监察机关在执行监察职能时，必须严格遵守法律法规，确保监察权力在法治轨道上规范运行。通过这种方式，监察机关才能够有效地预防和惩治腐败，维护国家和人民的利益。

五、监察内容

根据《监察法》和相关条例，我国监察官的监察内容主要包括以下几个方面。（1）对公职人员开展廉政教育，对其依法履职、秉公用权、廉洁从政从业以及道德操守情况进行监督检查。（2）对法律规定由监察机关管辖的职务违法和职务犯罪进行调查。（3）根据监督、调查的结果对办理的监察事项提出处置意见。(4) 开展反腐败国际合作方面的工作。(5) 对监察机关和监察人员的监督和惩戒，确保监察权规范运行。由于监察官的监察范围涵盖了所有行使公权力的公职人员，包括中国共产党的机关、人大机关、行政机关、监察机关、审判机关、检察机关等的公务员，以及法律、法规授权或受国家机关委托管理公共事务的组织中从事公务的人员等。监察官在职权范围内对所办理的监察事项负责，并严格按照规定的权限和程序履行职责。

第二节 监察官职业伦理

一、监察官职业伦理的基本内涵

（一）坚持党的领导

监察官在开展监察工作时坚守党的领导是基于中国的政治体制和治理结构。中国共产党是中国的执政党，根据中国宪法和相关法律，党的领导是中国特色社会主义最本质的特征，是中国社会主义制度的最大优势。监察官作为国家监察机关的工作人员，其职责是依法独立行使监察权，但这种独立性是在党的领导下的独立。

坚守党的领导有助于确保监察工作的正确政治方向，保证监察机关在党的统一领导下行使职权，维护党的纪律，预防和惩治腐败。党的领导还意味着监察工作要与党中央的决策部署保持一致，确保监察机关在党和国家监督体系中发挥应有作用，促进党风廉政建设和国家治理体系和治理能力现代化。此外，监察官在执行职务时，需要严格遵守党的政治纪律和政治规矩，这有助于构建不敢腐、不能腐、不想腐的体制机制，保障监察工作的权威性和有效性。通过坚守党的领导，监察官能够更好地履行职责，为实现国家长治久安和人民幸福生活提供坚强的纪律保障。

监察官在开展监察工作时，要遵循坚持党的领导原则。监察官法明确规定监察官的管理和监督坚持中国共产党领导，确保监察工作在党的领导下进行。要贯彻好党管干部原则，监察官的选用、管理和监督等方面坚持党管干部原则，确保监察官队伍的政治忠诚和专业能力。同时要强化政治标准，在监察官在选拔和考核时，强调政治素质和对党忠诚的要求，确保监察官能够严格执行党的路线方针政策和重大决策部署。

（二）以人民为中心

监察官在开展监察工作时以人民为中心，这一原则的核心在于确保监察工作的出发点和落脚点是为了维护人民的根本利益和实现人民的愿望。监察机关作为党内监督和国家监察的专责机关，其职责是监督公职人员依法行使权力，防止和惩治腐败行为，保障国家法律法规的正确实施，从而维护人民群众的合法权益和社会公平正义。

以人民为中心的监察工作能够增强群众的获得感、幸福感和安全感，因为它直接关联到群众的切身利益。通过解决群众反映强烈的问题，监察机关能够有效地打击群众身边的腐败和不正之风，提升政府的公信力和执行力。此外，监察官以人民为中心的工作方式还体现了党的群众路线，即一切为了群众、一切依靠群众，从群众中来、到群众中去。这种工作方法有助于纪检监察机关更好地发现和解决问题，确保监察工作的透明度和公正性，从而赢得人民的广泛支持和信任。

监察工作与群众路线之间存在紧密的联系，这主要体现在监察机关在执行监督职责时，要坚持以人民为中心的工作导向，深入群众、倾听群众意见、反映群众诉求，并以此为基础开展工作。通过这种方式，监察机关能够更准确地发现和解决损害群众利益的问题，确保党和政府的决策部署得到有效贯彻执行，从而维护群众的合法权益和社会公平正义。例如，福建省纪委监委在监督工作中传承"四下基层"，推动了监督下沉、监督落地，通过带信下访、监督下沉等方式，与群众建立密切联系，解决群众的实际问题，增进民生福祉，维护群众利益。这种工作方式正是监察工作与群众路线相结合的具体体现，确保了监察工作的实效性和群众路线的实践性。

监察机关在实践中要时刻把人民群众放在心中。监察机关通过信访举报工作与群众保持联系，解决群众的实际问题，维护群众的切身利益，并通过改进工作作风，提高服务效能，确保群众的诉求得到有效响应和处理。要依规依纪依法办好每一件信访举报。监察机关规范信访举报的登记和管理，确保问题线索得到及时处理，并通过数据分析研判，发现和解决党员干部中的共性问题，发挥监督作用。要为担当者撑腰鼓劲。监察机关保护那些受到诬告的党员干部，通过查处诬告陷害行为，为真正干事创业的人员提供支持，营造良好的工作环境。

要解决群众急难愁盼问题。监察机关通过专项监督等方式，督促相关部门解决群众关心的问题，如惠民政策落实、公共服务项目建设等，确保政策措施真正惠及群众。要坚守人民立场履职尽责：在疫情防控等公共卫生事件中，监察机关确保群众的安全和健康得到保护，通过监督职能部门履行职责，保障市场供应和价格稳定，以及特殊群体的防控工作。

（三）依法监督

监察官在开展监察工作时必须依法依规进行，这是因为依法依规是确保监察工作合法性、正当性和有效性的基础。监察官的权力来源于宪法和法律，他们的职责和权限都有明确的法律规定。依法依规开展监察工作有助于维护法律的权威，保障被监察对象的合法权益，同时也是对监察官自身权力的一种约束，防止权力滥用和腐败现象的发生。《监察官法》的制定和实施，进一步明确了监察官的职责、义务和权利，强化了对监察官的监督和惩戒，确保监察权在法治轨道上运行。监察官在执行职务时，必须严格按照法定权限、规则、程序行事，这不仅是对监察对象的尊重，也是对监察官自身职业行为的规范。

监察官法对监察官员的职责、义务、权利以及监督和管理等方面进行了具体规定，以确保其依法履职。具体来讲包括以下几个方面。

1.监察官的职责和义务

《监察官法》明确了监察官的主要职责，包括对公职人员开展廉政教育、进行监督检查、调查职务违法和职务犯罪、提出处置意见等。监察官还应当履行维护宪法和法律尊严，以事实为根据、以法律为准绳，客观公正地履行职责，保障当事人合法权益等义务。

2. 监察官的权利

监察官在依法履行职责时，享有法律保护，不受行政机关、社会团体和个人的干涉。此外，监察官应当严格按照规定的权限和程序履行职责，坚持民主集中制，重大事项集体研究。

3. 监察官的监督和管理

监察官法强调了对监察官的监督制度和机制的建立，确保权力受到严格约束。监察官应当自觉接受组织监督和民主监督、社会监督、舆论监督。监察机关应当建立健全对监察官的监督制度，包括对监察官的选用、考核、培训等方面的规定。

为了确保监察官在实际操作中遵守法律法规，可以采取以下的措施：通过定期的培训课程和学习活动，监察官可以不断提高对监察法律法规的理解和应用能力。例如，一些地区的纪委监委会将《监察法》《监察官法》《监察法实施条例》等纳入全员培训必修课程，并通过案例分析等方式深化学习效果；可以通过模拟庭审、案例研讨等形式，监察官可以在实践中学习如何正确应用法律法规，强化法治意识和法治思维。例如，有的地区会组织纪检监察干部集中观看庭审现场录像，并邀请专家学者进行现场分析和解读；可以通过内部监督和外部监督相结合的方式，确保监察官在行使职权时的合法性和规范性。内部监督可以通过岗位职责梳理、编制工作手册、绘制业务流程图等方式实现，而外部监督则可以通过社会监督、媒体监督等形式进行；严格执行法律法规，确保监察官在执行职务时必须严格遵守监察法律法规，确保每一项调查和处理决定都有法律依据，并严格按照法定程序进行；强化责任追究：对于违反法律法规的监察官，应依法追究责任，以此作为警示，防止类似行为的发生。

二、监察官职业伦理的具体内容

（一）忠诚坚定，敢于斗争

监察官在开展监察工作时需要忠诚坚定、担当尽责，这是因为监察官的工作性质要求他们必须对党和人民忠诚，坚持原则，秉公执法。《监察官法》强调，监察官应当忠诚坚定、担当尽责、清正廉洁，做严格自律、作风优良、拒腐防变的表率。忠诚坚定是监察官的政治品格，确保他们在执行职务时能够始终维护党的领导和宪法法律的权威。担当尽责则体现了监察官在面对腐败和不正之风时应有的勇气和责任感，要求他们敢于监督、善于监督，坚决同违法违纪行为作斗争。监察官在开展监察工作时需要勇于出击、敢于斗争，这是因为监察工作本质上是一种政治工作，涉及党和国家的利益、社会的公平正义以及人民群众的切身利益。监察官作为党和国家监督权力运行的重要力量，必须具备坚定的政治立场、高尚的职业操守和过硬的业务能力。

忠诚坚定、敢于斗争，这意味着监察官要在面对复杂多变的监察对象和监察环境时，既能够做严格自律、作风优良、拒腐防变的表率，同时又能够主动作为，不回避矛盾和问题，敢于直面挑战，坚决维护党纪国法的严肃性和权威性。监察官要有敢于斗争的精神，这不仅是对个人政治品质的要求，而且是对监察工作性质的体现。在反腐败斗争中，监察官要敢于同各种违纪违法行为作斗争，不畏艰难，不惧风险，确保监察工作的深入开展和取得实效。

监察官的工作直接关系到党和国家的形象，以及法治的严肃性和权威性。因此，监察官必须具备高度的责任感和使命感，确保监察工作的公正性和有效性。《监察官法》通过明确监察官的职责、义务和权利，以及对监察官的监督和惩戒机制，为监察官依法履职提供了法律保障，同时也对监察官提出了更高的要求，以确保监察工作的规范化、法治化和正规化。通过忠诚坚定、担当尽责的工作态度，监察官能够更好地履行职责，为推进全面从严治党和国家监察体制改革贡献力量。

（二）保证质量，高效监督

监察官在开展监察工作时，保证工作质量和高效监督至关重要，这是因为监察工作是确保公权力正确行使的重要保证，直接关系到党和国家的治理效能和法治建设。监察官的工作质量直接影响到监察决策的准确性和公正性，而高效监督则能够及时发现和解决问题，防止权力滥用和腐败现象的发生。监察官通过保证工作质量，可以提高案件办理的专业性和权威性，确保每一起案件都能经得起实践、人民和历史的检验。这有助于树立监察机关的良好形象，增强公众对监察工作的信任和支持。高效监督则能够提升监察工作的时效性和针对性，通过科学精准的监督，监察官能够更好地聚焦重点领域、关键行业和关键人员，实现对权力运行的有效制约。此外，高效监督还有助于监察机关及时发现和解决问题，推动问题整改，从而促进制度建设和治理能力的提升。

为了确保监察官在实际工作中保持较高的专业水平和业务素质，保证监督质量和效率。监督机关采取了多种具体措施和方法，具体包括集中集成集束工作法：通过系统思维构建"室组地"片区协作机制，实现监督资源的优化配置和协同作战，提升监督质效；通报曝光典型案例：通过对群众身边不正之风和腐败问题的典型案例进行通报曝光，强化警示震慑，提升监督的威慑力；项目工作法：围绕监督重点，确保监督的有形覆盖和有效覆盖相统一，增强监督的针对性和实效性；"室组地"联动监督：通过创新实行省纪委常委领衔办案机制，健全协同监督、联动监督、联合办案机制，形成监督合力，提高办案效率；贯通协同高效工作办法：制定纪检监察监督、巡视巡察监督与审计、统计监督等贯通协同的工作办法，深化监督信息共享，构建经济体检与政治体检相结合的机制；协同作战优势：通过与巡视机构建立监督联动，实现巡视信息共享，使日常监督更加精准有力。

（三）保守工作秘密

监察官在开展监察工作时需要保守工作秘密，这是因为监察工作涉及国家安全和利益，以及公职人员的合法权益。监察官在监督、调查过程中可能会接触到国家秘密、商业秘密和个人隐私，这些信息的保密性对于维护法律权威、保障调查的公正性和有效性至关重要。如果保密工作不当，可能会导致涉案人员逃避法律责任，破坏社会主义市场经济秩序，甚至影响国家安全。

为了确保监察官员在执行任务时遵守保密规定，我们国家采取了很多具体措施，比如组织监察官员签订保密工作协议和个人承诺书，明确保密责任和义务，以及违反保密规定的后果和处罚；严格管理涉密材料，对涉密文件的收发、传阅、保管、销毁等环节进行严格监督，严禁将涉密信息泄露到互联网等非保密渠道。而作为监察官也应当做到以下三点。（1）坚决执行保密制度。监察官在执行职务时必须严格执行保密制度，包括脱密期管理等，以防止泄密。（2）定期对保密工作落实情况进行专项检查，对涉密场所进行安全风险隐患排查，确保保密工作的有效性。（3）自觉接受保密教育，通过集中学习、专题培训等方式，深入贯彻落实保密纪律和法律法规，强化监察官员的保密意识。

监察员违反保密规定可能面临的法律后果是多样的。在行政上，根据《监察法》和《公职人员政务处分法》，监察官违反保密规定的，可能会受到警告、记过、记大过、降级、撤职甚至开除的政务处分。根据《保守国家秘密法》，违反保密规定的行为可能会受到警告、记过、记大过、降级、撤职或开除等行政处分。一般监察官都是党员，违反保密规定还可能受到党纪处分，根据《中国共产党纪律处分条例》的规定，可能给予撤销党内职务、留党察看或者开除党籍的处分。如果监察官的行为构成犯罪，如故意或过失泄露国家秘密，可能会依法追究刑事责任，根据《刑法》的相关规定，可能面临3年以下有期徒刑或者拘役；情节特别严重的，处3年以上7年以下有期徒刑。

（四）严守纪律，接受监督

监察官在开展监察工作时严守纪律和接受监督是十分重要的，其核心意义在于避免权力的滥用。监察官作为行使国家监察权的公职人员，必须严格遵守法律法规，确保监察工作的合法性和正当性，维护宪法和法律的尊严和权威。监察官的权力较大，如果不严守纪律，容易出现权力滥用的情况。通过严格的纪律约束，可以有效防止监察官滥用职权，确保监察权的正确行使。监察官在执行职务时必须保持公正和廉洁，严守纪律，这样才能帮助监察官树立良好的职业形象，赢得公众的信任和尊重。监察官法强调监察官应当严格自我约束、接受各方面监督，这是防止"灯下黑"、提高自身免疫力的重要措施。通过接受监督，监察官可以及时发现和解决自身存在的问题，确保监察工作的纯洁性。监察官严守纪律和接受监督实际上是在推动监察工作的规范化和法治化，确保监察机关及其工作人员在法治轨道上运行，提高监察工作的质量和效率。

监察官在接受监督过程中，应当自觉接受党的领导、管理和监督，按照规定请示报告重大事项，确保工作的正确方向。应自觉接受组织监督和民主监督、社会监督、群众监督，做严格自律、作风优良、拒腐防变的表率。监察官在履职过程中应坚持民主集中制，严格遵守审批权限和法定程序，规范工作流程，建立健全监督制约机制。应积极参与建立健全内部监督制约机制，扎紧制度笼子，构筑起严密的监督制约体系。监察官应严格遵守法律法规，不得越权接触相关人员、私自调取数据信息、接受请托、干预调查等，以免违反安全保密规定或涉嫌职务违法、职务犯罪。

（五）违反监察官职业伦理的法律责任

监察官的失职行为通常指的是监察官在履行职责过程中，由于故意或过失，未按照法律法规和监察机关的规定执行职务，导致监察工作不能正常进行，或者造成国家、集体和人民利益的损失。根据相关法律和解释，监察官的失职行为可以从以下几个方面进行界定。（1）**立案依据不充分或失实**：如果监察工作中的初核不扎实、立案不准确，影响案件调查审理，监察官可能因失职被追究责任。（2）**案件处置出现重大失误**：在案件处置过程中，违法采取留置措施或违反规定发生办案安全事故等，监察官应依法承担责任。（3）**严重违法**：监察官在办理案件中执法违法、失职失责，影响办案效果和监察机关形象的，应受到严肃处理。（4）**干预办案**：监察官利用职权或职务上的影响干预调查工作，不论是否以案谋私，均应依法处理。（5）**违反回避等程序规定**：监察官在政务处分工作中不遵守回避程序规定，造成不良影响的，应追究责任。（6）**不依法受理和处理公职人员复审、复核**：监察官不严格执行法律规定，影响被处分人复审、复核权的，应受到问责。（7）**其他滥用职权、玩忽职守、徇私舞弊的行为**：监察官在行使职权过程中的其他违法行为也应追究相应法律责任。

根据《监察法》和《监察官法》及相关规定，监察官如果违反相关法律规定，可能承担的法律责任包括以下几种。

行政责任：监察官如果违反法律规定，可能会受到政务处分，如警告、记过、记大过、降级、撤职、开除等。

刑事责任：监察官如果违法行为构成犯罪，将被依法追究刑事责任。例如，贪污贿赂、滥用职权、玩忽职守等行为，可能会受到刑事处罚。

纪律责任：监察官的违纪行为还可能受到党纪处分，根据情节严重性，可能会受到党内警告、严重警告、撤销党内职务、留党察看、开除党籍等处分。

其他法律责任：监察官如果在履行职责中侵犯公民、法人和其他组织的合法权益造成损害，受害人可以依法申请国家赔偿。

重要名词术语

监察机关、监察权、监察官、监察范围、监察内容

思考题

1. 监察官在选拔和考核过程中应如何体现党管干部原则？
2. 监察官的政治性对《监察法》《监察官法》的实行有哪些影响和意义？
3. 针对不同监察对象，实行不同的监察标准、程序是否合法，是否有意义？为什么？

典型案例分析

重庆市丰都县政协原副主席、县供销社副主任张某身为公职人员，始终觉得自己是个"官场商业奇才"——1984年，重庆市丰都县罐头食品厂陷入困境，资产负债严重，年仅26岁的丰都县供销社副主任张某临危受命，带领这家濒临倒闭的国有企业扭亏为

盈、走出困境。2003年，张某当选为县政协副主席，组织的信任与期望本应倍加珍惜，但他并不感激和自励，而是不以为然，认为只是解决了级别，有职无权。

心态失衡的张某看见商人坐豪车、喝好酒、吃大餐，一掷千金的气派羡慕不已、大为动心，他感觉自己的经商头脑定然优于这些人。此后，张某分别以儿子、侄孙的名义经商，酒行、贵金属经营部、养猪场、饲料销售合作社……涉猎广泛。穿着"马甲"借"壳"经商的张某却因经营不善债台高筑。面对各种方式的催债，张某想到了用单位的公款去偿还个人借款和从事经营活动。案发前，张某挪用公款169万元，晚节不保。2018年4月16日，重庆市丰都县纪委监委对张某依法采取留置措施。23天后，张某被移送检察院。2018年9月5日，张某案一审宣判。

本案中，张某属于第一类监察对象：公务员和参公管理人员。其中，公务员是指依法履行公职、纳入国家行政编制、由国家财政负担工资福利的工作人员。参照《公务员法》管理的人员，是指根据《公务员法》规定，法律、法规授权的具有公共事务管理职能的事业单位中除工勤人员以外的工作人员，经批准参照公务员法进行管理的人员。

张某违反组织纪律，不如实报告个人有关事项；违反廉洁纪律，违规从事营利性活动；利用职务上的便利挪用公款归个人使用，用于营利等活动。身为领导干部，无视国家公职人员规定，违纪违法。根据《监察法》《公职人员政务处分暂行规定》《行政机关公务员处分条例》等有关规定，经丰都县监委委务会议审议并报县委批准，决定给予张某开除公职处分；将其涉嫌犯罪问题移送检察机关依法审查、提起公诉。

第五章 律师职业伦理

【内容提示】

律师对维护当事人合法权益、维护法律的正确实施、推进国家法治建设、维护社会公平和正义具有十分重要的意义，而一支优秀的律师队伍的建设必须以律师职业伦理为基础。律师职业伦理包括律师职业道德基本准则和律师执业行为规范。所有律师都应该了解、学习、掌握与实现律师职业伦理及其规范，并妥善处理好与其他法律职业间的关系。任何违背律师职业伦理规范的行为都必将付出相应的后果，从纪律责任、民事责任到行政责任乃至刑事责任。

第一节 律师职业伦理概述

一、我国律师职业伦理的演进

与其他职业一样，律师也必须遵循职业伦理准则。而现代的律师职业在我国可以追溯到清末，随着不平等条约对于领事裁判权的确认，在通商口岸也逐渐由外国律师代表当事人处理纠纷。出于对外国人参与本国法律事务的忧惧，清政府逐渐重视律师人才的培养。在这一背景下，毕业于英国林肯律师会馆、获大律师资格的伍廷芳被延揽加入李鸿章幕府，后在清廷历任要职。在伍廷芳等人的推动之下，清廷开办法政学堂，派遣留学生修习法律，设立法政科举人、法政科进士，为中国本土律师群体打下了最早的基础。1911年10月10日，辛亥革命爆发。同年，江苏都督程德全宣布江苏独立，不久便在省内颁布了《律师暂行章程》。1912年9月北洋政府司法部颁布了《律师暂行章程》，标志着中国律师制度的正式建立。

新中国成立后，于1950年7月颁布的《人民法庭组织通则》规定被告人有辩护权。1956年1月，司法部向国务院呈送的《关于建立律师制度的请示报告》得到了批准。但之后由于反右扩大化以及"文化大革命"的展开，律师制度与其他许多法律制度一样陷于停顿与衰弱。随着改革开放的进行，1980年8月26日，我国正式颁布了《律师暂行条例》，律师制度在我国得到恢复。1996年5月15日，我国颁布了《律师法》，并分别于2001年12月29日、2007年10月28日、2012年10月26日、2017年9月1日进行了四次修改。同时,司法行政部门也开始强化对律师执业的监督与管理。1990年11月,司法部印发了《律师十要十不准》,其目的在于"促进律师从业清廉,树立良好的律师形象"。该文件以宣言的形式对律师的职业伦理进行了原则性规定。例如,要求律师坚持社会主义方向,不准单纯追求经济利益;不准抬高自己,贬低他人。随后,司法部出台了一系列关于律师执业行为的规范,如1992年10月出台了《律师惩戒规则》、1993年12月颁布了《律师职业道德和执业纪律规范》。1996年《律师法》明确了律师协会在律师执业行为监管中的职能作用,有鉴于此,1996年10月中华全国律师协会制定了《律师职业道德和执业纪律规范》。此后,律师协会开始制定一系列行业规范,例如,2004年制定了《律师执业行为规范(试行)》、2014年制定了《律师职业道德基本准则》、2017年审议通过了《律师协会维护律师执业权利规则(试行)》、2017年修订了《律师协会会员违规行为处分规则(试行)》。我国律师职业伦理规范体系正趋于完善。

二、律师与律师职业伦理的特征

律师与法官、检察官、监察官等国家司法工作人员虽然同为法律职业共同体的主要成员,但律师与法官、检察官相比,也存在诸多显著差别。第一,担负的法律职能不同。法官担负的是审判职能,检察官担负的是公诉职能,监察官担任的是监察职能,而律师担负的是以辩护为主的法律服务职能。第二,工作领域不同。法官、检察官、监察官工作的领域主要是诉讼或监察领域,而律师工作领域除诉讼领域外,还包括大量非诉讼领域。因此,律师的职业关系较法官、检察官、监察官要复杂得多。第三,法官、检察官、监察官是公职人员,享受国家提供的各种薪酬和福利待遇,而律师不是公职人员,他们通过为当事人提供法律服务的方式获取一定的劳务报酬,以满足自身生存和事业发展的需要。因此,律师的"自由度"远远高于法官和检察官,以至于西方许多国家把律师称为"自由职业者"。

律师职业伦理是指律师在执业过程中应该遵守的人际关系规范以及应当遵守的职业道德准则。律师的上述职业特点也决定了律师的职业伦理既有法律职业共同体的共同属性,也有自身的特征。

律师职业伦理的特征之一是法律职业伦理的服务性。律师是一种重要的法律服务职业。根据律师法的规定,律师的首要使命是维护当事人的合法权益,其次才是维护法律正确实施,维护社会公平和正义。换句话说,律师工作中,首先要考虑为当事人利益服务。为了保障为当事人服务不与为国家服务发生冲突,我国《律师法》规定,律师为当事人服务时,必须要遵守国家的宪法和法律,必须要以事实为根据,以法律为准绳。律师通过为当事人提供优质的服务,维护好当事人的合法权益,来实现维护法律的正确实施,维护社会的公平正义。所以,律师的职业伦理应当以律师担负的这些使命展开。

律师职业伦理的特征之二是律师职业伦理的复杂性。律师在职业过程中,几乎能与所有的国家机关、社会组织以及各行各业的人们发生人际关系。这就导致了律师职业伦理所包含的道德准则和人际关系规范涉及面广,内容繁多。就我国的情况而言,律师职业伦理规范除体现在《律师法》中之外,还体现在种类繁多的司法解释、部门规章以及行业规范中，如《律师执业行为规范（试行）》《律师和律师事务所违法行为处罚办法》《关于规范法官和律师相互关系维护司法公正的若干规定》《律师服务收费管理办法》《律师协会章程》等众多规范性文件。

律师职业伦理的特征之三是其职业伦理的"非公职性"。律师不是国家公职人员，在开展法律业务一般都要向当事人收取费用。这使律师成为一直以来颇受争议的职业，时常处于正义与非正义、利益与道德、程序与实体、私人与公众等矛盾体的交织、冲突之中。这种矛盾的交织往往给律师的形象带来巨大的挑战。如果律师不遵守行业自律，缺乏公众认可的道德形象，不仅自己无法生存，而且会影响国家的法治建设。

三、律师职业伦理的意义

律师职业伦理是社会伦理体系的重要组成部分，它一方面具有社会伦理的一般作用，另一方面具有自身的特殊作用。基于法律职业的共同法治理想以及律师自身特殊的职业特征而构建的律师职业伦理，具有如下重大意义。

（一）规范和调节律师执业活动，确保律师依法履行职责

律师职业伦理不仅包括内容相对原则和抽象、通过植根于内心的自我约束的职业道德要求，而且包括内容明确和具体、借助他律实施约束与强制的职业行为规范。它不但构成律师职业的理想和追求，而且是律师职业的行为底线。特别是其中的律师职业行为规范，作为律师执业活动的标准和界限，明确规定律师在执业活动中所享有的权利和应当履行的义务以及相应的行为后果，为律师执业活动设定了不可逾越的红线，时刻警示律师一定要遵规守纪，提升职业素养，规范执业行为。

（二）维护律师执业权益，规避律师职业风险

一方面，律师职业伦理以相应的法律责任及行业处分等形式约束律师的违规行为，从而起到规范律师执业行为的效果。另一方面，律师职业伦理中包括相当数量的执业权利的内容，约束、限制委托人或当事人、司法人员等社会外界对律师执业的非法干涉和压制，规定律师在执业权益遭受非法侵犯时可以采取的救济措施和手段，以保障律师的执业权益。无论是其中的禁止性规范还是授权性规范，都可以使律师职业从业人员准确评估行为的性质，排除他人对执业权益的非法干预和侵犯，从而有效规避职业风险。如果没有职业伦理规范的明确规定，律师往往不知道行为的界限，而可能直接面对民事责任甚至是刑事责任的追究。

（三）维护律师职业声誉，促进律师行业的健康发展

律师职业伦理既关乎律师个人的职业形象，也事关律师行业的职业声誉。律师为委托人或当事人提供法律服务，充分展现了律师的工作态度、专业技能和职业性质，律师在执业过程中严格遵循职业伦理，能够使社会公众正确认识律师职业的特点、作用和功能，律师职业伦理与公民道德的异同，促进他们对于律师职业乃至法治事业的信任和认同。同时，律师职业伦理规范的制定与运行，直接关系到整个律师行业的健康发展。司法行政机关以及律师协会作为律师职业的行政管理机关和行业自律组织，制定完备、健全的律师职业伦理规范，严格执法执纪，对模范地遵守职业伦理规范的律师和律所予以

表彰、奖励，对所有违反职业伦理规范的律师或律师事务所做到"零容忍"，一律给予相应的行政处罚与纪律处分，直至吊销执业证书或取消会员资格，从而在组织上纯洁律师队伍，促进全行业的健康发展。

第二节 律师职业伦理基本准则

一、坚定信念

我国是社会主义国家，律师是中国特色社会主义事业的建设者，律师坚定中国特色社会主义理想信念，是我国律师职业道德应当具有的政治属性。因此，我国的律师应当坚定中国特色社会主义理想信念，坚持中国特色社会主义律师制度的本质属性，拥护党的领导，拥护社会主义制度，自觉维护宪法和法律尊严。

为加强律师队伍建设，党的十八届四中全会通过的《中共中央关于全面推进依法治国若干重大问题的决定》要求，加强律师队伍思想政治建设，把拥护中国共产党领导、拥护社会主义法治作为律师从业的基本要求，增强广大律师走中国特色社会主义法治道路的自觉性和坚定性。为落实党中央文件精神，2016年司法部修订的《律师执业管理办法》增加了一条内容，即律师应当把拥护中国共产党领导、拥护社会主义法治作为从业的基本要求。2017年中华全国律师协会修订后的《律师执业行为规范（试行）》明确要求，律师不得利用律师身份和以律师事务所名义炒作个案，攻击社会主义制度，从事危害国家安全活动。2018年修订的《律师事务所管理办法》则明确规定：律师事务所应当坚持以习近平新时代中国特色社会主义思想为指导，坚持和加强党对律师工作的全面领导，坚定维护以习近平同志为核心的党中央权威和集中统一领导，把拥护中国共产党领导、拥护社会主义法治作为从业的基本要求，增强广大律师走中国特色社会主义法治道路的自觉性和坚定性。

坚定中国特色社会主义理想信念，还应当自觉抵制违反我国宪法原则、不符合我国国情的西方政治制度、法律制度和法治观念的不良影响，树立社会主义的法律意识、法治理念；坚定中国特色社会主义理想信念，就应当加强律师队伍思想政治建设，把拥护中国共产党领导、拥护社会主义法治作为律师从业的基本要求，增强广大律师走中国特色社会主义法治道路的自觉性和坚定性；坚定中国特色社会主义理想信念，就应当从我国的国情和实际情况出发，充分肯定我国法治建设的成就，实事求是地认识到我国法治建设的不足，既不妄自菲薄，也不夜郎自大，勤恳推进中国法治事业建设。总而言之，不走封闭僵化的老路，不走改旗易帜的邪路。

二、执业为民

律师应当始终把执业为民作为根本宗旨，全心全意为人民群众服务，通过执业活动努力维护人民群众的根本利益,维护公民、法人和其他组织的合法权益。认真履行法律援助义务,积极参加社会公益活动,自觉承担社会责任。司法部《关于进一步加强律师职业道德建设的意见》要求引导广大律师始终把执业为民作为根本宗旨,树立群众观念,把执业过程作为服务群众、做群众工作的过程,为当事人提供勤勉尽责、优质高效的法律服务,通过执业活动努力维护人民群众的根本利益,维护公民、法人和其他组织的合法权益。要教育引导律师正确处理执业经济效益与社会效益的关系,忠实履行辩护代理职责和法律援助义务,帮助引导当事人依法理性表达诉求、维护权益。

"执业为民"原则要求律师对委托人或当事人忠诚,忠于当事人的委托,忠于委托人或当事人的利益,尊重委托人或当事人的意志和决定,在委托人委托的权限范围内开展执业活动,充分运用法律专业知识和技能,尽职尽责,最大限度地维护当事人的合法权益。《律师办理刑事案件规范》第5条第3款规定,律师在辩护活动中,应当在法律和事实的基础上尊重当事人意见,按照有利于当事人的原则开展工作,不得违背当事人的意愿提出不利于当事人的辩护意见。《律师办理民事案件规范》《律师承办行政案件规范》《律师参与仲裁工作规则》中也有律师应当"积极维护委托人的合法权益"等内容。

此外,作为社会主义法律工作者,律师应当积极参加法律援助活动,利用自己的法律知识、专业技能为经济困难者以及其他社会弱势群体提供法律帮助。法律援助是律师承担社会责任的重要方式之一,也是律师应尽的法律义务。《律师法》第42条规定,律师、律师事务所应当按照国家规定履行法律援助义务,为受援人提供符合标准的法律服务,维护受援人的合法权益。

三、维护法治

律师应当坚定法治信仰,牢固树立法治意识,模范遵守宪法和法律,切实维护宪法和法律的尊严。律师在执业中应该坚持以事实为根据,以法律为准绳,严格依法履责,尊重司法权威,遵守诉讼规则和法庭纪律,与司法人员建立良性互动关系,维护法律正确实施,促进司法公正。法律必须被信仰,否则它将形同虚设。

首先,律师坚定法治信仰,要忠于宪法、法律。《宪法》第5条第5款规定:"任何组织或者个人都不得有超越宪法和法律的特权。"第33条第4款规定:"任何公民享有宪法和法律规定的权利,同时必须履行宪法和法律规定的义务。"《律师法》第3条第1款规定:"律师执业必须遵守宪法和法律,恪守律师职业道德和执业纪律。"第5条规定,我国公民申请领取律师执业证书,首先必须具备"拥护中华人民共和国宪法"的条件。这是律师必须忠实于宪法、法律要求的相关法律依据。忠于宪法和法律,是律师作为中华人民共和国的普通公民所必须做到的,同时作为以法律为职业的法律人,律师更应是忠于宪法、法律的模范。因此,《律师执业行为规范》第5条也明确规定,律师应当忠于宪法、法律,恪守律师职业道德和执业纪律。法律是律师职业的生命。没有法律就没有律师,只有在严格遵守宪法、法律的社会,律师才有尊严和地位。律师如果违反宪法、法律,不仅会破坏律师的形象,给国家法治建设带来严重的危害,而且会破坏自己生存的条件和基础。试想一下,如果"拉关系""走后门"都能办成案件的话,社会就不需要律师了。

其次，律师坚定法治信仰，要坚守"以事实为根据，以法律为准绳"的原则。律师的执业活动充满各种矛盾、是非和诱惑，为使自己不偏离轨道，依法提供法律服务，必须坚持"以事实为根据，以法律为准绳"的基本原则。坚守了这个原则，一切矛盾、纠纷、困惑都能够迎刃而解，也会抵御各种偏见和诱惑。律师绝不能无原则地迎合、迁就当事人不合法的要求，更不能采取非法手段，或者以损害国家、集体及他人合法权益的手段为当事人谋利。严格依法履行职务，坚持法律基本原则，是律师立于不败之地的关键所在。

最后，律师坚定法治信仰，要正确处理律师与司法、执法人员的关系。正确处理与司法、执法人员的关系，对于律师执业十分重要，对于维护当事人合法权益十分重要，对于国家法治建设也是至关重要的。随着司法改革的不断深入、依法行政的大力推进和诉讼制度的日益完善，律师在司法程序中的职能和作用不断强化，这在客观上必然要求律师与执法人员建立"彼此尊重、平等相待、相互支持、相互监督、正当交往、良性互动"的新型关系。

四、诚实守信

诚实守信是中华民族的传统美德，也是社会主义核心价值观的重要内容。对于律师职业而言，诚信问题不仅是一项道德义务，而且是一项法律义务。诚信执业是律师工作的生命线，是律师行业的立业之本、执业之基。对律师来说，能否诚信执业，直接影响着维护当事人的合法权益、维护法律的正确实施、维护社会公平正义职能作用的发挥。司法部《关于进一步加强律师职业道德建设的意见》要求引导广大律师牢固树立诚信意识，自觉遵守职业道德准则和执业行为规范，在从事法律服务中恪尽职守、诚实守信、勤勉尽责、严格自律。

律师应当牢固树立诚信意识，自觉遵守执业行为规范，在执业中恪尽职守、诚实守信、勤勉尽责、严格自律；应当积极履行合同约定义务和法定义务，维护委托人合法权益，本着公平、真诚、恪守信用的精神，尽职尽责地为当事人提供法律服务，并保守在执业活动中知悉的国家机密、商业秘密和个人隐私。律师还应遵守业务推广规则，规范代理行为，禁止虚假承诺，禁止恶意串通、损害委托人利益，禁止非法牟取当事人争议的权益。与当事人保持职业距离，避免利益冲突。

相比其他社会行业，诚实守信对律师职业的发展更加重要。在当今市场经济社会中，诚信为本应是一条普遍的规则。面对我国当前一些律师诚信缺失、道德滑坡的现状，诚实守信的原则则尤为重要。只有提高律师的社会公信力，才能使律师真正成为当事人信赖的人，受到广大人民的爱戴和尊敬，较好地完成维护法律正义和维护委托人利益这一双重任务，不断开拓法律服务市场，壮大律师职业队伍。

五、勤勉敬业

律师应当热爱律师职业，珍惜律师荣誉，树立正确的执业理念，不断提高专业素质和执业水平，注重陶冶个人品行和道德情操，忠于职守，爱岗敬业，尊重同行，维护律师的个人声誉和律师行业形象。司法部《关于进一步加强律师职业道德建设的意见》要求引导广大律师热爱律师职业，珍惜律师荣誉，树立正确的执业理念和社会责任意识，不断提高专业素质和执业水平，注重陶冶个人品行和道德情操，忠于职守，勤勉敬业，竭诚服务，坚决抵制趋利化倾向和不讲职业操守、失德失信行为，努力维护律师个人声誉和律师行业形象，忠实履行工作职责使命。

律师在执业活动中应当勤勉尽责，严格按照法定期限、时效以及与当事人约定的期限，高效、及时、迅捷地完成委托事项，最大限度维护当事人的合法权益；办案过程中应及时与当事人进行沟通、交流，了解当事人的真实想法，运用专业知识分析利弊得失、依据法律作出最优解决方案以供当事人参考决定，耐心细致地回答委托人或当事人的案情咨询，不敷衍塞责，不阳奉阴违。律师应当妥善保管委托人或当事人提供的证据原件、原物、音像资料底版以及其他各项材料，按照规定建立律师业务档案，真实、完整地保存各项工作记录。律师接受委托后，应当在委托人委托的权限内开展执业活动，不得超越委托权限，无正当理由不得拒绝辩护或者代理，或者以其他方式终止委托。律师在承办受托业务时，对已经出现和可能出现的不可克服的困难、风险，应当及时通知委托人，并向律师事务所报告。律师应当加强学习，不断提高专业素质和执业水平，为当事人提供优质、高效的法律服务。律师与其他律师之间应当相互帮助、相互尊重，注重职业修养，自觉维护律师行业声誉。

第三节 律师执业行为规范

一、律师业务推广行为规范

（一）律师业务推广概述

关于律师是否需要通过广告等方式进行业务推广，传统的看法认为广告乃是营利的竞争手段，和负有维护基本人权、实现社会正义使命的律师不相称，会损害律师的品格。广告如果有虚假或夸大的成分，就成为践踏对律师职业信赖的工具。另外，广告费用会增加委托人的经济负担，广告本身会刺激民众的利益诉求和诉讼愿望，有可能造成诉讼泛滥。但随着律师和律师事务所数量的逐步增长，律师为获得业务所进行的宣传推广行为日渐普遍且形式多样，并逐步为社会和法律所接受。律师的宣传和推广行为使需要法律帮助的社会公众能通过多种渠道了解律师和律师事务所提供的法律服务，获得有益的信息。

不过，有些内容和形式不当的宣传推广也会造成律师和律师事务所之间的不正当竞争，导致社会公众的错误选择和对律师职业形象的损害。为了治理律师业务推广行为中的种种乱象，第九届中华全国律师协会第12次常务理事会审议通过了《律师业务推广行为规则（试行）》第 2 条的规定，对律师业务推广进行了全面的规范。

作为一种专业服务，律师业务的推广不同于一般的产品和服务推广。依照《律师执业行为规范》和《中华全国律师协会律师业务推广行为规则（试行）》[以下简称《律师业务推广行为规则（试行）》]，律师、律师事务所的宣传方式可以有以下几种：（1）可以以广告方式宣传律师、律师事务所以及自己的业务领域和专业特长；（2）律师可以通过出版书籍、发表文章、案例分析、专题解答、授课、普及法律等活动宣传自己的专业领域；（3）律师或律师事务所可以通过举办或者参加各种形式的专题、专业研讨会宣传自己的专业特长；（4）律师可以以自己或者其任职的律师事务所名义参加各种社会公益活动；（5）建立、注册和使用网站、博客、领英、微信公众号、短视频平台等互联网媒介；（6）印制和使用名片、宣传册等具有业务推广性质的书面资料或视听资料；（7）举办、参加、资助会议、评比、评选活动。

（二）律师业务推广的限制

为规范律师业务推广行为，维护律师的职业声誉和形象，中华全国律师协会《律师执业行为规范（试行）》和《律师业务推广行为规则（试行）》对律师服务广告、宣传以及其他业务推广方式作出了一系列限制性规定，综合可概括如下。

1. 关于律师业务推广主体的限制

并非所有律师与律师事务所均有权进行推广业务。《律师执业行为规范（试行）》规定，律师和律师事务所为推广业务，可以发布使社会公众了解律师个人和律师事务所法律服务业务信息的广告。但是，具有下列情况之一的，律师和律师事务所不得发布律师广告：（1）没有通过年度考核的；（2）处于停止执业或停业整顿处罚期间的；（3）受到通报批评、公开谴责的纪律处分未满 1 年的。《律师业务推广行为规则（试行）》进一步规定，律师、律师事务所具有下列情形之一的，不得发布律师服务广告：（1）未参加年度考核或者未通过年度考核的；（2）处于中止会员权利、停止执业或者停业整顿处罚期间，以及前述期间届满后未满 1 年的；（3）受到通报批评、公开谴责的纪律处分未满 1 年的；（4）其他不得发布广告的情形。

2. 关于律师业务推广的内容的限制

（1）禁止虚假宣传。律师业务推广广告应当遵守国家法律、法规、规章和其他相关规范。可以发布使社会公众了解律师个人和律师事务所法律服务业务信息的广告，但不得虚假、误导性或者夸大性宣传。不得进行歪曲事实和法律，或者可能使公众对律师产生不合理期望的宣传。不得以有悖于律师使命、有损律师形象的方式制作广告，不得采用一般商业广告的艺术夸张手段制作广告。广告应当具有可识别性，应当能够使社会公众辨明是律师广告，以区别于其他商业广告。

（2）禁止比较宣传。律师和律师事务所在业务推广过程中进行律师之间或者律师事务所之间的比较宣传，往往容易陷入通过贬低同行专业能力和水平的方式招揽业务的误区，一方面，这可能误导有潜在法律需求的当事人，诋毁、诽谤其他律师或者律师事务所信誉、声誉，构成不正当竞争行为；另一方面，可能造成对其他律师和律师事务所声誉的损坏，构成民事侵权行为。所以，《律师业务推广行为规则（试行）》禁止贬低其他律师事务所或者律师，也不允许与其他律师事务所、其他律师之间进行比较宣传。

（3）禁止恶意竞争。律师业务作为市场化的产物，不可避免地会在律师之间产生业务上的竞争。为了规范律师之间的业务竞争行为，《律师业务推广行为规则（试行）》规定，律师、律师事务所进行业务推广时，不得有下列行为：一是与登记注册信息不一致；二是明示或者暗示与司法机关、政府机关、社会团体、中介机构及其工作人员有特殊关系；三是承诺办案结果；四是宣示胜诉率、赔偿额、标的额等可能使公众对律师、律师事务所产生不合理期望；五是明示或者暗示提供回扣或者其他利益；六是不收费或者减低收费（法律援助案件除外）；七是未经客户许可发布客户信息；八是与律师职业不相称的文字、图案、图片和视听资料；九是在非履行律师协会任职职责的活动中使用律师协会任职的职务；等等。《律师职业道德和执业纪律规范》第21条也规定，律师不得向委托人宣传自己与有管辖权的执法人员及有关人员有亲朋关系，不能利用这种关系招揽业务。

（4）禁止使用特定名称。律师和律师事务所不得擅自或者非法使用社会专有名称或者知名度较高的名称以及代表其名称的标志、图形文字、代号以误导委托人。所谓"社会专有名称或者知名度较高的名称"：一是有关政党、司法机关、行政机关、行业协会名称；二是具有较高社会知名度的高等法学院校或者科研机构的名称；三是为社会公众共知、具有较高知名度的非律师公众人物名称；四是知名律师以及律师事务所名称。《律师业务推广行为规则（试行）》还规定，不得使用中国、中华、全国、外国国家名称等字样，或者未经同意使用国际组织、国家机关、政府组织、行业协会名称。《律师执业行为规范》还规定，律师和律师事务所不得伪造或者冒用法律服务荣誉称号。使用已获得的律师或者律师事务所法律服务荣誉称号的，应当注明获得时间和期限。律师和律师事务所更不得变造已获得的荣誉称号用于广告宣传。律师事务所已撤销的，其原取得的荣誉称号不得继续使用。

3. 关于律师业务推广的方式

《律师执业行为规范》第30条规定，律师和律师事务所不得以有悖律师使命、有损律师形象的方式制作广告，不得采用一般商业广告的艺术夸张手段制作广告。《律师业务推广行为规则（试行）》第11条禁止律师以下列方式发布业务推广信息：（1）采用艺术夸张手段制作、发布业务推广信息；（2）在公共场所粘贴、散发业务推广信息；（3）以电话、信函、短信、电子邮件等方式针对不特定主体进行业务推广；（4）在法院、检察院、看守所、公安机关、监狱、仲裁委员会等场所附近以广告牌、移动广告、电子信息显示牌等形式发布业务推广信息；（5）其他有损律师职业形象和律师行业整体利益的业务推广方式。

二、律师与委托人间的关系规范

律师是依法接受委托或指定、为当事人提供法律服务的执业人员，律师与委托人或当事人的关系是其一切执业活动的基础与前提，处理好二者之间的关系，是律师得以顺利开展业务活动的基本保障。为此,《律师法》、司法部《律师执业管理办法》《律师事务所管理办法》、中华全国律师协会《律师执业行为规范(试行)》等法律法规、行业规范对律师与委托人或当事人关系作出了明确、具体的规定。

(一)委托代理关系的建立

1.规范委托代理身份

律师与委托人的关系本质上是一种合同关系。应当看到,就委托代理关系而言,合同双方的主体分别是律师事务所和委托人。律师在接受委托、提供法律服务时,应当与委托人就委托事项范围、内容、权限、费用、期限等进行协商,经协商达成一致后,由律师事务所与委托人签署委托协议。《律师法》明确规定,律师承办业务,由律师事务所统一接受委托,与委托人签订书面委托合同,按照国家规定统一收取费用并如实入账。律师不得私自接受委托、收取费用,接受委托人的财物或者其他利益,违反该项规定者,由设区的市级或者直辖市的区人民政府司法行政部门给予警告,可以处1万元以下的罚款;有违法所得的,没收违法所得;情节严重的,给予停止执业3个月以上6个月以下的处罚。中华全国律师协会《律师协会会员违规行为处分规则(试行)》规定,律师有私自接受委托、私自向委托人收取费用等违规收案、收费行为的,给予训诫、警告或者通报批评的纪律处分,情节严重的,给予公开谴责、中止会员权利1个月以上1年以下或者取消会员资格的纪律处分。

根据中华全国律师协会《律师执业行为规范》的规定,在委托代理关系依法建立以后,律师应当遵守以下基本要求:(1)律师应当充分运用专业知识,依照法律和委托协议完成委托事项,维护委托人或者当事人的合法权益;(2)律师与所任职律师事务所有权根据法律规定、公平正义及律师执业道德标准,选择实现委托人或者当事人目的的方案;(3)律师应当严格按照法律规定的期间、时效以及与委托人约定的时间办理委托事项,对委托人了解委托事项办理情况的要求,应当及时给予答复;(4)律师应当建立律师业务档案,保存完整的工作记录;(5)律师应谨慎保管委托人或当事人提供的证据原件、原物、音像资料底版以及其他材料;(6)律师接受委托后,应当在委托人委托的权限内开展执业活动,不得超越委托权限;(7)律师接受委托后,无正当理由不得拒绝辩护或者代理、或以其他方式终止委托。委托事项违法、委托人利用律师提供的服务从事违法活动或者委托人故意隐瞒与案件有关的重要事实的,律师有权告知委托人并要求其整改,有权拒绝辩护或者代理、或以其他方式终止委托,并有权就已经履行事务取得律师费,等等。

2.禁止虚假承诺

所谓虚假承诺,就是根据事实和法律都不可能实现的承诺。例如,现有证据不能否认对被告人的有罪指控,不能证明被告人犯罪情节较轻,在接受委托时,律师就不能轻易说做无罪辩护,也不能承诺"使被告人获得无罪或罪轻的判决"。接受委托后,律师也不能离开证据和法律规定随意许诺。在代理民事案件时,当律师见到的证据尚不足以证明委托人争议的权益属于其本人时,律师也不能承诺经诉讼代理必然能争取到某种权益等。

不过，在法律实践当中，律师根据案件事实和法律规定、就案件最终裁判结果所作的分析性意见有时与虚假承诺很难加以区分，为此，《律师执业行为规范》第44、45条规定，律师根据委托人提供的事实和证据，依据法律规定进行分析，向委托人提出分析性意见。律师的辩护、代理意见未被采纳，不属于虚假承诺。

3. 禁止非法牟取委托人利益

律师代理委托人进行诉讼时，既有如何对待委托人的问题，也有如何对待委托人的利益的问题。因为律师在执业过程中，不仅有机会接触当事人争议的标的物，还有机会了解委托人对权益争议主张权利的缺陷。在这种情况下，律师和律师事务所不得利用提供法律服务的便利，非法牟取委托人的利益。为此，《律师执业行为规范》规定：（1）律师和律师事务所不得利用提供法律服务的便利，牟取当事人争议的权益；（2）律师和律师事务所不得违法与委托人就争议的权益产生经济上的联系，不得与委托人约定将争议标的物出售给自己；不得委托他人为自己或为自己的近亲属收购、租赁委托人与他人发生争议的标的物；（3）律师事务所可以依法与当事人或委托人签订以回收款项或标的物为前提按照一定比例收取货币或实物作为律师费用的协议。

4. 履行风险告知义务

《律师执业行为规范》第43条规定，律师在承办受托业务时，对已经出现的和可能出现的不可克服的困难、风险，应当及时通知委托人，并向律师事务所报告。律师事务所和律师在接受委托人的委托时，应当向委托人交付《风险提示书》或类似文件，告知委托人拟委托的法律服务事项可能出现的各种风险。在法律实践当中，律师在履行风险告知义务时，可以参考人民法院所建立的诉讼风险告知制度。例如，2003年最高人民法院发布的《人民法院民事诉讼风险提示书》将常见的民事诉讼风险归纳为以下种类：（1）起诉不符合条件；（2）诉讼请求不适当；（3）逾期改变诉讼请求；（4）超过诉讼时效；（5）授权不明；（6）不按时交纳诉讼费用；（7）申请财产保全不符合规定；（8）不提供或者不充分提供证据；（9）超过举证时限提供证据；（10）不提供原始证据；（11）证人不出庭作证；（12）不按规定申请审计、评估、鉴定；（13）不按时出庭或者中途退出法庭；（14）不准确提供送达地址；（15）超过期限申请强制执行；（16）无财产或者无足够财产可供执行；（17）不履行生效法律文书确定义务。

5. 律师执业利益冲突审查

利益冲突是律师在执业活动中面临的一个具有普遍性的重大问题，调整利益冲突是律师执业行为规范的一个重要组成部分。所谓利益冲突，是指同一律师事务所代理的委托事项与该所其他委托事项的委托人之间有利益上的对立，继续代理会直接影响相关委托人的利益的情形。对委托人的忠诚是律师处理与委托人关系的重要基础，任何影响委托人对律师信任力的行为都需要予以避免和合理处理，避免利益冲突也因此成为律师执业行为规范的重要内容。为此，《律师执业行为规范》规定，律师事务所应当建立利益冲突审查制度。律师事务所在接受委托之前，应当进行利益冲突审查并作出是否接受委托的决定。办理委托事务的律师与委托人之间存在利害关系或利益冲突的，不得承办该业务并应当主动提出回避。

《律师执业行为规范》的规定，有下列情形之一的，律师及律师事务所不得与当事人建立或维持委托关系：（1）律师在同一案件中为双方当事人担任代理人，或代理与本人或者其近亲属有利益冲突的法律事务的；（2）律师办理诉讼或者非诉讼业务，其近亲属是对方当事人的法定代表人或者代理人的；（3）曾经亲自处理或者审理过某一事项或者案件的行政机关工作人员、审判人员、检察人员、仲裁员，成为律师后又办理该事项或者案件的；（4）同一律师事务所的不同律师同时担任同一刑事案件的被害人的代理人和犯罪嫌疑人、被告人的辩护人，但在该县区域内只有一家律师事务所且事先征得当事人同意的除外；（5）在民事诉讼、行政诉讼、仲裁案件中，同一律师事务所的不同律师同时担任争议双方当事人的代理人，或者本所或其工作人员为一方当事人，本所其他律师担任对方当事人的代理人的；（6）在非诉讼业务中，除各方当事人共同委托外，同一律师事务所的律师同时担任彼此有利害关系的各方当事人的代理人的；（7）在委托关系终止后，同一律师事务所或同一律师在同一案件后续审理或者处理中又接受对方当事人委托的；（8）其他与第1项至第7项情形相似，且依据律师执业经验和行业常识能够判断为应当主动回避且不得办理的利益冲突情形。

《律师执业行为规范》的规定，有下列情形之一的，律师应当告知委托人并主动提出回避，但委托人同意其代理或者继续承办的除外：（1）接受民事诉讼、仲裁案件一方当事人的委托，而同所的其他律师是该案件中对方当事人的近亲属的；（2）担任刑事案件犯罪嫌疑人、被告人的辩护人，而同所的其他律师是该案件被害人的近亲属的；（3）同一律师事务所接受正在代理的诉讼案件或者非诉讼业务当事人的对方当事人所委托的其他法律业务的；（4）律师事务所与委托人存在法律服务关系，在某一诉讼或仲裁案件中该委托人未要求该律师事务所律师担任其代理人，而该律师事务所律师担任该委托人对方当事人的代理人的；（5）在委托关系终止后1年内，律师又就同一法律事务接受与原委托人有利害关系的对方当事人的委托的；（6）其他与第1项至第5项情况相似，且依据律师执业经验和行业常识能够判断的其他情形。律师和律师事务所发现存在上述情形的，应当告知委托人利益冲突的事实和可能产生的后果，由委托人决定是否建立或维持委托关系。委托人决定建立或维持委托关系的，应当签署知情同意书，表明当事人已经知悉存在利益冲突的基本事实和可能产生的法律后果，以及当事人明确同意与律师事务所及律师建立或维持委托关系。

6. 转委托

一般情况下，未经委托人同意，律师事务所不得将委托人委托的法律事务转委托其他律师事务所办理。其理由在于：（1）依据委托代理的法律规定和委托协议，律师没有权利进行转委托；（2）律师提供法律服务的行为的内容由律师个人已掌握的专业知识、技能、社会阅历所构成，擅自转委托可能会影响服务的质量；（3）擅自转委托本身就违背了委托人的意志；（4）当事人的一些隐私和商业秘密不愿意让代理人之外的人知道，擅自转委托，就扩大了知情人的范围。但在紧急情况下，为维护委托人的利益可以转委托，但应当及时告知委托人。如果受委托律师遇有突患疾病、工作调动等紧急情况不能履行委托协议时，应当及时报告律师事务所，由律师事务所另行指定其他律师继续承办，并及时告知委托人。无论何种情况下的转委托，非经委托人的同意，不能因转委托而增加委托人的费用支出。

（二）最大限度维护委托人利益

律师接受委托的目的就是维护当事人的合法权益。律师在代理过程中，一个总的原则是充分运用专业知识，依照法律和委托协议完成委托事项，维护委托人或者当事人的合法权益。但由于案件类型复杂，情况各异，律师有权根据案件的需要，依据法律规定、公平正义及律师职业伦理标准，选择实现委托人或者当事人目的的方案。律师承办案件必须严格依法，尤其是要严格按照法律规定的期间、时效以及与委托人约定的时间办理委托事项。对委托人了解委托事项办理情况的要求，应当及时给予答复。对已经出现的和可能出现的不可克服的困难、风险，应当及时通知委托人，并向律师事务所报告。最大限度地维护委托人的合法利益主要体现在以下方面：

第一，律师应当充分运用自己的专业知识和技能，尽心尽职地根据法律的规定完成委托事项，尤其是律师不应接受自己不能办理的法律事务。作为一种专业服务，法律服务的特征是没有一种具体标准来衡量服务质量的优劣。仅从专业的角度看，不同律师对同一案件的办理，结果也不尽相同。因此，为了最大限度地维护委托人的合法利益，律师必须首先要从专业知识和技能上提高自己。

第二，律师应当遵循诚实守信原则，客观地告知委托人所委托事项可能出现的法律风险，不得故意对可能出现的风险作出不恰当的表述或做虚假承诺。为维护委托人的合法权益，律师有权根据法律的要求和伦理的标准，选择实现委托目的的方法。律师根据委托人提供的事实和证据，依据法律规定进行分析，可以向委托人提出分析性意见。律师的辩护、代理意见未被采纳的，不属于虚假承诺。

第三，律师接受委托后应当在委托授权范围内从事代理活动，不得超越委托权限。如需特别授权，应当事先取得委托人的书面确认。不得利用委托关系从事与委托代理的法律事务无关的活动。律师接受委托后无正当理由不得拒绝为委托人代理。律师接受委托后未经委托人同意，不得擅自转委托他人代理。无正当理由不得拒绝辩护或者代理，或以其他方式终止委托。

第四，律师应当谨慎保管委托人提供的证据和其他法律文件，保证其不丢失或毁损。在接受委托人提供的材料时，尽量只接受复印件，但必须与原件核对一致。

第五，履行保密义务。律师对在执业活动中知悉的国家秘密、商业秘密、当事人的隐私，以及委托人和其他人不愿泄露的有关情况和信息应负保密义务。不过《律师法》第38条在规定律师保密的范围的同时也规定，委托人或者其他人准备或者正在实施危害国家安全、公共安全以及严重危害他人人身安全的犯罪事实和信息属于保密范围的例外。

（三）委托代理关系的终止

律师与委托人委托代理关系的终止是律师在处理其与委托人关系时需要注意的另一重要问题。《律师法》第32条规定，委托人可以拒绝已委托的律师为其继续辩护或者代理，同时可以另行委托律师担任辩护人或者代理人。律师接受委托后，无正当理由的，不得拒绝辩护或者代理。但是，委托事项违法、委托人利用律师提供的服务从事违法活动或者委托人故意隐瞒与案件有关的重要事实的，律师有权拒绝辩护或者代理。对此，《律师执业行为规范》对上述规定进行了进一步的解释，对委托代理关系的终止从以下方面作了更为具体的规定。

1. 委托代理关系终止的情形

有下列情形之一的，律师事务所应当终止委托关系：（1）委托人提出终止委托协议的；（2）律师受到吊销执业证书或者停止执业处罚的，经过协商，委托人不同意更换律师的；（3）当发现有符合规定的利益冲突情形的；（4）受委托律师因健康状况不适合继续履行委托协议的，经过协商，委托人不同意更换律师的；（5）继续履行委托协议违反法律、法规、规章或者律师执业行为规范的。

有下列情形之一，经提示委托人不纠正的，律师事务所可以解除委托协议：（1）委托人利用律师提供的法律服务从事违法犯罪活动的；（2）委托人要求律师完成无法实现或者不合理的目标的；（3）委托人没有履行委托合同义务的；（4）在事先无法预见的前提下，律师向委托人提供法律服务将会给律师带来不合理的费用负担，或给律师造成难以承受的、不合理的困难的；（5）其他合法的理由的。

2. 终止委托代理关系的程序要求

终止委托代理关系必须依照一定的程序进行，主要包括以下几点。

（1）履行劝诫义务。律师在接受委托后发生可以拒绝辩护或代理的情况时，应当向委托人说明理由，促使委托人接受律师的劝告，纠正导致律师拒绝辩护或代理的事由。

（2）履行通知义务。在律师代理民事诉讼中，委托人利用律师提供的服务从事违法活动或者隐瞒事实的，律师可以拒绝代理。经律师事务所收集证据，查明事实后，告知委托人解除委托关系，记录在案并整理案卷归档。终止代理时，律师应当尽可能提前向委托人发出通知，以便给委托人委托其他律师留出时间。律师事务所在征得委托人同意后，可另行指定律师继续承办委托事项，否则应终止委托代理协议。

（3）采取合理保护措施。终止代理，律师事务所应当尽量不使委托人的合法权益受到影响。在解除委托关系前，律师必须采取合理可行的措施保护委托人的合法权益，如及时通知委托人，使其有充分的时间再委托其他律师。律师事务所因合理原因终止委托代理协议的，委托人与律师事务所协商解除协议的，委托人单方终止委托代理协议的，律师事务所有权收取已提供服务部分的费用。

（4）不得扣押当事人的诉讼材料。在委托人拒绝律师辩护或者代理的情况下，律师应当退出对该委托人案件的办理。律师事务所与委托人解除委托关系后，应当退还当事人提供的资料原件、物证原物、视听资料底版等证据，并可以保留复印件存档。

三、律师收费规范

律师属于自由职业者，其主要收入来源即是在向当事人提供法律服务时从当事人处收取的律师费用。但律师的收费也必须遵循相关的收费标准和程序。

（一）收费基本原则

《律师服务收费管理办法》规定，律师服务收费遵循公开公平、自愿有偿、诚实信用的原则。"公开公平"原则要求律师和律师事务所为委托人提供法律服务时，应当平等协商，公示《律师服务收费管理办法》和收费标准等信息，接受社会监督。"自愿有偿"原则要求律师事务所接受委托时应当在平等自愿的基础上与委托人签订律师服务收费合同或者在委托代理合同中载明收费条款，并向委托人出具合法票据。"诚实信用"原则要求律师收费切实体现提供法律服务过程中的劳动付出，不得坐地起价，或以法律服务质量相要挟、随意变更收费项目或者提高收费数额。

（二）收费方式

按照《律师服务收费管理办法》的相关规定，律师服务收费可以根据不同的服务内容，采取计时收费、计件收费、按标的额比例收费和风险代理收费等方式。

计时收费，是指律师根据其提供法律服务耗费的有效工作时间，在规定的标准范围内，按确定的每小时收费标准向委托人收取律师服务费的计价方式。计时收费可适用于全部法律事务，是西方国家律师收费的主要方式。

计件收费，是指以每一委托法律事务为基本单位，按规定的数额或在规定的范围、幅度、限额内具体商定收取律师服务费的计价方式。计件收费一般适用于不涉及财产关系的法律事务。

按标的额比例收费，是指以诉讼请求所涉及的数额为基数，按照一定比例收取律师费的计价方式。按标的额比例收费适用于涉及财产关系的法律事务。

风险代理收费，是指律师在接受委托时，只收取较低的基础费用，其余服务报酬由律师与委托人就委托事项应实现的目标、效果和支付律师服务费的时间、比例、条件等先行约定，达到约定条件的，按约定收取费用；不能实现约定条件的，不再收取任何费用。按照《律师服务收费管理办法》的相关规定，禁止刑事诉讼案件、行政诉讼案件、国家赔偿案件以及群体性诉讼案件实行风险代理收费。因此，风险代理收费主要适用于办理涉及财产关系的民事案件，且风险代理的比例不得超过案件标的的30%。但以下案件不能实行风险代理收费：（1）婚姻、继承案件；（2）请求给予社会保险待遇或者最低生活保障待遇的；（3）请求给付赡养费、抚养费、扶养费、抚恤金、救济金、工伤赔偿的；（4）请求支付劳动报酬的；等等。

总的来说，以上收费方式只是作为参考，具体由律师和委托人根据具体情况协商确定。各省市律师协会根据实际情况制定了律师收费标准的指导价格，供律师参考适用。从各地的情况看，律师收费有更加放开的趋势。例如，2018年3月2日，北京市司法局、北京市律师协会联合发布《关于全面放开我市律师法律服务收费的通知》，自2018年4月1日起，全市律师法律服务收费全面实行市场调节价。

（三）收费禁止性规范

律师收费的市场化趋势日趋明显，但并不意味着想怎么收就怎么收，仍然要遵循相关的收费规范，尤其是一些禁止性规范。这些禁止性规范包括：

（1）禁止私自收费。律师可以与委托人协商收费，但并不意味着可以让委托人直接将费用交给律师个人。《律师法》第 40 条规定，律师在执业活动中不得有私自收取费用、接受委托人的财物或者其他利益的行为。按照这一规定，律师承办业务，应当由律师事务所向委托人统一收取律师费和有关办案费用（如代委托人支付的费用和异地办案差旅费），既不得让委托人将律师费直接付给律师个人，也不得接受委托人的财物或者其他利益。律师违反相关规定私自收费的将受到相应处罚或处分。某些案件中律师私下收费不入账，委托人事后指控律师诈骗，甚至存在律师构成刑事犯罪的风险。

（2）禁止违规收费。《律师服务收费管理办法》将律师事务所、律师不按规定公示律师服务收费管理办法和收费标准、提前或者推迟执行政府指导价、超出政府指导价范围或幅度收费、采取分解收费项目、重复收费、扩大范围等方式变相提高收费标准或者以明显低于成本的收费进行不正当竞争的行为视作价格违法行为，规定由政府价格主管部门依照《价格法》和《价格违法行为行政处罚规定》实施行政处罚。

此外，《律师服务收费管理办法》还规定，律师事务所向委托人收取律师服务费，应当向委托人出具合法票据。律师事务所需要预收异地办案差旅费的，应当向委托人提供费用概算，经协商一致，由双方签字确认。律师事务所应当向委托人提供代其支付的费用和异地办案差旅费清单及有效凭证以结算相关费用。

（3）禁止特定案件实行风险代理收费。《律师服务收费管理办法》规定，禁止刑事诉讼案件、行政诉讼案件、国家赔偿案件以及群体性诉讼案件实行风险代理收费。此外，婚姻、继承案件以及请求给予社会保险待遇或者最低生活保障待遇、赡养费、抚养费、扶养费、抚恤金、救济金、工伤赔偿、支付劳动报酬等涉及财产关系的民事案件也不得实行风险代理收费。

（4）禁止承办法律援助案件时向受援人收费。《律师服务收费管理办法》规定，律师和律师事务所办理法律援助案件不得向受援人收取任何费用。对于经济确有困难，但不符合法律援助范围的公民，律师事务所可以酌情减收或免收律师服务费。

四、律师在诉讼或仲裁活动中的行为规范

律师在诉讼和仲裁活动中，与国家司法人员、仲裁员一样，都应当忠实于宪法和法律，依法履行职责，共同维护法律的尊严和司法、仲裁活动的权威。为了加强对律师和司法人员、仲裁员在诉讼、仲裁活动中的职业纪律约束，规范律师和司法人员、仲裁员的相互关系，维护司法、仲裁活动的公正，根据《律师执业行为规范》和最高人民法院、司法部《关于规范法官和律师相互关系维护司法公正的若干规定》，律师在担任当事人的代理人或辩护人参加诉讼或仲裁活动的过程中，应当遵守以下行为规范。

（一）律师调查取证规范

诉讼中的证据是证明事实的依据，诉讼围绕着事实及法律适用进行，而事实要靠证据来证明，因此，证据是诉讼争议的主要问题。正是由于证据的特殊重要作用，我国的民事诉讼法、行政诉讼法、刑事诉讼法对证据问题都作了专门的规定。根据《律师执业行为规范》的规定，律师在执业活动中应遵守以下调查取证规范：（1）律师应当依法调查取证；（2）律师不得向司法机关或者仲裁机构提交明知是虚假的证据；（3）律师作为

证人出庭作证的，不得再接受委托担任该案的辩护人或者代理人出庭。

1. 会见

会见是指律师经委托或者指派，同刑事案件在押或者被监视居住的犯罪嫌疑人、被告人或者罪犯进行会面，就案件情况进行交流的行为。

《律师法》第33条规定："律师担任辩护人的，有权持律师执业证书、律师事务所证明和委托书或者法律援助公函，依照刑事诉讼法的规定会见在押或者被监视居住的犯罪嫌疑人、被告人。辩护律师会见犯罪嫌疑人、被告人时不被监听。"辩护律师会见在押的犯罪嫌疑人、被告人，可以了解案件有关情况，提供法律咨询等。自案件移送审查起诉之日起，可以向犯罪嫌疑人、被告人核实有关证据。但是，辩护律师会见在押犯罪嫌疑人、被告人应当遵守看守所依法作出的有关规定。未经允许，不得直接向犯罪嫌疑人、被告人传递药品、财物、食物等物品，不得将通信工具提供给犯罪嫌疑人、被告人使用，不得携犯罪嫌疑人、被告人亲友会见。

2. 阅卷

阅卷是指律师在刑事辩护或者诉讼代理业务活动中查阅、摘抄、复制案卷材料，了解案情的执业活动。《刑事诉讼法》第40条规定，辩护律师自人民检察院对案件审查起诉之日起，可以查阅、摘抄、复制本案的案卷材料。为防止律师擅自披露、散布刑事案件的重要信息和案卷材料、妨碍司法公正，《律师办理刑事案件规范》第37条规定，律师参与刑事诉讼获取的案卷材料，不得向犯罪嫌疑人、被告人的亲友以及其他单位和个人提供，不得擅自向媒体或社会公众披露。辩护律师查阅、摘抄、复制的案卷材料属于国家秘密的，应当经过人民检察院、人民法院同意并遵守国家保密规定。律师不得违反规定，披露、散布案件重要信息和案卷材料，或者将其用于本案辩护、代理以外的其他用途。

《民事诉讼法》《行政诉讼法》对代理律师的阅卷权利也作了明确的规定。《民事诉讼法》第61条规定，代理诉讼的律师和其他诉讼代理人有权调查收集证据，可以查阅本案有关材料。查阅本案有关材料的范围和办法由最高人民法院规定。《行政诉讼法》第32条第1款规定，代理诉讼的律师，有权按照规定查阅、复制本案有关材料，有权向有关组织和公民调查，收集与本案有关的证据。对涉及国家秘密、商业秘密和个人隐私的材料，应当依照法律规定保密。

3. 调查取证

调查取证是指律师在承办法律事务的过程中，依法走访知情人、调查、收集与所办理法律事务有关的事实材料的执业活动。按照《律师法》的规定，律师凭律师执业证书和律师事务所证明，可自行调查取证，向有关单位或者个人调查与承办法律事务有关的情况。受委托的律师根据案情的需要，可以申请人民检察院、人民法院收集、调取证据或者申请人民法院通知证人出庭作证。《律师执业行为规范》规定，律师应当依法调查取证。律师不得向司法机关或者仲裁机构提交明知是虚假的证据。律师作为证人出庭作证的，不得再接受委托担任该案的辩护人或者代理人出庭。

为保障辩护律师依法执业、防止其滥用诉讼权利妨碍司法公正，《刑事诉讼法》规定，辩护律师经证人或者其他有关单位和个人同意，可以向他们收集与本案有关的材料，也可以申请人民检察院、人民法院收集、调取证据，或者申请人民法院通知证人出庭作证。辩护律师经人民检察院或者人民法院许可，并且经被害人或者其近亲属、被害人提供的证人同意，可以向他们收集与本案有关的材料。辩护人或者其他任何人，不得帮助犯罪嫌疑人、被告人隐匿、毁灭、伪造证据或者串供，不得威胁、引诱证人作伪证以及进行其他干扰司法机关诉讼活动的行为，否则应当依法追究其法律责任。辩护人涉嫌犯罪的，应当由办理辩护人所承办案件的侦查机关以外的侦查机关办理。辩护人是律师的，应当及时通知其所在的律师事务所或者所属的律师协会。

（二）律师应当尊重法庭并谨慎发表司法评论

1. 遵守法庭、仲裁庭纪律，遵守出庭时间、举证时限、提交法律文书期限及其他程序性规定

《关于规范法官和律师相互关系维护司法公正的若干规定》也要求，律师应当严格遵守法律规定的提交诉讼文书的期限及其他相关程序性规定，遵守开庭时间。律师不得借故延迟开庭，对于律师确有正当理由不能按期出庭的，人民法院应当在不影响案件审理期限的情况下，另行安排开庭时间，并及时通知当事人及其委托的律师。

中华全国律师协会《律师参与仲裁工作规则》对律师参与仲裁工作应当遵守的行业纪律也作了明确的规定，律师接受委托后既不得私自联络办案的仲裁员讨论有关案情，也不得向其提供宴请、馈赠或其他利益，不得指使或诱导委托人行贿。律师应了解仲裁程序中各环节的时效规定，以便及时提出申请或异议，维护委托人的合法权益。律师应熟悉相关的仲裁规则和仲裁程序，特别是受理仲裁的仲裁机构的仲裁规则和仲裁员守则。律师发现仲裁过程中任何不符合仲裁程序的做法应及时告知委托人，并及时向仲裁机构提出异议，充分维护委托人的权利。在庭审期间，承办律师应按时出庭，遵守仲裁庭纪律，认真作笔录，充分阐述，积极辩论，引用法条或证据准确，避免不必要的重复和人身攻击。

2. 规范接触司法人员

《律师执业行为规范》规定，律师在执业过程中，因对事实真假、证据真伪及法律适用是否正确而与诉讼相对方意见不一致的，或者为了向案件承办人提交新证据的，与案件承办人接触和交换意见应当在司法机关内指定场所；律师在办案过程中，不得与所承办案件有关的司法、仲裁人员私下接触。律师不得贿赂司法机关和仲裁机构人员，不得以许诺回报或者提供其他利益（包括物质利益和非物质形态的利益）等方式，与承办案件的司法、仲裁人员进行交易。最高人民法院、司法部《关于规范法官和律师相互关系维护司法公正的若干规定》明确规定，律师在代理案件之前及其代理过程中，不得向当事人宣称自己与受理案件法院的法官具有亲朋、同学、师生、曾经同事等关系，并不得利用这种关系或者以法律禁止的其他形式干涉或者影响案件的审判。律师不得违反规定单方面会见法官。律师不得以各种非法手段打听案情，不得违法误导当事人的诉讼行为。律师不得明示或者暗示法官为其介绍代理、辩护等法律服务业务。律师不得借法官或者其近亲属婚丧喜庆事宜馈赠礼品、金钱、有价证券等；不得向法官请客送礼、行贿

或者指使、诱导当事人送礼、行贿；不得为法官装修住宅、购买商品或者出资邀请法官进行娱乐、旅游活动；不得为法官报销任何费用；不得向法官出借交通工具、通信工具或者其他物品。律师不得假借法官的名义或者以联络、酬谢法官为由，向当事人索取财物或者其他利益。律师在办案过程中，为了向案件承办人提交证据材料，或需要与案件承办人交换意见的，也应当在司法机关内的指定场所进行，不得与所承办案件有关的司法、仲裁人员私下接触。

3.谨慎发表法律言论

律师承办业务，应当引导当事人通过合法的途径、方式解决争议，不得采取煽动、教唆和组织当事人或者其他人员到司法机关或者其他国家机关静坐、举牌、打横幅、喊口号、声援、围观等扰乱公共秩序、危害公共安全的非法手段，聚众滋事，制造影响，向有关部门施加压力。《律师执业管理办法》第38条规定，律师不得以下列不正当方式影响依法办理案件：第一，未经当事人委托或者法律援助机构指派，以律师名义为当事人提供法律服务、介入案件，干扰依法办理案件；第二，对本人或者其他律师正在办理的案件进行歪曲、有误导性的宣传和评论，恶意炒作案件；第三，以串联组团、联署签名、发表公开信、组织网上聚集、声援等方式或者借个案研讨之名，制造舆论压力，攻击、诋毁司法机关和司法制度；第四，违反规定披露、散布不公开审理案件的信息、材料，或者本人、其他律师在办案过程中获悉的有关案件重要信息、证据材料。律师对案件公开发表言论，应当依法、客观、公正、审慎，不得以歪曲事实真相、明显违背社会公序良俗等方式，发表恶意诽谤他人的言论，或者发表严重扰乱法庭秩序的言论。

（三）律师的庭审仪表和语态规范

根据《律师执业行为规范》的规定，律师在庭审过程中应遵守以下仪表和语态规范。

（1）律师担任辩护人、代理人参加法庭、仲裁庭审理的，应当按照规定穿着律师出庭服装，佩戴律师出庭徽章，注重律师职业形象。律师出庭服装应当保持洁净、平整、不破损。在出庭时，男律师不留披肩长发，女律师不施浓妆，面容清洁、头发齐整，不佩戴过分醒目的饰物。对于不按规定着装、违反法庭纪律的，审判长或独任审判员应当予以警告；对不听警告的，予以训诫；对训诫无效的，责令其退出法庭；对拒不退出法庭的，指令司法警察将其强行带出法庭。

（2）律师在法庭或仲裁庭发言时应当举止庄重、大方、用词文明、得体。律师庭审表达意见应当选用规范语言，尽可能使用普通话。不得使用黑话、脏话等不规范语言。律师庭审发言时可以辅以必要的手势，但应避免过于强烈的形体动作，也应该避免过于激动的情绪表现，尽可能保持平和、冷静，维护法庭的现场秩序。

五、律师职业内部的关系规范

（一）律师间的职业关系

根据《律师执业管理办法》《律师执业行为规范》等行政规章、行业规范的规定，律师同行之间应当相互帮助，相互尊重，公平竞争，更好地维护当事人的合法权益，促进律师行业的良性发展。

1. 尊重与合作

《律师执业行为规范》规定，律师与其他律师之间应当相互帮助、相互尊重，在庭审或者谈判过程中各方律师应当互相尊重，不得使用挖苦、讽刺或者侮辱性的语言；律师不得在公众场合及媒体上发表恶意贬低、诋毁、损害同行声誉的言论；律师变更执业机构时应当维护委托人及原律师事务所的利益；律师事务所在接受转入律师时，不得损害原律师事务所的利益。

2. 禁止不正当竞争

为防止律师采取不正当手段与同行进行业务竞争，损害其他律师和律师事务所的声誉或者其他合法权益，《律师法》第 26 条规定，律师事务所和律师不得以诋毁其他律师事务所、律师或者支付介绍费等不正当手段承揽业务。《律师执业管理办法》第 42 条进一步明确规定，律师应当尊重同行，公平竞争，不得以诋毁其他律师事务所、律师，支付介绍费，向当事人明示或者暗示与办案机关、政府部门及其工作人员有特殊关系，或者在司法机关、监管场所周边违规设立办公场所、散发广告、举牌等不正当手段承揽业务。

《律师执业行为规范》第 79 条规定，有下列情形之一，属于律师执业不正当竞争行为：（1）诋毁、诽谤其他律师或者律师事务所信誉、声誉；（2）无正当理由，以低于同地区同行业收费标准为条件争揽业务，或者采用承诺给予客户、中介人、推荐人回扣、馈赠金钱、财物或者其他利益等方式争揽业务；（3）故意在委托人与其代理律师之间制造纠纷；（4）向委托人明示或者暗示自己或者其所属的律师事务所与司法机关、政府机关、社会团体及其工作人员具有特殊关系；（5）就法律服务结果或者诉讼结果作出虚假承诺；（6）明示或者暗示可以帮助委托人达到不正当目的，或者以不正当的方式、手段达到委托人的目的。

依照有关规定取得从事特定范围法律服务的律师或律师事务所不得采取下列不正当竞争的行为：（1）限制委托人接受经过法定机构认可的其他律师或律师事务所提供法律服务；（2）强制委托人接受其提供的或者由其指定的律师提供的法律服务；（3）对抵制上述行为的委托人拒绝、中断、拖延、削减必要的法律服务或者滥收费用。

律师或律师事务所相互之间不得采用下列手段排挤竞争对手的公平竞争：（1）串通抬高或者压低收费；（2）为争揽业务，不正当获取其他律师和律师事务所收费报价或者其他提供法律服务的条件；（3）泄露收费报价或者其他提供法律服务的条件等暂未公开的信息，损害相关律师事务所的合法权益。

（二）律师与律师事务所间的关系规范

律师事务所是司法行政机关依法核准设立的律师执业机构，对本所执业律师负有教育、管理和监督的职责。

1. 业务管理关系

《律师法》第 23 条规定，律师事务所应当建立健全执业管理、利益冲突审查、收费与财务管理、投诉查处、年度考核、档案管理制度，对律师在执业活动中遵守职业道德、执业纪律的情况进行监督。《律师事务所管理办法》进一步明确规定，律师承办业务，由律师事务所统一接受委托，与委托人签订书面委托合同。律师事务所受理业务，应当进行利益冲突审查，不得违反规定受理与本所承办业务及其委托人有利益冲突的业务。律师事务所应当按照有关规定统一收取服务费用并如实入账，建立健全收费管理制度，及时查处有关违规收费的举报和投诉，不得在实行政府指导价的业务领域违反规定标准收取费用，或者违反风险代理管理规定收取费用。律师事务所应当按照规定建立健全财务管理制度，建立和实行合理的分配制度及激励机制，依法纳税。律师事务所应当建立健全重大疑难案件的请示报告、集体研究和检查督导制度，规范受理程序，指导监督律师依法办理重大疑难案件。律师违法执业或者因过错给当事人造成损失的，由其所在的律师事务所承担赔偿责任。律师事务所赔偿后，可以向有故意或者重大过失行为的律师追偿。

2. 教育监督关系

《律师事务所管理办法》第40条规定，律师事务所应当建立健全执业管理和其他各项内部管理制度，规范本所律师执业行为，履行监管职责，对本所律师遵守法律、法规、规章及行业规范，遵守职业道德和执业纪律的情况进行监督，发现问题及时予以纠正。

具体而言，律师事务所应当监督本所律师和辅助人员履行下列义务：（1）遵守宪法和法律，遵守职业道德和执业纪律；（2）依法、诚信、规范执业；（3）接受本所监督管理，遵守本所章程和规章制度，维护本所的形象和声誉；（4）法律、法规、规章及行业规范规定的其他义务。律师事务所对违法违规执业、违反本所章程及管理制度或者年度考核不称职的律师，可以将其辞退或者经合伙人会议通过将其除名，有关处理结果报所在地县级司法行政机关和律师协会备案。

3. 执业保障关系

《律师执业行为规范》第88条规定，律师事务所应当依法保障律师及其他工作人员的合法权益，为律师执业提供必要的工作条件。根据《律师事务所管理办法》第41条的规定，律师事务所应当保障本所律师和辅助人员享有下列权利：（1）获得本所提供的必要工作条件和劳动保障；（2）获得劳动报酬及享受有关福利待遇；（3）向本所提出意见和建议；（4）法律、法规、规章及行业规范规定的其他权利。

六、律师与行业管理机构的关系规范

（一）司法行政机关对律师的监督管理

根据《律师法》第4条的规定，法律赋予司法行政部门通过对律师事务所的监管实现对律师行业进行监督管理的职能。按照相关规定，司法行政部门对律师执业活动进行日常监督管理，履行下列职责：（1）监督律师事务所在开展业务活动过程中遵守法律、法规、规章的情况；（2）监督律师事务所执业和内部管理制度的建立和实施情况；（3）监督律师事务所保持法定设立条件以及变更报批或者备案的执行情况；（4）监督律师事务所进行清算、申请注销的情况；（5）监督律师事务所开展律师执业年度考核和上报年度执业总结的情况；（6）受理对律师事务所的举报和投诉；（7）监督律师事务所履行行政处罚和实行整改的情况。

司法行政机关在开展日常监督管理的过程中，对发现、查实的律师事务所在执业和内部管理方面存在的问题，应当对律师事务所负责人或者有关律师进行警示谈话，责令改正，并对其整改情况进行监督；对律师事务所的违法行为认为依法应当给行政处罚的，应当向上一级司法行政机关提出处罚建议；认为需要给予行业惩戒的，移送律师协会处理。

（二）律师协会对律师的监督管理

律师协会是律师的行业自治组织。按照《律师法》的规定，所有律师都应加入律师协会，成为律师协会会员。律师协会负责对律师执业的日常监管。

1. 律师协会的职责

《律师法》第46条第1款规定，律师协会应当履行的职责包括：保障律师依法执业，维护律师的合法权益；总结、交流律师工作经验；制定行业规范和惩戒规则；组织律师业务培训和职业道德、执业纪律教育，对律师的执业活动进行年度考核；组织管理申请律师执业人员的实习活动，对实习人员进行考核；对律师、律师事务所实施奖励和惩戒；受理对律师的投诉或者举报，调解律师执业活动中发生的纠纷，受理律师的申诉等。其中，"制定行业规范和惩戒规则"以及"对律师、律师事务所实施奖励和惩戒"赋予了律师协会对律师的行业处分权。所以，在某种程度上，律师协会对律师的监督管理的核心在于监管机制的健全完善和对违规违纪行为的惩戒查处。比如，对律师承办重大案件情况和有不良执业记录律师执业活动的指导监督，对有违反职业道德行为的律师加强批评教育，对有违法违纪行为的律师及时给予行业处分。

2. 律师在执业活动中应遵守以下行为规范

（1）律师执业应接受协会管理。律师和律师事务所应当遵守司法行政机关制定的有关律师管理的规定，遵守律师协会制定的律师行业规范和规则。律师和律师事务所享有法律和律师协会章程规定的权利，承担法律和律师协会章程规定的义务。律师和律师事务所应当办理入会登记手续和年度登记手续。律师和律师事务所应当参加、完成律师协会组织的律师业务学习及考核。律师和律师事务所应当按时缴纳会费。律师应当妥善处理律师执业中发生的纠纷，履行经律师协会调解达成的协议。律师应当执行律师协会就律师执业纠纷作出的处理决定。

（2）律师有参与协会活动的义务。律师和律师事务所应当参加律师协会组织的业务研究活动，完成律师协会布置的业务研究任务，参加律师协会布置的公益活动。律师应当参加、完成律师协会组织的律师业务学习及考核。律师参加国际性律师组织并成为其会员的，以及以中国律师身份参加境外会议等活动的，应当报律师协会备案。

（3）律师执业的重大事项报告义务。律师和律师事务所参加国际性律师组织或者其他组织并成为其会员的，应当提前报律师协会批准。律师以中国律师身份参加境外国际性组织的，应当报律师协会备案。律师和律师事务所因执业成为民事被告或被确定为犯罪嫌疑人或受到行政机关调查、处罚的，应当向律师协会作出书面报告。

第四节 律师职业伦理的培育与保障

一、律师职业伦理的培育

改革开放以来,我国的法治事业取得了巨大的进步,在法律人才的培养上,我国已经形成了一个以法学高等教育制度为基础、法学职业教育制度为依托、统一法律职业资格考试为关口的相互配合、多位一体的法律人才培养教育体系。法律的大厦不断垒高,但在这座大厦的地基上,法律职业伦理的培养仍然是那个薄弱的部分。为了筑牢法律事业的地基,促进我国法治的贯彻与繁荣,培养法律职业人的职业伦理观乃是重中之重。

(一)加强法学教育中的职业伦理教育

法学教育作为法律职业发展的前提条件,也是实现依法治国的基础要件之一。目前我国的法学教育已经有了长足的进步与高度的发展,从学术到实务已经建立起了一个完整的法学教育体系。但是,我国的法学教育往往注重对学生的专业能力、实务经验的培养,而对于法律职业伦理的培养则较为薄弱。

对此,首先,必须强化法学教育对于法律职业伦理的重视程度。必须让法学生们认识到良好的法律职业伦理是自身必备的素质之一,甚至应当比拥有相关的法律知识与法律技能更为重要。对法治最大的危险之一就是来自法律职业内部从业人员的腐化堕落。一名丧失信仰、道德沦丧的法律从业人员对法治造成的伤害,要比一名穷凶极恶、为非作歹的贼徒对法治造成的伤害大得多。在现实生活中,律师违法、抗法的行为时有发生,对于我国的法治事业以及人民群众对律师的信赖造成了极为不良的影响。各高校以及相应的法律职业人才培养机构对此必须有充分认识,将法律职业伦理观的培育摆在第一等大事上。

其次,必须在日常的课程教授与实习活动中对此予以控制。除去严肃一般教学与学术研究纪律外,在培养过程中的法律实践内容中,尤其应该培养学生的法律职业伦理意识。要建立类似于针对违反学术纪律的教育与惩戒机制,对那些在学习与实习过程中表现违背律师职业伦理的法学生采取相应的惩戒手段,而不是仅仅让法律职业伦理的贯彻停留在纸面上。

(二)构建完备的律师职业伦理体系

律师职业伦理的培育要靠教育,更要靠健全科学的律师职业伦理规范体系。律师职业伦理规范体系可以分为三个层次:第一层次是国家法律法规和部门规章颁布的有关律师职业伦理的规定;第二层次是全国律协和地方律协制定的行业自律规范;第三层次是各律师事务所内部自律性管理规范。在各个层面都应该加快对律师职业伦理体系的进一步构建,形成"法律法规—行业公约—协会规范—律所规章"多层次统一职业伦理体系,逐级细化,压实责任。

(三)强化律师职业伦理培训与考核

要使律师重视其职业伦理,最简单有效的办法便是在律师上岗前对其进行相应的职业伦理培训，将此培训结果作为上岗的必须凭证，形成并巩固仲裁员的职业伦理价值观。为此，在法学高等教育以及国家统一法律职业资格考试中，要扩大对于律师法律职业伦理的考核。对于那些律师职业伦理认识不达标的法律的参与人，不应发予相关资格证书。

此外，在律师开始从业后，也应该对律师的职业伦理进行持续培训与考察。律师协会应该定期对律师展开职业伦理的继续教育与监督考核，对于那些在考核中不过关的律师应该予以惩戒。律师事务所也应该制定相关的培育与考核机制，鼓励、督促本所律师不断学习相关内容，并定期展开自我考察，完善奖惩体制。

司法行政机关和律师协会作为律师工作的主管部门，在律师职业伦理建设上负有重大责任，必须把律师职业伦理建设放在更加突出的位置上，集中力量解决当前律师职业伦理方面存在的问题。要依法管理、从严管理，进一步改革和完善行政管理与行业管理相结合的管理体制，强化律师协会的行业管理职能，督促行业协会与各律师事务所积极履职。

（四）构筑律师职业伦理评价体系

所谓律师职业伦理评价，是指委托人、司法机关、社会其他成员以及律师同行，根据律师职业伦理的要求，通过舆论或道德压力等方式，对律师在职业活动中的行为进行善恶判断，表明褒贬态度，具体可包括对律师职业道德的自我评价、同行评价和社会评价三部分。构建完善的律师职业伦理评价系统，对于律师职业道德品质的形成和律师职业伦理风气的改善，对于维护律师职业伦理应有的功能，实现律师职业伦理从应然到实然的转化，增强律师工作的透明度，提高律师遵守职业伦理的自觉性都具有重要的意义。此外，一名在评价系统中得分较高的律师，也必然能够受到当事人更深的信赖，使得那些道德水准较高、践行职业道德规范较好的律师能够脱颖而出，形成良性循环。

二、律师职业伦理的保障

律师职业伦理作为一种行业规范，所有律师在执业过程中都应当遵守。不言自明的是，对于违反职业伦理的行为必须进行惩戒，否则伦理规范就失去了存在的意义。因此，必须对律师执业过程中出现的违约、违纪、违法行为进行制裁。律师在执业活动中，若违反有关的法律、法规、伦理和纪律规范，则必须承担相应的不利后果，包括纪律处分、民事责任、行政责任乃至刑事责任。

（一）律师的纪律责任

律师的纪律责任是律师协会对律师和律师事务所违反律师执业规范行为作出的行业处分。律师协会通过制定执业行为规范来衡量律师执业行为是否符合行业的标准。当律师的执业行为违反了执业规范，律师协会将代表全体会员对违规律师、律师事务所进行纪律处分。律师的违法执业同时也违反了执业规范，因此违法律师、律师事务所在承担法律责任的同时，也要承担纪律责任。为维护律师执业秩序，保障律师依法执业的权利，律师协会对律师和律师事务所违规行为实施行业处分，是十分必要的。追究律师纪律责任的主要依据，是全国律协常务理事会制定的《律师协会会员违规行为处分规则（试行）》。

律师的纪律处分包括：训诫、警告、通报批评、公开谴责、中止会员权利1个月以上1年以下、取消会员资格等。律师协会认为会员的违规行为需由司法行政机关给予行政处罚的，应及时提请司法行政机关调查处理。根据《律师协会会员违规行为处分规则（试行）》第四章的规定，律师的违规行为主要有如下几类。

1. 利益冲突行为

具有以下利益冲突行为之一的，给予训诫、警告或者通报批评的纪律处分；情节严重的，给予公开谴责、中止会员权利3个月以下的纪律处分：（1）律师在同一案件中为双方当事人担任代理人，或代理与本人或者其近亲属有利益冲突的法律事务的；（2）律师办理诉讼或者非诉讼业务，其近亲属是对方当事人的法定代表人或者代理人的；（3）曾经亲自处理或者审理过某一事项或者案件的行政机关工作人员、审判人员、检察人员、仲裁员，成为律师后又办理该事项或者案件的；（4）同一律师事务所的不同律师同时担任同一刑事案件的被害人的代理人和犯罪嫌疑人、被告人的辩护人，但在该县区域内只有一家律师事务所且事先征得当事人同意的除外；（5）在民事诉讼、行政诉讼、仲裁案件中，同一律师事务所的不同律师同时担任争议双方当事人的代理人，或者本所或其工作人员为一方当事人，本所其他律师担任对方当事人的代理人的；（6）在非诉讼业务中，除各方当事人共同委托外，同一律师事务所的律师同时担任彼此有利害关系的各方当事人的代理人的；（7）在委托关系终止后，同一律师事务所或同一律师在同一案件后续审理或者处理中又接受对方当事人委托的；（8）担任法律顾问期间，为顾问单位的对方当事人或者有利益冲突的当事人代理、辩护的；（9）曾经担任法官、检察官的律师从人民法院、人民检察院离任后，2年内以律师身份担任诉讼代理人或者辩护人；（10）担任所在律师事务所其他律师任仲裁员的仲裁案件代理人的；（11）其他依据律师执业经验和行业常识能够判断为应当主动回避且不得办理的利益冲突情形。

未征得各方委托人的同意而从事以下代理行为之一的，给予训诫、警告或者通报批评的纪律处分：（1）接受民事诉讼、仲裁案件一方当事人的委托，而同所的其他律师是该案件中对方当事人的近亲属的；（2）担任刑事案件犯罪嫌疑人、被告人的辩护人，而同所的其他律师是该案件被害人的近亲属的；（3）同一律师事务所接受正在代理的诉讼案件或者非诉讼业务当事人的对方当事人所委托的其他法律业务的；（4）律师事务所与委托人存在法律服务关系，在某一诉讼或仲裁案件中委托人未要求该律师事务所律师担任其代理人，而该律师事务所律师担任该委托人对方当事人的代理人的；（5）在委托关系终止后1年内，律师又就同一法律事务接受与原委托人有利害关系的对方当事人的委托的；（6）其他与上述第1—5项情况相似，且依据律师执业经验和行业常识能够判断的其他情形。

2. 代理不尽责行为

提供法律服务不尽责，具有以下情形之一的，给予训诫、警告或者通报批评的纪律处分；情节严重的，给予公开谴责、中止会员权利3个月以上1年以下或者取消会员资格的纪律处分：（1）超越委托权限，从事代理活动的；（2）接受委托后，无正当理由，不向委托人提供约定的法律服务的，拒绝辩护或者代理的，包括不及时调查了解案情，不及时收集、申请保全证据材料，或者无故延误参与诉讼、申请执行，逾期行使撤销权、异议权等权利，或者逾期申请办理批准、登记、变更、披露、备案、公告等手续，给委托人造成损失的；（3）无正当理由拒绝接受律师事务所或者法律援助机构指派的法律援助案件的，或者接受指派后，拖延、懈怠履行或者擅自停止履行法律援助职责的，或者接受指派后，未经律师事务所或者法律援助机构同意，擅自将法律援助案件转交其他人员办理的；（4）因过错导致出具的法律意见书存在重大遗漏或者错误，给当事人或者第三人造成重大损失的，或者对社会公共利益造成危害的。

利用提供法律服务的便利，具有以下情形之一的，给予训诫、警告或者通报批评的纪律处分；情节严重的，给予公开谴责、中止会员权利3个月以上1年以下或者取消会员资格的纪律处分：（1）利用提供法律服务的便利牟取当事人利益；接受委托后，故意损害委托人利益的；（2）接受对方当事人的财物及其他利益，与对方当事人、第三人恶意串通，向对方当事人、第三人提供不利于委托人的信息、证据材料，侵害委托人的权益；（3）为阻挠当事人解除委托关系，威胁、恐吓当事人或者扣留当事人提供的材料的。

3. 泄露秘密或者隐私的行为

泄露当事人的商业秘密或者个人隐私的，给予警告、通报批评或者公开谴责的纪律处分；情节严重的，给予中止会员权利3个月以上6个月以下的纪律处分。

违反规定披露、散布不公开审理案件的信息、材料，或者本人、其他律师在办案过程中获悉的有关案件重要信息、证据材料的，给予通报批评、公开谴责或者中止会员权利6个月以上1年以下的纪律处分；情节严重的，给予取消会员资格的纪律处分。

泄露国家秘密的，给予公开谴责、中止会员权利6个月以上1年以下的纪律处分；情节严重的，给予取消会员资格的纪律处分。

4. 违规收案、收费的行为

违规收案、收费具有以下情形之一的，给予训诫、警告或者通报批评的纪律处分；情节严重的，给予公开谴责、中止会员权利1个月以上1年以下或者取消会员资格的纪律处分：（1）不按规定与委托人签订书面委托合同的；（2）不按规定统一接受委托、签订书面委托合同和收费合同，统一收取委托人支付的各项费用的，或者不按规定统一保管、使用律师服务专用文书、财务票据、业务档案的；（3）私自接受委托，私自向委托人收取费用，或者收取规定、约定之外的费用或者财物的；违反律师服务收费管理规定或者收费协议约定，擅自提高收费的；（4）执业期间以非律师身份从事有偿法律服务的；（5）不向委托人开具律师服务收费合法票据，或者不向委托人提交办案费用开支有效凭证的；（6）在实行政府指导价的业务领域违反规定标准收取费用，或者违反风险代理管理规定收取费用。

假借法官、检察官、仲裁员以及其他工作人员的名义或者以联络、酬谢法官、检察官、仲裁员以及其他工作人员为由，向当事人索取财物或者其他利益的，给予公开谴责或者中止会员权利3个月以上6个月以下的纪律处分。

5. 不正当竞争行为

具有下列以不正当手段争揽业务的行为之一的，给予训诫、警告或者通报批评的纪律处分；情节严重的，给予公开谴责、中止会员权利1个月以上1年以下或者取消会员资格的纪律处分：（1）为争揽业务，向委托人作虚假承诺的；（2）向当事人明示或者暗示与办案机关、政府部门及其工作人员有特殊关系的；（3）利用媒体、广告或者其他方式进行不真实或者不适当宣传的；（4）以支付介绍费等不正当手段争揽业务的；（5）在事前和事后为承办案件的法官、检察官、仲裁员牟取物质的或非物质的利益，为了争揽案件事前和事后给予有关人员物质的或非物质利益的；（6）以在司法机关、监管场所周边违规设立办公场所、散发广告、举牌等不正当手段争揽业务的。

具有下列不正当竞争行为之一的，给予通报批评、公开谴责或者中止会员权利1个月以上1年以下的纪律处分；情节严重的，给予取消会员资格的纪律处分：（1）捏造、散布虚假事实，损害、诋毁其他律师、律师事务所声誉的；（2）哄骗、唆使当事人提起诉讼，制造、扩大矛盾，影响社会稳定的；（3）利用与司法机关、行政机关或其他具有社会管理职能组织的关系，进行不正当竞争的。

6. 妨碍司法公正的行为

承办案件期间，为了不正当目的，在非工作期间、非工作场所，会见承办法官、检察官、仲裁员或者其他有关工作人员，或者违反规定单方面会见法官、检察官、仲裁员的，给予中止会员权利6个月以上1年以下的纪律处分；情节严重的，给予取消会员资格的纪律处分。

利用与法官、检察官、仲裁员以及其他有关工作人员的特殊关系，打探办案机关内部对案件的办理意见，承办其介绍的案件，影响依法办理案件的，给予中止会员权利6个月以上1年以下的纪律处分；情节严重的，给予取消会员资格的纪律处分。

向法官、检察官、仲裁员及其他有关工作人员行贿，许诺提供利益、介绍贿赂或者指使、诱导当事人行贿的，给予中止会员权利6个月以上1年以下的纪律处分；情节严重的，给予取消会员资格的纪律处分。

7. 以不正当方式影响依法办理案件的行为

影响司法机关依法办理案件，具有以下情形之一的，给予中止会员权利6个月以上1年以下的纪律处分；情节严重的给予取消会员资格的纪律处分：（1）未经当事人委托或者法律援助机构指派，以律师名义为当事人提供法律服务、介入案件，干扰依法办理案件的；（2）对本人或者其他律师正在办理的案件进行歪曲、有误导性的宣传和评论，恶意炒作案件的；（3）以串联组团、联署签名、发表公开信、组织网上聚集、声援等方式或者借个案研讨之名，制造舆论压力，攻击、诋毁司法机关和司法制度的；（4）以煽动、教唆和组织当事人或者其他人员到司法机关或者其他国家机关静坐、举牌、打横幅、喊口号、声援、围观等扰乱公共秩序、危害公共安全的非法手段，聚众滋事，制造影响，向有关机关施加压力的；（5）发表、散布否定宪法确立的根本政治制度、基本原则和危害国家安全的言论，利用网络、媒体挑动对党和政府的不满，发起、参与危害国家安全的组织或者支持、参与、实施危害国家安全的活动的；（6）以歪曲事实真相、明显违背社会公序良俗等方式，发表恶意诽谤他人的言论，或者发表严重扰乱法庭秩序的言论的。

不遵守法庭、仲裁庭纪律，监管场所规定、行政处理规则，具有以下情形之一的，给予中止会员权利6个月以上1年以下的纪律处分；情节严重的，给予取消会员资格的纪律处分：（1）会见在押犯罪嫌疑人、被告人时，违反有关规定，携带犯罪嫌疑人、被告人的近亲属或者其他利害关系人会见，将通信工具提供给在押犯罪嫌疑人、被告人使用，或者传递物品、文件；（2）无正当理由，拒不按照人民法院通知出庭参与诉讼，或者违反法庭规则，擅自退庭；（3）聚众哄闹、冲击法庭、侮辱、诽谤、威胁、殴打司法工作人员或者诉讼参与人，否定国家认定的邪教组织的性质，或者有其他严重扰乱法庭秩序的行为。

故意向司法机关、仲裁机构或者行政机关提供虚假证据，或者威胁、利诱他人提供虚假证据，妨碍对方当事人合法取得证据的，给予中止会员权利6个月以上1年以下的纪律处分；情节严重的，给予取消会员资格的纪律处分。

8.违反司法行政管理或者行业管理的行为

同时在两个以上律师事务所执业的或同时在律师事务所和其他法律服务机构执业的，给予警告、通报批评或者公开谴责的纪律处分；情节严重的，给予中止会员权利1个月以上3个月以下的纪律处分。

不服从司法行政管理或者行业管理，具有以下情形之一的，给予中止会员权利6个月以上1年以下的纪律处分；情节严重的，给予取消会员资格的纪律处分：（1）向司法行政机关或者律师协会提供虚假材料、隐瞒重要事实或者有其他弄虚作假行为的；（2）在受到停止执业处罚期间，或者在律师事务所被停业整顿、注销后继续执业的；（3）因违纪行为受到行业处分后在规定的期限内拒不改正的。

律师事务所疏于管理，具有下列情形之一的，给予警告、通报批评或者公开谴责的纪律处分；情节严重的，给予中止会员权利1个月以上6个月以下的纪律处分；情节特别严重的，给予取消会员资格的纪律处分：（1）不按规定建立健全执业管理和其他各项内部管理制度，规范本所律师执业行为，履行监管职责，对本所律师遵守法律、法规、规章及行业规范，遵守职业道德和执业纪律的情况不予监督，发现问题未及时纠正的；（2）聘用律师或者其他工作人员，不按规定与应聘者签订聘用合同，不为其办理社会统筹保险的；（3）不依法纳税的；（4）受到停业整顿处罚后拒不改正，或者在停业整顿期间继续执业的；（5）允许或者默许受到停止执业处罚的本所律师继续执业的；（6）未经批准，擅自在住所以外的地方设立办公点、接待室，或者擅自设立分支机构的；（7）恶意逃避律师事务所及其分支机构债务的；（8）律师事务所无正当理由拒绝接受法律援助机构指派的法律援助案件；或者接受指派后，不按规定及时安排本所律师承办法律援助案件或者拒绝为法律援助案件的办理提供条件和便利的；（9）允许或者默许本所律师为承办案件的法官、检察官、仲裁员牟取物质的或非物质的利益的；允许或者默许给予有关人员物质的或非物质利益的。

律师事务所具有下列情形之一的，给予警告、通报批评或者公开谴责的纪律处分；情节严重的，给予中止会员权利1个月以上6个月以下的纪律处分；情节特别严重的，给予取消会员资格的纪律处分：（1）使用未经核定的律师事务所名称从事活动，或者擅自改变、出借律师事务所名称的;(2)变更名称、章程、负责人、合伙人、住所、合伙人协议等事项,未在规定的时间内办理变更登记的;(3)采取不正当手段阻挠合伙人、合作人、律师退所的;(4)将不符合规定条件的人员发展为合伙人或者推选为律师事务所负责人的;(5)以独资、与他人合资或者委托持股方式兴办企业,并委派律师担任企业法定代表人、总经理职务,或者从事与法律服务无关的中介服务和其他经营性活动的;(6)采用出具或者提供律师事务所介绍信、律师服务专用文书、收费票据等方式,为尚未取得律师执业证书的人员或者其他律师事务所的律师违法执业提供便利的;(7)为未取得律师执业证的人员印制律师名片、标志或者出具其他有关律师身份证明,或者已知本所人员有上述行为而不制止的。

(二)律师的民事责任

律师的民事责任,是指律师及律师事务所在执业过程中,因违法执业或者因过错给当事人的合法权益造成损害而应承担的民事赔偿责任。律师与当事人间的委托关系属于民法领域的代理关系。当作为代理人的律师不履行职责而给作为被代理人的当事人造成损失的,就应当承担民事责任。

我国《律师法》第54条规定,律师违法执业或者因过错给当事人造成损失的,由其所在的律师事务所承担赔偿责任。律师事务所赔偿后,可以向有故意或者重大过失行为的律师追偿。律师及律师事务所不得免除或者限制因违法执业或者因过错给当事人造成损失应当承担的民事责任。这是律师及律师事务所承担民事责任的法律依据。

建立律师的民事赔偿制度,对于促进律师自觉遵守执业行为规范,正确处理与当事人之间的民事权利义务关系,增强律师的工作责任心,提高律师服务质量,维护律师社会声誉都具有重要意义。此外,建立律师的民事赔偿制度,还有利于加强对律师的管理和监督,减少律师工作中的失误,拓展律师业务,巩固律师制度改革的成果,促进律师业的健康发展。

律师责任赔偿制度是律师制度的重要组成部分。《律师法》第54条规定:"律师违法执业或者因过错给当事人造成损失的,由其所在的律师事务所承担赔偿责任。律师事务所赔偿后,可以向有故意或者重大过失行为的律师追偿。"《律师和律师事务所违法行为处罚办法》第46条规定:"律师、律师事务所因违法执业受到行政处罚,其违法行为对当事人或者第三人造成损害的,应当依法承担相应的民事责任。因律师违法行为造成律师事务所承担赔偿责任的,律师事务所赔偿后可以向有故意或者重大过失行为的律师追偿。"

根据上述规定,律师民事责任的主体是律师事务所。各种形式的律师事务所的民事责任形式存在差别。普通合伙律师事务所的合伙人对律师事务所的债务承担无限连带责任。特殊的普通合伙律师事务所一个合伙人或者数个合伙人在执业活动中因故意或者重大过失造成律师事务所债务的,应当承担无限责任或者无限连带责任,其他合伙人以其在律师事务所中的财产份额为限承担责任;合伙人在执业活动中非因故意或者重大过失造成的律师事务所债务,由全体合伙人承担无限连带责任。个人律师事务所的设立人对律师事务所的债务承担无限责任。国家出资设立的律师事务所以其全部资产对其债务承担责任。

律师造成的损失之所以需要由律师事务所赔偿是基于以下的几点考量。第一，从民法角度来看，律师给当事人提供法律服务，是受其所在的律师事务所的委派，律师与当事人之间并没有合同关系。故应由作为合同一方当事人的律师事务所对另一方合同当事人承担违约责任。第二，由律师事务所而不是律师对当事人承担民事责任，可以强化律师事务所的危机感，促使律师事务所对律师的执业活动给予切实有效的监督，提高律师执业的水平。第三，由律师事务所对当事人承担赔偿责任，可以使当事人得到及时有效的赔偿。律师的个人财力是有限的，由律师事务所承担赔偿责任足额满足当事人的赔偿请求。当然，律师事务所赔偿后，可以向有故意或者重大过失的律师追偿。

（三）律师的行政责任

律师事务所行政法律责任，是指律师事务所违反《律师法》进行违法执业行为所应承担的行政法律后果。律师事务所行政法律责任是一种较常见的和适用面较广且较灵活的法律责任形式。律师事务所行政法律责任的内容包括：律师事务所行政法律责任的种类、适用的原则和情形、实行"双罚"制和"双停"制。在美国，对律师惩戒的种类主要有：取消律师资格、暂停执业、临时即停执业、谴责、不公开谴责、留用察看、其他惩戒和补充措施、互助惩戒制度、重新申请执业和恢复执业。在法国，对律师惩戒处分的种类为：警告、谴责、停止执行业务3年以下、除名。而在我国，根据《律师法》第47条至第49条的规定，对律师个人的行政处罚分为警告、罚款、没收违法所得、停止执业、吊销律师执业证书五种。对我国律师个人适用的行政处罚，经过分析可发现有如下四个特点。

1.《律师法》取消人身罚

人身罚，亦称自由罚，是限制或者剥夺违法者人身自由的行政处罚。其形式包括行政拘留、劳动教养、驱逐出境、禁止进境或者出境、限期出境等。现行《律师法》中并没有此类内容。而2001年修订的《律师法》有人身罚，其第46条第1款规定："冒充律师从事法律服务的，由公安机关责令停止非法执业，没收违法所得，可以并处五千元以下罚款、十五日以下拘留。"

2.《律师法》强调财产罚

财产罚，是特定的行政机关或者法定的其他组织强迫违法者缴纳一定数额的金钱或者一定数量的物品，或者限制、剥夺其某种财产权的处罚。2012年修订的《律师法》设立的罚款、没收违法所得，就是财产罚的两种表现形式。

3.《律师法》将行为罚设为重罚

行为罚，亦称能力罚，是限制或者剥夺行政违法者某些特定行为能力和资格的处罚。2012年修订的《律师法》设立的停止执业、吊销律师执业证书，就是行为罚的两种表现形式。

4.《律师法》将精神罚设为轻罚

精神罚，亦称申诫罚或者影响声誉罚，是行政机关向违法者发出警戒，申明其有违法行为，通过对其名誉、荣誉、信誉等施加影响，引起其精神上的警惕，使其不再违法的一种行政处罚。《律师法》中设立的警告，就是精神罚的表现形式之一。

（四）律师的刑事责任

律师刑事责任是指律师在执业活动中，因为自己行为的故意或者过失，触犯了刑法的有关规定，而应当承担的刑事处罚责任。律师的刑事责任是一种职业责任，主要发生在律师的执业活动中，如果与律师的执业活动无关，则不能称为律师的刑事责任。律师的刑事责任是律师职业责任中最严厉的一种，只有在其行为触犯了刑法时，才负刑事责任。

律师有违反我国《律师法》第49条规定的情形，构成犯罪的，依法追究刑事责任。我国现行的《刑法》中并没有专门为律师而制定的罪行。结合《律师法》的这条规定及《刑法》的有关条文，对执业过程中的律师追究刑事责任，主要通过《刑法》规定的以下犯罪来完成：泄露国家秘密罪；行贿罪；介绍贿赂罪；辩护人、诉讼代理人毁灭、伪造证据罪；妨害作证罪等。

重要名词术语

律师职业道德基本准则、律师业务推广规范、律师与委托人间的关系规范、律师收费规范、律师在诉讼或仲裁活动中的行为规范、律师职业内部的关系规范、律师与行业管理机构的关系规范、律师的责任形式

思考题

1. 概述律师职业道德基本准则的主要内容。
2. 阐述律师与其委托人间的关系规范。
2. 阐述律师与其他法律职业的关系。
3. 阐述律师纪律责任的主要内容。

典型案例分析

1. 律师甲为尽可能减轻涉嫌非法发放贷款罪的委托人的刑事责任，在负责案件的预审员乙的协助下，形成了一份虚假的授权委托书，并利用该委托书在名义上形成了所发放贷款已被挽回的事实，后这一伪造事实为司法机关所发现。

问：律师甲应负何种责任？

答：律师甲串通预审员乙制作假文书为委托人减罪的行为已经构成了伪证罪，应该按照《刑法》相关条款予以刑事处罚。

2. 某律师事务所在其网站上宣称："有数十名任职于各级公安、检察、法院的资深专家，由他们组成的顾问团为一线律师提供强有力的专业背景知识支持……"还在距离某法院正门对面不到30米处设立巨幅广告牌，并称其律师甲为"十佳律师""司法部资

深律师"等。

问：该律师事务所违反了哪些业务推广规范？

答：根据律师业务推广规范，律师及律师事务所在进行业务推广中，不得明示或者暗示与司法机关、政府机关、社会团体、中介机构及其工作人员有特殊关系；不得在法院、检察院、看守所、公安机关、监狱、仲裁委员会等场所附近以广告牌、移动广告、电子信息显示牌等形式发布业务推广信息；不得擅自或者非法使用社会专有名称或者知名度较高的名称以及代表其名称的标志、图形文字、代号以误导委托人。

3. 律师甲向委托人收取 8 万元律师费未开具正规税务发票而是出具白条，并向委托人承诺保证能退回被骗全部款项，此外还自称与办案单位人事关系好，需要打点（事后证明并无此事）等。

问：律师甲的行为违背了哪些职业伦理规范？

答：律师甲未遵循律师收费规范，违规出具白条；此外，律师甲还违背了不得虚假承诺的职业规范；同时，律师甲自称其与办案人员有不当联系的行为，也违背了诚实守信、尊法守法的基本道德准则。

第六章 仲裁员职业伦理

【内容提示】

随着我国经济的日渐繁荣,仲裁逐渐成为人们解决民商事纠纷的重要手段。而仲裁员职业伦理及其相关规范,对于仲裁事业的发展具有根本性影响。建立、培养、落实仲裁员职业伦理规范,有利于指引仲裁员的职业行为,有利于仲裁机构选拔适格的仲裁员,有利于保证仲裁当事人权益,有利于实现仲裁结果的公平正义。任何仲裁员都应该牢记并实践以专业称职、公平独立、勤勉高效、言行适正为基本内容的仲裁员职业伦理。仲裁员的职业伦理的培育与保障,需要仲裁当事人、仲裁机构、司法机关以及仲裁员自身各方共同努力。

第一节 仲裁员职业伦理概述

一、仲裁的属性与地位

仲裁,是指当事人双方在争议发生前或者争议发生后达成协议,自愿将争议交给中立的第三者作出裁决,从而使纠纷得到解决的制度和方式。随着商品经济的广泛发展与全面繁荣,仲裁已经成为一种重要的民商事纠纷解决方式。

仲裁与民事诉讼类似,都是由第三方作为纠纷的裁判人,且二者所解决的纠纷的性质相同。仲裁的裁决书、调解书与法院的判决书、裁定书、调解书都有强制执行的法律效力。不过,相比于民事诉讼,仲裁具有以下六个特性。

(1)自愿性。仲裁的仲裁权主要来源于当事人双方签订的仲裁协议,当事人有权选择仲裁机构、仲裁的组织形式、仲裁地点、仲裁员、仲裁审理的程序以及仲裁所适用的规则与法律。这与《民事诉讼法》所规定的强制适用的程序法迥然不同。

(2)自治性。与法院这种行使国家权力的审判组织不同,仲裁机构是独立的非营利性的民间组织,是民间性的纠纷解决机构,仲裁庭作为中立第三者的身份对所发生的纠纷进行裁决,行使的是仲裁权;而法院行使的则是国家强力授予与保障的审判权。

(3)经济性。与诉讼相比,仲裁的费用更低,执行更容易获得当事人的配合,故而是非常适合的、解决民事尤其是商事纠纷的手段。

（4）灵活性。仲裁遵循当事人意思自治的原则，仲裁程序更加灵活。在整个仲裁过程中，只要双方当事人达成一致，仲裁庭可根据当事人的意见删减相关程序。而且在双方当事人都同意的情况下，仲裁庭可以进行调解，依据调解达成的调解协议内容作出裁决。同时仲裁的时间约束较为自由，程序也更为简便。

（5）保密性。仲裁一般不公开审理，仲裁员、当事人以及其他仲裁参与人负有保密义务，不得将仲裁文件、案件实体情况及审理过程对外披露。

（6）终局性。仲裁实行一裁终局制度，即当事人之间的纠纷被裁决后，不得向仲裁机构重新申请仲裁或者向人民法院提起诉讼。这使得当事人之间的纠纷能够迅速得到解决，也是仲裁灵活性与经济性的体现。

由于上述的优越特性，仲裁正越来越成为民事纠纷解决的重要手段与渠道。

二、仲裁员的地位与特征

（一）仲裁员的法律地位

对于仲裁员的法律地位，人们有以下几种基本看法。

1. 契约关系说

该说认为，仲裁员接受当事人的选定，提供专业知识解决争端，并于作出仲裁判断后接受报酬，乃是一种劳务契约。若当事人拒绝给付报酬，仲裁员可依法向当事人请求；相对地，若仲裁员怠于执行职务或有侵害当事人之不当行为，则当事人可以请求仲裁员赔偿。

2. 准契约关系说

该说认为，虽然仲裁员与当事人间并无要约、承诺等成立要件，故无正式契约关系存在，但当事人选任仲裁员时，无论是自己选任仲裁员，或申请仲裁机构代为选任仲裁员时，均明示要求仲裁员能够提供仲裁服务，而仲裁员接受仲裁职务时，也预期该服务将受有报酬，构成准契约的成立要件。

3. 基于特定身份所生之关系说

该说认为，仲裁员一旦接受选任，即立于"准法官"的地位施行职权，不经依法撤换、回避，其仲裁员身份将持续至程序终结，况且仲裁员乃因当事人基于对特定仲裁员事业能力、人格操守之信任等多种因素而加以选任，故该职权除被选任仲裁员本人外，不得由他人代为行使，这与多数契约的一般规定大为不同。所以，仲裁员与当事人间的法律关系，是基于一种特殊身份关系而确定的。

（二）仲裁员的基本特征

无论对仲裁员的法律地位采取何种看法，人们普遍承认的是，作为由当事人选定或者仲裁机构指定，具体审理、裁决案件的特殊专业人员，仲裁员具有十分明显的职业特点。

1. 仲裁员的职业具有极高的行业专业性

作为审理裁决案件的具体人员，仲裁员应当具有处理案件所需的专业知识与能力。不过需要注意的是，与其他法律职业不同，仲裁员不一定都具有法律上的专业性，那些具有一定的法律知识、从事经济贸易等专业工作并具有高级职称或者具有同等专业水平的专家以及具备实际工作经验的人员同样也可以担任仲裁员。在这一点上，仲裁员类似于诉讼中专业法官与一般陪审员的复合体。

2. 仲裁员的职业具有非固定性

相较于法官、律师等专职法律职业，仲裁员基本上是由律师、法学教授等法律职业从业人员以及经济贸易专家兼任的。虽然也有极少数以仲裁为专门职业者，但绝大部分仲裁员并非以仲裁员作为自己的主要职业以及主要收入来源。这在一定程度上导致仲裁员的专业水平参差不齐，且在仲裁工作中更难具有足够的热情与专注度，进而更强化了仲裁员基本职业伦理对仲裁的重要性。

3. 仲裁员的职业对道德水准与职业操守有严格的需求

在对权力的制约中，对权力主体加以必要的控制，尤其在思想方面予以引导，是一个极为关键的环节。由于仲裁员相比于法官有着更大的自由裁量权，加上其本身具有的一裁终局特性，这就要求不仅要通过法律来对仲裁员进行约束，而且需要提高仲裁员的专业素质与道德水准。

除去上述特征外，与其他法律职业相比，仲裁员职业的最大特点便是民间自治性与司法权威性共存。就其民间自治性而言，仲裁是基于仲裁协议的非讼纠纷解决方式，仲裁员若要获得仲裁权必须取得当事人的协议授权，仲裁机构也只是民间性纠纷解决机构，这与法官的审判权来源于国家授权完全不同。就其司法权威性而言，仲裁作为民事纠纷的解决机制本身为国家立法所确立和承认，仲裁员对民事纠纷作出的裁决也能够被强制执行，仲裁员的工作内容、程序与法官类似，在工作过程中享有与法官类似的审理裁判案件的权力。但是，由于当事人本身并不具备强制执行判决结果的权力，仲裁员自然也不能被授予这种权力。所以仲裁的强制执行仍然是法院的专属职能。

三、仲裁员职业伦理的特征与意义

（一）仲裁员职业伦理的特征

仲裁员职业伦理，是指仲裁员在其职务活动及其相关的社会生活中应当遵循的行为规范的总称。我国《仲裁法》第13条第1款规定："仲裁委员会应当从公道正派的人员中聘任仲裁员。"第38条规定："仲裁员有本法第三十四条第四项规定的情形，情节严重的，或者有本法第五十八条第六项规定的情形的，应当依法承担法律责任，仲裁委员会应当将其除名。"这些法律规定为仲裁员提供了最基本的职业伦理规范。与此同时，各仲裁机构均制定了旨在明确仲裁员道德行为准则、提高其职业操守的仲裁员管理办法、准则，这些行为规范与准则一起构建了仲裁员职业伦理的框架。

相比于其他法律职业伦理，仲裁员职业伦理有以下几个特点。

1. 仲裁员职业伦理在仲裁制度中的地位更加重要

如前所述，仲裁之所以有着巨大影响力，其根本原因在于当事人对于仲裁制度以及仲裁员专业素质和职业操守的认可。仲裁员的信誉操守是仲裁的生命力所在，是仲裁得以生存、发展的必要条件。质言之，仲裁员的职业伦理是仲裁行业健康发展的基石。

2. 仲裁员的职业伦理主要表现为各仲裁机构规定的仲裁员行为规范

相比于律师和法官等职业在全国范围内有统一的行为准则并可作为其具体行为的指引基础,《仲裁法》的规定仅仅提供了仲裁员最基本的行为准则,具体的行为准则主要来自各仲裁机构制定的规范,且不同的仲裁机构制定的规范往往各有不同。我国目前尚没有统一的针对仲裁员职业伦理道德的全国性规范。

3. 仲裁员的职业伦理相比于其他职业要求更加严格

由于仲裁员人员构成更为复杂,且其专业素养与职业操守的好坏相比于其他法律职业对于本行业的影响更为重大,所以,世界各地仲裁机构对于仲裁员的行为要求普遍也更加严格。例如,许多仲裁机构要求仲裁员应该主动披露有可能造成当事人质疑的情形,仲裁员不得与当事人有任何私下接触等,即使这些情形并不会对办案结果有任何影响,仲裁员依然会被追究相关责任。还有的仲裁机构行为规范规定仲裁员有定时参加培训学习的义务,并且将培训结果纳入考核作为续聘的硬性条件。

总而言之,仲裁员的职业伦理规范与仲裁本身的特征是密切相关、紧密配合的。要想理解仲裁员的职业伦理规范,就必须牢牢将之与仲裁本身相结合起来。

(二)仲裁员职业伦理的意义

仲裁员在仲裁制度中处于核心地位,是仲裁制度的生命力之所在。仲裁员作为仲裁案件的实际裁判者,对保证仲裁的公正和裁决的质量具有决定性的作用。一名"好的"仲裁员可以用两个方面的客观标准进行衡量:一方面,应当具有处理仲裁案件相应的学识、能力和经验;另一方面,必须具备仲裁员应有的较高的操守,并且能够严格执行相应的行为规范。通常情况下,仲裁员大多是从专家中产生,他们往往对本行业的专业知识掌握充分,对于处理仲裁案件也大多胜任有余,但并非所有仲裁员的职业伦理都无可挑剔,其对仲裁员法律职业的特殊性的认识也未必充足。因此,为了使仲裁更加受到社会的信任,加强仲裁员的操守和行为约束,制定并推广仲裁员职业伦理规范,提高仲裁员素质,是仲裁事业发展的必然要求。仲裁员职业伦理及其规范有以下重要意义。

1. 有利于对仲裁活动进行监督

仲裁员职业伦理规范有利于当事人了解仲裁员在仲裁程序中应当遵守的行为准则,为当事人评价仲裁员行为提供参考标准,增强当事人对仲裁和仲裁员的信任。虽然仲裁员在许多情况下是由当事人选任的,但当事人毕竟不是仲裁专家,对仲裁员在仲裁程序中的行为方式与内容未必十分了解。在这种情况下,仲裁员如果出现违背行为准则、职业操守的不当行为,当事人往往难以及时作出反应并采取相应的救济措施。这在很大程度上削弱了当事人对仲裁员的约束与监督,导致某些仲裁员行为过于随意甚至存在明显不当。仲裁员职业伦理规范的制定与宣传,能够有效消除此类负面效果。因为仲裁员职业伦理规范一旦对外公布,就可以帮助当事人对仲裁员应当遵守的基本行为准则有一个清楚的了解,对仲裁员当为哪些行为、不当为哪些行为有一个最基本的把握,并在此基础上对仲裁员行为作出正确的判断与评价,进而在仲裁员出现与职业伦理规范不符的行为时,能够及时决定是否采取以及如何采取救济措施。

2. 有利于仲裁员加强自身修养

职业伦理规范是一种自律制度，以仲裁员自觉遵守和服从为前提，是加强仲裁员自身修养的需要。职业伦理规范意味着对仲裁员提出了职业素质的要求，它是仲裁员进行仲裁活动的行动指南，告诉仲裁员应当做什么、不应当做什么以及如何站在中立的立场上秉公办案，这有利于仲裁员自身素质的增强和提高。

3. 有利于仲裁机构选聘合格的仲裁员

职业伦理规范既是仲裁员的聘任标准，也是检验仲裁员是否合格的基本尺度。每个仲裁机构都会从维护生存发展的角度将仲裁员的聘用、推荐、培训、管理作为工作重点，以确保本机构聘用或推荐的仲裁员，无论在学术水平还是道德操守方面均不会让当事人失望，而这些工作的进行都需要有一个标准。仲裁员职业伦理规范可以为仲裁机构在评定仲裁员道德操守方面的工作提供一个重要的参考标准与依据。

在国际上，仲裁业发达的国家都十分重视对仲裁员行为规范的研究，并制定出了不少值得借鉴的仲裁员行为规则。为了确保我国仲裁事业的发展与繁荣，确立、贯彻与落实仲裁员的职业伦理规范是重中之重。

第二节 仲裁员职业伦理的基本内容

一、仲裁员职业伦理体系

仲裁员职业伦理是在法律职业伦理的基础上，根据仲裁本身的职业特征所需求的仲裁员特有职业伦理构建而成的。目前，国际上比较认可的专门性仲裁员行为准则，有美国仲裁协会和美国律师协会制定的《商事争议中仲裁员的行为道德规范》、国际律师协会制定的《国际仲裁员行为准则》以及英国皇家御准仲裁员协会制定的《仲裁员道德行为规范》。我国目前关于仲裁员的行为规范多见于各地仲裁机构制定的仲裁员守则，如《北京仲裁委员会仲裁员守则》《上海仲裁委员会仲裁员守则》《长沙仲裁委员会仲裁员规则》《杭州仲裁委员会仲裁员守则》《深圳仲裁委员会管理办法》《香港仲裁委员会仲裁员规范》等。

目前英美法系国家与大陆法系国家关于仲裁员职业伦理，尤其是仲裁员所承担的职业责任的观点具有极大的分歧。英美法系国家的学者基于仲裁豁免论认为仲裁员不应当承担责任。理由在于：第一，仲裁员履行的是一种准司法的职能；第二，仲裁员责任豁免有利于保证仲裁程序的独立公正，能有效避免败诉一方当事人以申诉或者起诉的手段威胁或者干扰仲裁员，从而导致仲裁员因为担心当事人的报复而在作出裁决时有所偏向的情形发生；第三，如果没有仲裁员责任豁免，一些仲裁员在面对有可能承担责任的风险时会选择拒绝接受任务，这不利于仲裁员队伍的发展壮大。

大陆法系国家学者的观点则是仲裁员应当承担责任：仲裁本身是基于当事人的意思

自治的民间性纠纷解决行为，仲裁员与当事人之间应当是一种合同关系，即仲裁员以其专业知识向当事人提供解决争议的服务，并在作出裁决结果后获取报酬。仲裁员如果在履行其职责时因为专业能力不足、主观故意或者其他客观情形造成当事人损失的，应当承担相应的责任。而且仲裁员作为具有裁决权力的一种特殊职业，应当公正平等地对待各方当事人，不得收受贿赂和枉法仲裁。我国也持此种观点。在我国，如果仲裁员具有"利用职务便利，索取他人财物或者非法收受他人财物，为他人谋取利益，数额较大"的行为，则将涉嫌"非国家工作人员受贿罪"，应依法承担刑事责任。

不过，虽然因为受到政治、经济和文化等各方面的影响，不同国家的仲裁员职业伦理规范并不完全相同，但总的来看，这些职业伦理规范在下述的几个方面大体相同，这些构成了仲裁员职业伦理体系的主要内容。

二、仲裁员职业伦理的基本内容

（一）专业称职

如前所述，仲裁的优势之一是实行专家裁决。参与案件审理的仲裁员往往是本行业内具有丰富经验的从业人士，或者具备特定专业知识水平，能够结合自身的行业背景，利用自己所掌握的专业知识服务仲裁。这在那些对专业知识要求较高的仲裁案件中往往助力颇多。此外，仲裁员对于相关的法律法规也有较好的把握，能够以良好的法律素养与专业的行业能力专业、准确地进行仲裁。

1. 法律素养

所谓法律素养，是指仲裁员对于基本的民商事法律必须有一定程度的了解与掌握。《仲裁法》第13条对仲裁员所掌握的法律专业知识进行了一般性规定。根据该规定，仲裁委员会应当从公道正派的人员中聘任仲裁员，仲裁员应当符合下列条件之一：（1）通过国家统一法律职业资格考试取得法律职业资格，从事仲裁工作满8年的；（2）从事律师工作满8年的；（3）曾任法官满8年的；（4）从事法律研究、教学工作并具有高级职称的；（5）具有法律知识、从事经济贸易等专业工作并具有高级职称或者具有同等专业水平的。

对仲裁案例的相关法律有着基本认识，是仲裁员作为法律职业的基本要求。虽然仲裁法不强制要求所有仲裁员都应通过国家规定的若干法律知识考试或必须取得特定法律职业资格，但仲裁员本身对于法律必须有着足够了解，才能够确保仲裁员依法履职，实现仲裁结果的公平正义。

2. 专业知识

除去上述所要求的基本法律素养外，具体仲裁案件还可能要求仲裁员具有特定的专业知识。仲裁员对于特定行业与技术的专业知识的掌握，是仲裁员相较于法官、检察官等专业法律从业人员的一个特别优势。也正是因为仲裁员有着一般的法律职业从业者所不能够具备的相关知识，仲裁才会成为民商事纠纷解决的一个特别渠道。正是这一优势，在很大程度上保证了仲裁的灵活性、经济性、自治性。因此，确保仲裁员对参与的仲裁案例所要求的专业知识和领域有着较为深刻的理解与掌握，是仲裁员职业伦理的重要要求。

如果不具备相应的专业知识，则仲裁员不应接受选定或者指定。《仲裁法》第 13 条第 3 款规定："仲裁委员会按照不同专业设仲裁员名册。"这一规定体现了对仲裁员特定专业背景的要求。中国国际经济贸易仲裁委员会制定的《仲裁员行为考察规定》第 4 条第 5 项规定，有"不熟悉案件涉及的专业领域，无法胜任审理工作"之情形的，仲裁员不得接受选定或指定；第 8 条则规定了"对审理的案件缺乏必要的知识和能力"的仲裁员的更换程序。北京仲裁委员会制定的《北京仲裁委员会仲裁员守则》第 3 条也规定，只有确信自己"具有解决案件所需的知识、经验和能力"的情况下，仲裁员方可接受当事人的选定或北京仲裁委员会的指定。

此外，为了与时俱进，确保其自身专业知识上的称职性，仲裁员也需要不断学习。为此，仲裁机构往往明确规定仲裁员参加培训的要求。例如，《仲裁员行为考察规定》第 3 条规定："仲裁员应当加强仲裁理论学习，精通仲裁业务，注重知识更新，培养明察善断的能力，提高办案技巧，确保业务水平扎实过硬。"第 10 条第 14 项规定，仲裁员在聘期内，"未按照仲裁员培训规定参加培训的"，仲裁委员会有权取消其仲裁员资格。

综上，一名仲裁员必须在一般性的法律素养和专业性的行业知识上实现"双管齐下"，才能够具备基础的履职能力，参与仲裁活动。

（二）公正独立

公正，是指不偏不倚，乃是一种内心的状态，是仲裁员自由心证过程中必须具备的；独立，是指关系上不依附、不隶属的状态。独立具有外部性，可以进行客观考察。仲裁为一种纠纷解决机制，仲裁员的独立公正是应有之义。《仲裁法》第 7 条、第 8 条规定，仲裁应当根据事实，符合法律规定，公平合理地解决纠纷。仲裁依法独立进行，不受行政机关、社会团体和个人的干涉。

公正独立应该是所有法律行业的基本价值取向，更是仲裁的灵魂与生命。一旦失去了公正独立的精神，仲裁制度也就丧失了其赖以发展的前提，无论仲裁员的专业水平多么深厚，也失去了继续履职的能力。因此，确保仲裁员以及仲裁机构的公正独立，是仲裁事业得以存续的大前提。公正独立的精神体现在仲裁的方方面面，总的来看，可以概括为以下几个要点。

1. 廉洁清明

廉洁清明的要求从仲裁员的选任开始，是对仲裁员的全局性要求。在选任过程中，仲裁员就不应自己谋求指定。一经担任仲裁员，便应避免与当事人建立金钱、商业等联系或谋求金钱及私利，也不得接受当事人的礼物和实质性款待。目前，有的当事人受不正之风的影响，为赢得仲裁不惜付出金钱代价，对仲裁员也展开金钱"围猎"。在这种情况下，仲裁员更应保持清醒头脑，自觉抵制金钱、物质的诱惑，不吃请，不受礼。

同时，尽管收取合理的仲裁费用是仲裁员的一项权利，但仲裁的费用应该合理，并且由法律或仲裁机构规范明文规定。仲裁员在收取费用时应当规范收费并向当事人披露并解释费用的根据。如《香港仲裁员道德行为规范》规范 5 即规定，仲裁员的收费和费用应合理考虑案件的所有情况。仲裁员应向双方披露及解释其收费和费用的准则。

除去金钱关系外，仲裁员还应该避免与当事人进行不正当的私下接触。即使仲裁员与当事人的私下接触未必与仲裁案件有关，但是非谨慎接触也会造成另一方当事人对于仲裁制度以及结果公正性、中立性的怀疑。所以，几乎所有的仲裁员守则都明文规定仲裁员不得与当事人私自接触以及牵涉任何利益关系。例如，《北京仲裁委员会仲裁员守则》第8条即规定，仲裁员在仲裁期间不得私自会见一方当事人、代理人，接受其提供的证据材料；不得以任何直接或间接的方式（包括但不限于谈话、电话、信件、传真、电传、电子邮件等方式）单独同一方当事人、代理人谈论有关仲裁案件的情况。在调解过程中，仲裁庭应慎重决定由一名仲裁员单独会见一方当事人或代理人；如果仲裁庭决定委派一名仲裁员单独会见一方当事人或其代理人的，应当有秘书在场，并告知对方当事人。

对于当事人私下接触的仲裁员，各仲裁机构都有相关的规定进行规制，例如，《长沙仲裁委员会仲裁员管理办法》即规定，若发现仲裁员或其代理人私自会见当事人、代理人，将给予提示或者警示惩罚。

2. 主动披露

与廉洁清明紧密联系的是仲裁员主动披露的义务。仲裁员主动披露，是指仲裁员接受选定或指定时，有义务书面披露可能引起当事人对其公正性或独立性产生合理怀疑的任何事由。

许多仲裁机构明确要求，仲裁员应当尽量了解并持续向当事人和其他仲裁员披露现存的或既往的与当事人或重要证人之间的职业、家庭或社交方面的关系，以及与仲裁结果直接或间接的个人利害关系。披露之后，除非当事人同意，不宜再担任仲裁员。对于任何有可能影响公正的情况，仲裁员都应尽披露义务。

我国《仲裁法》目前尚未根据披露规则制定相应的法律条文，但是仲裁员披露制度作为国际商事仲裁中确保仲裁中立性、独立性的重要规则，已经在国内仲裁机构的仲裁规则或仲裁员管理办法中得到广泛的运用。比如《齐齐哈尔仲裁委员会仲裁员管理办法》第16条规定，仲裁员接受选定或指定后，知悉与案件当事人或者代理人存在应当回避情形以外的其他下列可能影响独立、公正审理案件情形的，仲裁员应自行向本会披露：（1）与案件有关联或与当事人有过业务往来的；（2）与当事人、当事人单位的高级管理人员或当事人的代理人在同一社会组织担任职务，有经常性的工作接触的；（3）近亲属在当事人或其代理人单位工作的；（4）在与案件有关联的机构担任职务的；（5）仲裁员或其近亲属对胜诉或败诉一方存在可能的追索权的；（6）2年内在其他诉讼、仲裁案件中与当事人或其代理人为同一方当事人、代理人或为对方当事人、代理人的；（7）与当事人或代理人存在交谊或嫌怨关系的；（8）有其他可能致使当事人对仲裁员信任产生怀疑的情形的。

与披露义务紧密联系的是回避制度。首先要阐明的是，披露并不是对仲裁员公正性和独立性的否认，披露的目的在于帮助当事人判断他们是否与仲裁员的判断相一致，如果他们希望的话，也可以进一步探究披露的情形，而且这种披露并不必然导致仲裁员的回避。在许多情形下，尽管仲裁员主动披露了其与当事人或证人间的若干联系，但只要得到利害当事人的准许，仲裁员仍能够参与案件仲裁。

但为了保证仲裁员的独立公正，《仲裁法》明确规定了仲裁员回避制度。《仲裁法》第34条规定，仲裁员有下列情形之一的，必须回避，当事人也有权提出回避申请：（1）是本案当事人或者当事人、代理人的近亲属；（2）与本案有利害关系；（3）与本案当事人、代理人有其他关系，可能影响公正仲裁的；（4）私自会见当事人、代理人，或者接受当事人、代理人的请客送礼的。仲裁员有以上情形，情节严重的，应当依法承担法律责任，仲裁委员会应当将其除名。

3. 保守秘密

与诉讼相比，仲裁的优势之一是具有保密性，以不公开仲裁为原则，以公开仲裁为例外。《仲裁法》第40条即规定："仲裁不公开进行。当事人协议公开的，可以公开进行，但涉及国家秘密的除外。"保密性的仲裁更容易维护双方当事人的形象，保护其商业秘密和其他不便公开的信息。而且在仲裁的过程中，当事人可以更为自由地作出抉择，不受外界或者其他因素干扰。所以为了保护当事人的商业秘密和隐私，维护仲裁过程中的公正性与独立性，仲裁员应当严守保密规范，不得向当事人或外界透露任何有关案件的信息。

仲裁活动的保密性也要求仲裁员承担保密义务，这种保密义务涉及两个方面：一是仲裁员不得向当事人披露有关应当保密的情况；二是仲裁员不得向外界披露有关应当保密的情况。《中国国际经济贸易仲裁委员会仲裁规则》第38条第2项即规定："不公开审理的案件，双方当事人及其仲裁代理人、仲裁员、证人、翻译、仲裁庭咨询的专家和指定的鉴定人，以及其他有关人员，均不得对外界透露案件实体和程序的有关情况。"不过，国际仲裁员协会的准则规定，仲裁员虽负保密义务，但若发现其他仲裁员有重大过失或欺诈行为并认为有责任披露时，可披露该类情况。

（三）勤勉高效

勤勉高效包括勤勉和高效两个紧密相关却又有区别的职业伦理规范。勤勉，是指仲裁员在办理仲裁案件时应当按时守约、认真尽力；高效，是指仲裁员应当注重办案效率，积极审理并作出裁决，在规定期间内结案。仲裁的灵活性与效率性是仲裁的显著特点，也是当事人对于仲裁活动的基本期望。因此，勤勉高效理应成为仲裁员职业伦理规范的基本内容。仲裁员一旦进入仲裁活动，即应当勤勉、高效地履行职责以实现案件的快速、合理解决。国内的许多仲裁委员会的仲裁员守则上就明确规定："仲裁员在接受当事人选定或本会主任指定时，应签署仲裁宣誓书，说明其独立与公正在任何情况下都不容置疑，并保证时间、认真、勤勉、高效地解决案件争议。"勤勉高效的要求从仲裁的开始环节就有所体现，并反映在仲裁的全过程中。

在接受选任或者指任时，仲裁员便应该量力而行。民商事纠纷往往涉及特殊的知识领域，会遇到许多复杂的法律、经济贸易和有关的技术性问题，这也决定了仲裁是一项专业性、实践性很强的工作，仲裁员需要具备解决争议所需的知识、经验和能力。如果被选定的仲裁员不具备某方面的学识与经验，就不应逆势而行，以防止接受一个自己无法适任的案件。况且在实践中，多数仲裁员是兼职的，往往在从事活动的同时，还要从事本行业的活动，这就进一步要求仲裁员在接受指定或选定时应考虑自己是否有足够的时间和精力办理案件。如果仲裁员在该段时间个人工作繁忙或私人事务众多，完全可以不接受选定或指定。而一旦选择了接受选定或指定，就不得再以此为由而延误案件审理，造成案件不能在仲裁机构规定的期限内审结。确有特殊情况的，应及时和仲裁委员会秘书处取得联系，不得已时，可予更换。被更换的仲裁员应积极配合秘书处妥善解决遗留问题。

在开庭前，仲裁员应当仔细地审阅案件的全部材料，找出纠纷问题的焦点，并在开庭前就应当参与仲裁庭讨论，交换意见，商定审理方案，明确下列问题：（1）双方的争执点、审理的重点；（2）举证、质证的范围及开列庭审证据明细表；（3）庭审顺序和步骤；（4）案件有关的法律、法规及有关的专业知识；（5）庭审中仲裁庭成员的配合与分工；（6）其他需要仲裁庭注意的问题。首席仲裁员应当在开庭审理前提出庭审方案的设想，以供仲裁庭讨论。独任仲裁员在开庭前应该拟妥审理方案。

在庭中，仲裁庭成员必须共同参加案件审理，并且实事求是地对案件事实、证据、性质、责任、适用法律以及处理结果等认真发表意见，切实保证办案质量。庭议结束后，首席仲裁员应当无延迟地主持合议，提出进行下一步程序的意见或裁决书起草的意见，并在规定的期限内结案。

有关仲裁规则对仲裁员的勤勉提出了详细要求。例如，《中国国际经济贸易仲裁委员会仲裁员守则》第9条规定："仲裁员接受选定或指定后，应当充分保证开庭审理、合议的时间，不得因其他事务影响案件审理，遇有特殊情况应提前商本委员会仲裁院。"《仲裁员行为考察规定》第4条规定，如果存在"在接受选定或指定后，因个人原因两个月内不能参加开庭审理的"情形的，仲裁员不得接受选定或指定；第9条规定，对仲裁员应予警告的情形包括"借故拖延办案时间的""无正当理由不参加合议、调查或者开庭迟到的""无正当理由随意变更开庭时间，或者未预留足够开庭时间，导致案件不得不再次开庭的"；第10条规定，仲裁员在聘期内有"对案件审理严重迟延负有主要责任"情形的，仲裁委员会有权取消其仲裁员资格。

除去上述勤勉内容外，仲裁员还应严格遵守仲裁时限的规定，提高仲裁效率。效率问题是仲裁的重要价值取向和宗旨，没有效率的仲裁将使公正大打折扣。时限规定是仲裁效率的具体体现，它既是对当事人的承诺，也是对仲裁员的约束。效率问题事关仲裁机构和仲裁员自身的信誉，必须引起仲裁员的高度重视，切不可将其视为小事而掉以轻心。实践证明，案件拖得越久，处理的难度就越大；审理时间越短，纠纷解决起来就越容易。

从提高仲裁效率着眼，我国的一些仲裁机构对仲裁员的效率提出了具体要求。北京仲裁委员会制定的《关于提高仲裁效率的若干规定》就明确要求。（1）仲裁员在组庭后连续满20日不能参加案件审理的，应及时报告仲裁委员会，并视情况决定是否接受选定或指定，或者退出案件审理；仲裁员在审理期限内连续满60日不能参加案件审理的，应拒绝接受选定或指定，或者退出案件审理。（2）对开庭审理与裁决书制作时间予以明确规定，要求每一个环节均按时间要求进行，以保证每个程序高效、顺畅地展开。从仲裁程序各阶段入手，对仲裁庭的各个仲裁阶段的审理时间包括首次开庭时间、每次开庭之间的时间间隔以及裁决书制作时间等作出详细规定。同时还规定了在"仲裁庭未经合议或经合议对裁决未达成基本共识"的情况下，拟订裁决书的方法以及时间要求。这样做的目的就是要在保证审理质量和裁决质量的前提下，使每一步骤连接紧凑避免迟延，从而保证仲裁庭在规定期限内尽快结案，确保仲裁的快速、高效。（3）仲裁员应在规定期限内提供制作裁决的书面意见：仲裁庭未经合议或经合议对裁决未达成基本共识的，仲裁员应自审理终结之日或合议之日起5日内，就案件事实、证据、定性、责任、适用法律、裁决意见和理由等提出制作裁决的书面意见，由首席仲裁员或其指定的仲裁员进行汇总，拟订裁决书草稿。这样的规定，既有利于增强仲裁员的责任心，制约个别仲裁员不阅卷、不提供制作裁决意见的不负责任的行为，也有利于仲裁员研究案情、提高裁决质量和为仲裁员提供发表不同意见的机会，还有利于仲裁效率的提高。（4）规定仲裁员迟延情况下仲裁委员会予以更换的权力：仲裁员迟延致使案件超过审限，情节严重的，仲裁委员会有权在征得当事人同意后予以更换。这既保证了当事人能够获得及时的救济，也增强了仲裁员的危机意识，有利于督促仲裁员按照规定的时间要求推进仲裁程序。此外，《北京仲裁委员会仲裁员守则》中还要求仲裁员参与审理且尚未审结的案件不能超过10件。任何人的精力都是有限的，如果仲裁员手中案件太多，就难免顾此失彼，且易与仲裁庭其他仲裁员在时间安排上发生冲突，影响案件审理的质量和效率。

（四）言行适正

言行适正，是要求仲裁员在庭审活动中言行得体。妥善的举止与适当的言语既是仲裁员个人职业水平与专业素养的直接表现，也是仲裁公正独立的内在要求。

1. 相互尊重

仲裁员间的相互尊重，是言行适正原则的基本组成内容。内容主要是指仲裁员之间的相互配合与支持。仲裁员应该尊重其他仲裁员对案件发表意见的权利，以宽容的态度理解和接受分歧，在互敬的基础上，自由地探讨，真诚地交流。但这不是说违背公正原则的妥协与迁就，也不是允许仲裁员一团和气，和光同尘，而是指仲裁庭成员在时间安排上的体谅与配合。在审理和制作裁决过程中仲裁庭成员应共同努力、共尽义务，不仅要提出问题，而且要积极寻找解决问题的方案和办法。每一个仲裁员都应该深知，仲裁的成功与否并非取决于仲裁庭某个人的主观努力，而是需要仲裁庭所有成员的精诚合作。仲裁庭的三位仲裁员是合作群体，不是利益个体，要有团队意识、大局意识、整体意识。仲裁庭的三位仲裁员在仲裁活动中，要相互尊重，谦虚相待，默契配合。

特别要明确的是，首席仲裁员并不必然具有最高的专业水平，也不是一言独断的最终裁判，而是仲裁制度为庭审便利和程序公正所规定的一种特别身份。必须明确，仲裁员的权威不是靠权力，而是靠学识、能力、修养等诸多因素确立的。仲裁员既不能没有主见、随波逐流，也不能固执己见、孤芳自赏。仲裁员特别是首席仲裁员，要有虚心听取他人意见的气度，能够以宽容的态度理解和审视分歧。首席仲裁员如果自以为是、刚愎自用，就容易破坏仲裁庭的合作气氛，引发其他仲裁庭成员的不满与反感，就很难达到公正仲裁的目的，更不能取得解决纠纷的最佳结果。

同理，其他仲裁员也应该遵循相同的逻辑，虚怀若谷，谦逊自持。否则就不能虚心研究正反两方面的证据材料，就不能认真听取来自各个方面的意见，进而影响判断证据的客观性，损害认定事实、适用法律的正确性，破坏仲裁的公正与权威。

由于仲裁员间的经历、职业、知识不同，看待问题的角度、方法、取向不同，对案件事实的认定、证据证人的判断、法律法规的理解上出现不一致是很正常的。在这种情况下，仲裁员应当积极协商，不宜将分歧暴露在当事人面前，不应在开庭审理时争执辩论，不得意气用事甚至随意退庭。仲裁庭成员间应该精诚团结，积极合作，互帮互助，团结友善，这样才能确立仲裁员与仲裁机构的良好形象，维护仲裁结果的正确与权威。

2. 不卑不亢

对待参与仲裁的双方当事人、律师、证人等，仲裁员也应该保持不卑不亢、尊重诚善的基本态度。这也是言行适正的基本要求。需要明确的是，仲裁员与当事人的身份应该是委托与被委托的关系，尽管在细节上可能与一般意义上的委托合同不同，但从基本的法律观点来看，仲裁员与当事人间类似于合同或准合同的关系。因此，仲裁员与双方当事人实际上应该被视为平等主体。仲裁员不是以高高在上、口含天宪的"老爷"身份来发布命令的，而是以一种超然中立的服务精神为仲裁当事人双方裁决纠纷的。

因此，仲裁员对待当事人必须言行得体。不能以居高临下的态度对于双方当事人以及其他参与仲裁的有关人员，更不能颐指气使、目空一切。在进行陈述、询问时，也应该注意言词与语气，要做到宽和友善而又不失庄重，同时要审慎选择自己的用语，避免使用可能引起其他人反感的争议性用语，导致损害仲裁工作的顺利进行，尽可能使用法言法语。许多仲裁机构对此都有具体性的规定，例如，《北京仲裁委员会仲裁员守则》第6条即规定："仲裁员在仲裁过程中应平等、公允地对待双方当事人，避免使人产生不公或偏袒印象的言行。仲裁员对当事人、代理人、证人、鉴定人等其他仲裁参与人应当耐心有礼，言行得体。"《仲裁员行为考察规定》第9条亦规定，对"庭审中接打电话、收发短信微信、随意离庭或者着装不得体的"，"办案过程中表现出偏袒倾向，包括代替或变相代替一方向另一方质证、辩论、提出请求或明显具有诱导性问题的"，可根据情节严重程度予以提醒、提出建议、警告。

当然，这也不是要仲裁员对当事人卑躬屈膝、奴颜媚骨。须知仲裁员与仲裁机构虽然是民间主体，但其承担的裁决仲裁纠纷的职能是准司法性质的，其背后的合法性源于国家权力对仲裁机构的授权以及对于民间自治的肯认。因此，仲裁员必须深刻认识到自己承担的崇高使命，以审慎的态度对待仲裁，对自己的行为举止有着较高的要求。不能因为庭审氛围较为轻松、仲裁过程较为顺利，就与双方当事人或其他参与仲裁的人员嘻嘻哈哈、处事随意。要注意站有站相、坐有坐相，相貌干净，穿衣整洁，用语亲而不昵，表情严而不厉，对仲裁工作怀有基本的尊重感、使命感。

总而言之，言语适正也是仲裁员职业伦理规范的基本内容。要做到这一点，往往需要仲裁员在具体的实践活动中多加积累，养成良好的习惯，这就要求仲裁员对此额外注意与关心。

第三节 仲裁员职业伦理的培育与保障

一、仲裁员职业伦理的培育

我国在培养法律人才上已经有一个由高等教育制度、法学职业教育制度、统一法律职业资格考试、统一法律职业技能培训制度和终身化的继续教育制度所构成的相互衔接、多位一体的法律职业人员教育体系。但法律职业伦理的培养仍有所欠缺，这点在仲裁员的培养上更为明显。为了补苴罅漏，应该从以下三个方面着手，培养仲裁员的职业伦理。

（一）加强法学教育中的职业伦理教育

法学教育作为法律职业发展的基本条件，也是法治社会实现的基础要件之一。目前我国的法学教育已经有了长足的进步与高度的发展，从学术到实务已经建立起了一个完整的法学教育体系。但是，我国的法学教育往往注重对学生的专业能力、实务经验的培养，而对于法律职业伦理的培养则较为薄弱。

对此，首先必须强化法学教育对于法律职业伦理的重视程度。必须认识到，法律职业伦理是法科学生必备的素质之一，甚至应当比拥有相应的法律知识与法律技能更为重要。因为一名道德败坏而专业水平高超的法律职业从业者，对于法治的破坏往往比那些一般的违法犯罪分子更为巨大。要加强仲裁员职业伦理培育，首先要在法科学生中将仲裁员职业伦理作为法律职业伦理的重要内容进行教育。由于仲裁机构的民间自治性，对于相关领域的法学生的职业伦理教育更应该提升到一个空前的地位上。

其次，必须在日常的课程教授与实习活动中对此予以控制。除去严肃一般教学与学术研究纪律外，在培养过程中的法律实践内容中，尤其应该培养学生的法律职业伦理意识。对于那些法律职业伦理意识不强、认识水平不严肃、实践水平不过关的学生，要根据相应规章制度采取惩戒措施。所谓冰冻三尺，非一日之寒。只有从法学教育的开始培养法学生对于仲裁员职业伦理的认识，引导其积极实践，才能够从源头提高仲裁员的职业伦理水平。

（二）构建完备的仲裁员职业伦理体系

《仲裁法》第13条第1款规定："仲裁委员会应当从公道正派的人员中聘任仲裁员。"这是我国《仲裁法》在道德伦理上对仲裁员的唯一明文要求，也是仲裁员职业伦理价值观最核心的标准。除此之外，目前尚没有明确的全国性统一法律规范以及全国性行会制度来建构仲裁员职业伦理体系，而是依靠各地仲裁机构的仲裁员行为规范来对仲裁员进行职业伦理约束，这无疑会使仲裁员职业伦理欠缺权威性。没有一个统一的仲裁员职业伦理体系，容易使当事人在实务中面临不同仲裁机构与仲裁员职业道德相互关联的行为准则以及其他规范的适用时出现混乱；同时也意味着推行仲裁员职业伦理教育、输出仲裁制度价值观、增强仲裁公信力都是无源之水、无本之木。

因此，一方面，要加快立法研究与推进。非常有必要结合国内外的相关标准，吸纳行业内实践经验教训，在全国范围内形成一套具体、可靠、权威、通行的可适用标准，并将之纳入仲裁法之中。另一方面，应当积极推动统一的仲裁员准则、仲裁员职业道德规范和仲裁员伦理价值观的形成，构筑起"仲裁法——仲裁行业协会规则——仲裁机构规则——仲裁社会伦理"这样一个完整、全面的仲裁员职业伦理体系，为仲裁制度的健康发展奠定伦理基础。

（三）强化仲裁员职业伦理培训与考核

仲裁员作为一个具有极大自主性裁决权力的特殊性职业，直接决定着案件审理的效率和仲裁结果的公正性，其工作性质决定了其比较容易滋生腐败。倘若仲裁员不了解甚至不遵守职业伦理，消极应对工作，私自牟利，偏向某一方当事人，将严重损害当事人的合法权益以及整个仲裁行业的公信力。而要使仲裁员重视其职业伦理，最简单有效的办法便是在仲裁员上岗前对其进行相应的职业伦理培训，将此培训结果作为上岗的必须凭证，形成并巩固仲裁员的职业伦理价值观。

此外，在仲裁员上岗后，也应该对仲裁员的职业伦理进行持续培训与考察。我国多数仲裁机构对仲裁员都规定了相应的接受培训的义务，要求其提升相应的职业道德和业务水平。例如，《长沙仲裁委员会仲裁员管理办法》第四章即明确规定，仲裁员应积极参加本会组织的各项培训活动，如基于特殊原因无法参与集中授课的，也要经委员会同意采取学习培训课件和资料的形式进行。参加培训情况将载入仲裁员档案，作为该会考评仲裁员的一项重要内容，未按要求完成培训的，将不予指定办理案件。在仲裁员上岗后定期对其进行职业伦理培训，有利于仲裁员及时接受最新的仲裁职业伦理理念，加固其职业伦理观念，不断提高其职业道德素养，从而推动我国仲裁事业的健康发展。

二、仲裁员职业伦理的保障

所谓仲裁员职业伦理的保障，是指通过外部作用，对仲裁员遵守、实践仲裁员职业伦理进行监督、引导、督促仲裁员积极落实仲裁员职业伦理。完善的仲裁员职业伦理保障机制，也是培养仲裁员职业伦理意识，促进仲裁事业发展的必须手段。一般来说，对仲裁员职业伦理的保障可以从以下三个渠道入手。

（一）当事人的监督与评价

仲裁最突出的特点就是当事人的自愿性。其表现在双方当事人基于自愿决定是否将纠纷提交仲裁机构予以解决，决定由谁进行仲裁、如何组成仲裁庭，以及确定仲裁庭的组成人员、仲裁的审理方式、开庭形式等方面。因此，当事人对仲裁员行为进行监督，是保障仲裁员职业伦理规范发挥实效的重要途径。

首先，当事人对仲裁员进行肯定性评价，会提升仲裁员的形象，使其增强职业荣誉感，促使其积极遵守行为规范。同时也可以增加该仲裁员被选任的概率，激励其更加努力地工作、更好地遵守职业伦理规范。

其次，当事人依据职业伦理规范对仲裁员行为作出否定性评价，甚至进一步直接对仲裁员采取相应措施，实质上也会促进仲裁员职业伦理的养成。一般而言，在仲裁员出现违反职业伦理规范的不当行为但尚未达到法律明文否定或者禁止的程度时，当事人在不能寻求法律救济的情况下，必然会对该仲裁员形成否定性评价。这种情况的出现，将降低该仲裁员被选任的概率，不利于该仲裁员在仲裁领域的发展。如果仲裁员违背行为规范的不当行为同时构成对其法律义务的违反或者符合回避、更换仲裁员的情形，那么当事人可以依据规定提出撤换仲裁员的请求，或者要求司法机关对裁决结果进行否定，甚至可以依据规范性文件的规定追究仲裁员相应的责任。无论哪一种情况，都将对仲裁员的声誉造成严重的负面影响，从而对仲裁员遵守行为规范起到督促作用。为了确保仲裁员严格遵守其职业行为规范，在签订仲裁协议时向当事人宣传、解读仲裁员行为规范并给予当事人相关文件，同时鼓励当事人监督仲裁员的行为和及时给予评价反馈，是非常必要的。

（二）仲裁机构的教育与管理

仲裁机构的生存、发展以信誉为根本，仲裁机构的信誉在很大程度上来自高素质仲裁员的职业伦理实践。任何一个可靠、卓越的仲裁机构无不以有一支高质量的仲裁员队伍自我标榜，这同时也是所有仲裁机构长期奋斗的目标。因此，仲裁机构对仲裁员职业伦理的教育和管理，是仲裁机构的主要任务，也是仲裁员职业伦理养成的重要路径。

仲裁机构对仲裁员职业伦理的教育，主要通过对仲裁员进行培训来完成。几乎所有的仲裁机构都规定，仲裁员每年都必须参加若干次培训。这种培训有专业知识方面的内容，但更多的是职业伦理规范的内容。仲裁员接受培训，是仲裁员的义务，违反了这个义务，可能被仲裁机构除名。

仲裁机构对仲裁员的管理，主要体现在如下两个方面。第一，要求仲裁员签署声明书或规定仲裁员确认制度。许多仲裁机构在仲裁规则中规定，仲裁员在接受任命时，应当签署仲裁员声明书，并声明遵守声明书的内容。声明书的内容通常是仲裁员职业伦理内容的凝练。例如，中国国际经济贸易仲裁委员会规定仲裁员应当签署的《仲裁员接受指定声明书》，就是仲裁员行为规范的精华所在。通过这种方式可以有效强化仲裁员对职业伦理规范的认识，加强仲裁规则对仲裁员的约束力，成为对仲裁员遵守职业伦理规范的有效保障。第二，通过仲裁员名册制度保障仲裁员遵守职业伦理规范。各个仲裁机构均备有仲裁员名册供当事人选择。列入其中的仲裁员都是仲裁机构对其专业知识与职业操守予以认可的人士。对仲裁员评价的主要依据，是仲裁员在仲裁实践中是否自觉依照职业伦理的指引约束自己的行为。如果一个仲裁员屡次出现行为失当的情况，则仲裁机构可以对其施以行业上的责任追究，进行通报批评乃至除名，在重新确定仲裁员名册时将其排除在外。例如，《长沙仲裁委员会仲裁员管理办法》第22、23、24、25、26、27、28条就分别规定了奖励、警示、撤换、解聘、除名的情形。

（三）司法机关的监督与保障

世界范围内的仲裁实践表明，仲裁员职业伦理也必须受到司法监督保障。仲裁员职业伦理的司法监督保障，是指通过司法对仲裁的监督达到实现仲裁员职业伦理的目的。当仲裁员存在某些不适当的行为从而导致当事人蒙受损失时，司法监督是确保仲裁制度公正性、落实仲裁员职业伦理以及保护当事人权益的最后一道防线。司法监督作为悬挂在仲裁员头顶的达摩克利斯之剑，在仲裁员由于重大过失乃至枉法裁判导致仲裁失去公正性时，可以通过撤销不公正的仲裁裁决、不予执行不公正的仲裁裁决书以及追究仲裁员违规仲裁的法律责任等方式改变仲裁结果，给仲裁的公平性以及当事人的权利提供强有力的后盾与保护。

其中，最严重的是司法机关依法追究仲裁员的刑事责任。如果仲裁员具有"利用职务上的便利，索取他人财物或者非法收受他人财物，为他人谋取利益，数额较大"的行为，完全可能涉嫌非国家工作人员受贿罪，最终承担刑事责任。对此，所有仲裁员必须保持清醒头脑，坚决贯彻仲裁员职业伦理规范，须知仲裁员职业伦理规范既是对当事人利益的保护，也是对仲裁员自身的保护。

重要名词术语

专业称职、公平独立、勤勉高效、言行适正

思考题

1. 概述仲裁员职业伦理的基本内容。
2. 阐述仲裁员主动披露与仲裁员回避制度间的关系。
3. 阐述应如何保障仲裁员职业伦理的落实。

典型案例分析

1. 在一次不公开开庭的仲裁调解过程中，仲裁庭中的气氛较为激烈。其中一方有一当事人乙未到庭。作为首席仲裁员的甲对此颇为不悦，遂以"化外之民"的用语指称乙"不知礼仪"。其后得知此事的乙顿感不公，遂在下一次仲裁开庭前提交申请，要求首席仲裁员甲回避。

问：仲裁员甲是否应当回避？

答：仲裁员甲不应回避。首先应该指明的是，仲裁员甲的言语确有不当，明显不符合言行适正的职业伦理规范的要求，对此，仲裁机构对此应该予以批评教育以及惩戒。但是纯粹的言语失当并不是回避的法定情形，不会损害仲裁结果的公平与独立。因此，乙据此要求甲回避的请求不应得到支持。

2. 在仲裁开始之前，一方当事人丙在阅览仲裁员名单时，发现首席仲裁员甲与对方当事人指任的仲裁员乙曾系师生关系，在仲裁员乙硕士学习期间，仲裁员甲为其导师。丙担心甲、乙间的师生关系影响到仲裁的公平性，对自己产生不利，遂申请仲裁员乙回避。

问：是否应当同意丙提交的回避申请？

答：不应当同意，仲裁员乙无须回避。问题的关键在于，师生关系是否能够被认为是足以影响仲裁结果公平性的"利益关系"。从国际经验来看，仲裁员间的利益关系确实应该成为仲裁员主动披露的事项，如仲裁员间曾系同事关系。但师生关系很难被认为落入这一要求之中。而且从法学教育的培养模式来看，如果禁止曾具有师生关系的仲裁员参与仲裁，在很大程度上就将高校从事法律研究及教学的教授专家排除在外。因此，不应将单纯的师生关系认定为足以影响仲裁公平的利益关系。

3. 在某仲裁案件中，仲裁先后共开庭 6 次，其中一名仲裁员甲因故缺席了最后两次仲裁庭审。仲裁庭未就此询问当事人意见，当事人亦未对此有所表示。仲裁裁决作出后，一方当事人遂向法院提出申请，以仲裁员甲缺席 2 次庭审为由，要求法院撤销该案仲裁裁决。

问：法院是否应该撤销本案的仲裁裁决？

答：法院应该撤销本案的仲裁裁决。一般认为，仲裁员缺席导致仲裁庭的组成"违反法定程序"。如同司法审判一样，仲裁同样要求仲裁员在仲裁过程中的亲历性、全程性。仲裁员理应全程参与仲裁，不得缺席。虽然有仲裁机构如中国国际经济贸易仲裁委员会规定了"缺员仲裁"的可能性，但这种规则也是建立在严格的程序要求以及充分尊重当事人的意思自治之上的。所以，在本案中，法院应该依法撤销仲裁裁决。

第七章 公证员职业伦理

【内容提示】

公证员在作为一种较为特殊的法律职业工作者，在保障经济和社会发展方面发挥着非常独到的作用。随着我国经济的发展，在婚姻、收养、遗嘱、继承、抚养、赡养、监护、财产分割等领域，诸多新型公证业务应运而生。公证员办好这些新型公证业务，努力为人民群众提供更加丰富、更具品质的法律服务，能够有效维护公民人身权利与财产权利，促进人民群众获得感、幸福感、安全感的充分实现。任何公证员都应该了解、学习、掌握与实现公证员的职业伦理及其规范，忠于事实，忠于法律，爱岗敬业，规范服务，加强修养，提高素质，并妥善处理好与其他法律职业工作者间的关系。公证员的职业伦理责任的形式是多样且全面的，为公证员的职业伦理规范的实现提供了基本指引。

第一节 公证员职业伦理概述

一、公证的地位与作用

公证是公证主体根据自然人、法人或者其他组织的申请，依照法定程序对民事法律行为、有法律意义的事实和文书的真实性、合法性予以证明的活动。公证制度起源于古罗马，在传统的西欧大陆法系国家和拉丁美洲国家得到迅猛发展。新中国的公证制度始建于20世纪50年代，受苏联的影响很大。进入20世纪80年代以后，随着社会主义市场经济的日益繁荣，我国的公证事业也得到了高速发展，在体制上也发生了很大变化，逐步、有选择性地接受了大陆法系公证法律制度的许多宝贵经验，为市场经济法律体系的完善发挥了重大作用。公证处也由原来的行政体制转变为事业体制，成为执行国家公证职能、自主开展业务、独立承担责任、按市场规律和自律机制运行的公益性、非营利的事业法人。1948年成立的国际拉丁公证联盟，是目前最有影响力的公证业国际组织，2003年我国正式成为其成员之一。目前，我国共有公证机构近3000家，公证员13000余名，每年办理各类民事、经济、涉外公证事项1300余万件，公证文书发往180多个国家和地区使用。形成了机构基本普及，布局趋于合理，领域不断拓展，制度逐步完善的现代公证工作格局，基本满足了社会对公证服务的需求。

公证是相对于私证的一种证明活动，具有一般证据和诉讼证据的效力，可以成为法律行为成立的要件并可作为法院强制执行的根据，对社会上重大的法律行为、法律事件具有普遍的引导效力。公证作为一项预防性的司法证明制度，是人民群众身边值得信赖、值得依靠的重要法律服务方式。"多设一家公证处，就可少设一家法院。"这句广泛流传于传统大陆法系国家的法谚，生动地说明了公证制度在预防纠纷、减少诉讼方面所起的作用。

二、公证员的地位与特征

（一）公证员的法律地位

我国对于公证员的法律地位的认识有一个发展的过程。新中国成立初期，北京、天津、上海等大城市的人民法院相继设立了公证处，开办了公证业务。1951 年 9 月 4 日，中央人民政府委员会颁布的《人民法院暂行组织条例》规定，公证工作由市级人民法院和县级人民法院办理，这是新中国第一个有关公证的法律文件。到 1957 年，全国共有 51 个市设立公证处，553 个市、县人民法院附设公证室，652 个县人民法院指定专人办理公证，全年办理公证 29.35 万件。公证制度的建立和发展，有效地维护了社会的经济、民事秩序，为我国国民经济恢复和社会主义改造的顺利进行提供了法律保障，起到了积极的作用。在这一时期，公证员属于国家的司法工作人员，是国家公职人员的一个部分。其本身行使的权力即为国家的法律权力。

改革开放之后，随着司法行政机关工作逐步恢复，公证也随之焕发了新的生机，人们对于公证员的地位也有了新的看法。1980 年司法部发布《关于逐步恢复国内公证业务的通知》，恢复了停顿已久的公证事业。1982 年 4 月 13 日，国务院发布了《公证暂行条例》，这是我国第一部关于公证的行政法规，该条例第 3 条规定"公证处是国家公证机关"，将公证处确定为国家行政机关。这一模式直至 1994 年改革，一部分公证处相继转变为事业单位，开始试点合作制公证处，从而形成国家机关、事业单位、合作制三种模式。在这一时期，人们对于公证员的法律地位尚不统一，主要还是继承了新中国初期的认识，将公证员视为政府工作人员的一部分，将公证员行使的权力视为国家行政权力。

但随着社会主义市场经济的进一步发展，2007 年 7 月 31 日，国务院以《国务院办公厅关于深化公证工作改革有关问题的复函》批准司法部实施《关于深化公证工作改革的方案》，要求行政体制的公证处均转为事业体制。改制之后，公证处成为公益性、非营利性的事业法人，执行国家公证职能，自主开展业务，独立承担责任，按市场规律和自律机制运行。至此，公证机关已不再直接扮演行政机关的角色，公证员也不再属于国家公职人员。

从公证活动的后果来看，主要是申办公证的当事人获得利益，与国家及社会公共利益没有直接的联系，所以，公证活动的成本不应由国家来承担。如果国家因为公证的国家属性来支付公证费用，就意味着直接受益的当事人没有因其受益而支付代价，反而将其以国家支出的方式分摊给所有的纳税人，这显然是不公平的。所以，世界各国在确立公证法律制度时，都规定公证费由当事人来承担，因为这是私权的范畴，不应由国家来承担费用。这一特点也同时反映了公证员自由职业的属性,公证员办理公证事项,完全凭借其个人的知识和技能,并非国家意志的体现。这一点又与律师的职业特点相似,但关键的不同在于公证员办理公证事务时,并不是站在公证当事人的立场上来维护其合法权益,而是以中立的第三人身份作出证明,并非当事人的代理人,收费也不能改变中立的立场,这又与司法机关类似。所以公证员的身份应该与仲裁员类似,既属于民事自治的自由职业,又兼具准司法行政人员的身份。

(二)公证员的职业特征

相较于律师、检察官、法官等法律职业,公证员也有其独特的职业特点。

1. 公证员的职业具有自治性

如前所述,公证员的主要工作是服务于相关当事人的公证申请,其结果服务于相关当事人的个人利益,与国家公共利益没有直接联系。这就决定了公证员的职业具有自治性。这种自治性可能会削弱相关当事人和公证员对于公证事业的法律权威性的认识,进而引发可能的道德风险。须知公证员的职业虽然具有自治性,但公证结果得到法律的肯认,具有强大的法律效力。公证员不能被这种自治性迷惑,使得自治性成为恣意性。

2. 公证员要求广阔的法律外专业知识

在公证事业的发展中,公证员所面临的需要公证的事务往往千奇百怪,这就需要公证员对于相关专业的事项具有一定的了解,才能够较为稳妥地完成公证工作。因此,除对公证相关的法律制度了如指掌外,公证员往往还必须旁征博引、广开眼界,能够掌握若干法律外的专业知识。

3. 公证员须具备良好的记忆力、观察力与判断力

在实际的公证工作中,除去可能面临复杂的专业问题,公证员还往往要面对较为庞杂的公证材料,甚至可能要面临某些当事人的蓄意伪造。因此,公证员需要眼观六路,耳听八方,从繁芜的公证材料中去粗取精,删繁就简,去伪存真,找寻可靠的公证内容,方能顺利完成工作。

三、公证员职业伦理的特征与意义

(一)公证员职业伦理的特征

公证员职业伦理,是指公证员在其职务活动及其相关的社会生活中应当遵循的行为规范的总称。我国《公证法》第22条第1款规定:"公证员应当遵纪守法,恪守职业道德,依法履行公证职责,保守执业秘密。"第42条第1款规定:"公证机构及其公证员有下列行为之一的,由省、自治区、直辖市或者设区的市人民政府司法行政部门对公证机构给予警告,并处二万元以上十万元以下罚款,并可以给予一个月以上三个月以下停业整顿的处罚;对公证员给予警告,并处二千元以上一万元以下罚款,并可以给予三个月以上十二个月以下停止执业的处罚;有违法所得的,没收违法所得;情节严重的,由省、自治区、直辖市人民政府司法行政部门吊销公证员执业证书;构成犯罪的,依法追究刑事责任:(一)私自出具公证书的;(二)为不真实、不合法的事项出具公证书的;(三)侵占、挪用公证费或者侵占、盗窃公证专用物品的;(四)毁损、篡改公证文书或

者公证档案的;(五)泄露在执业活动中知悉的国家秘密、商业秘密或者个人隐私的;(六)依照法律、行政法规的规定,应当给予处罚的其他行为。"此外,我国公证员协会还制定了系统的《公证员职业道德基本准则》。这些法律规定为公证员提供了赖以遵循的职业伦理规范。

相比于其他法律职业伦理,公证员职业伦理有以下几个特点。

1. 仲裁员职业伦理在公证制度中的地位更加重要

如前所述,公证员与仲裁员类似,具有民间自治性。这种自治性会在一定程度上削弱对公证权力的控制与监督。而公证事业之所以能有着巨大影响力,即在于当事人对于公证机关以及公证员专业素质和职业操守的认可。公证员的信誉操守是仲裁的生命力所在,是仲裁得以存续的必要条件。因此,为了确保公证事业的长青不败,必须不断强调公证员职业伦理在公证制度中的重要性。

2. 公证员的职业伦理相比于其他职业要求更加严格

由于公证员的构成庞杂,且其专业素养与职业操守的好坏相比于其他法律职业对于本行业的影响更为重大,因此,世界各国的公证员与辖区人口大都保持一定的比例,不允许盲目发展,少而精,多易滥,使得人们不得不对公证员刮目相看,同时,对公证员的职业伦理要求往往颇高,以维持仲裁员的超然地位。

3. 公证员的职业伦理往往较为繁杂

由于公证员的自治性与准行政性的地位,以及公证员工作的庞杂与烦琐,对于公证员职业伦理的要求也往往较为繁杂。许多具体的伦理规范要求仲裁员在工作中不断观察,认真积累,才能够尽量在每一个环节、每一个方面都能够遵守相关伦理规范。

总而言之,公证员的职业伦理与公证本身的特征是密切相关的。要想理解公证员的职业伦理及其规范,就必须牢牢将之与公证本身相结合。

(二)公证员职业伦理的意义

公证员在公证制度中处于核心地位,是仲裁制度的生命力之所在。新中国的公证制度自 1980 年恢复重建以来,虽取得较大成绩,但由于公证制度恢复之后的相当长一段时间内,没有明确的公证员选任标准和程序,没有建立公证员任职资格制度,社会各界缺乏对公证的重视,公证队伍的准入门槛比较低,公证行业难以吸引高素质的人才。由此,公证队伍部分人员学历水平偏低、法律知识不足、知识结构不尽合理、职业素质亦良莠不齐,难以适应快速发展的经济社会对公证工作的要求。当前,由于经济利益驱动及其他因素的影响,我国公证业的发展也暴露了一些问题,公证也面临着诚信流失的尴尬,迫切需要通过加强公证员职业伦理建设来解决。比如,有的不严格遵守法律法规,为不符合办证条件的事项、当事人办理公证,或违反公证程序办理公证,或不负责任导致办证瑕疵、严重不负责任导致错证,影响公证质量,损害公证公信力;有的片面追求经济利益,采用压低收费、商业贿赂、恶意诋毁其他公证机构、公证员等不正当竞争方式争揽业务,破坏行业发展的整体氛围;有的办理公证过程中"脸难看、事难办"、服务态度不好、乱收费、索取或收受当事人的贿赂等,损害公证行业的社会形象。所有这些问题都与职业伦理失范有较大关系。因此,为了使仲裁更加受到社会的信任,加强仲裁员的操守和行为约束，制定并推广仲裁员职业伦理规范，提高仲裁员素质，是仲裁事业发展的必然要求。仲裁员职业伦理及其规范有以下重要意义。

1. 有利于对公证活动进行监督

公证员职业伦理规范有利于当事人了解公证员在仲裁程序中应当遵守的行为准则，为当事人评价公证员行为提供参考标准，增强当事人对公证和公证员的信任。当事人对于公证程序等相关事项往往并不熟悉，公证员如果出现违背行为准则、职业操守的不当行为，当事人往往难以及时作出反应并采取相应的救济措施。这在很大程度上削弱了当事人对公证员的约束与监督，导致某些公证员行为失范。公证员职业伦理规范的制定与宣传，能够有效消除此类负面效果。因为公证员职业伦理规范可以帮助当事人对公证员应当遵守的基本行为准则有一个清楚的了解，对公证员当为哪些行为、不当为哪些行为有一个最基本的把握，并在此基础上对公证员行为作出正确的判断与评价，进而在公证员出现与职业伦理规范不符的行为时，能够及时决定是否采取以及如何采取救济措施。

2. 有利于公证员加强自身修养

公证职业伦理规范首先是一种自律制度，以公证员自觉遵守和服从为前提，是加强公证员自身修养的需要。公证职业伦理规范意味着对公证员提出了职业素质的要求，它是公证员进行公证活动的行动指南，有利于公证员自身素质的增强和提高。同时，公证职业伦理规范还能够协调公证员法律职业的内部关系以及外部关系，帮助公证员处理好与申请人、公证员同行、律师、其他司法人员之间的关系。

3. 有利于公证机构选聘合格的仲裁员

职业伦理规范既是公证员的聘任标准，也是检验公证员是否合格的基本尺度。公证员职业伦理的优劣是公证工作成败的关键，良好的公证职业伦理是公证机构为社会提供优质法律服务和赢得公众信赖的根本保障，形成良好的职业伦理也是公证机构反腐倡廉、提高信誉和发展壮大的重要途径。公证员职业伦理规范可以为公证机构在评定公证员道德操守方面的工作提供一个重要的参考标准与依据。

第二节 公证员职业伦理的基本内容

一、公证员职业伦理的渊源

公证员职业伦理，是指公证员及其辅助人员和公证机构在与其职业身份有关的活动中应当遵守的行为规范的总称。

《公证法》第 4 条第 2 款规定："公证协会是公证业的自律性组织，依据章程开展活动，对公证机构、公证员的执业活动进行监督。"第 5 条规定："司法行政部门依照本法规定对公证机构、公证员和公证协会进行监督、指导。"可见，我国在公证行业的管理上，也实行的也是自治—他制两结合的管理体制。但与仲裁员的职业伦理不同的是，公证员的职业伦理的渊源较为集中。除《公证法》外，我国公证员职业伦理的渊源，主要是司法行政机关和中国公证员协会的规定。具体而言，这些渊源包括：《公证法》、司法部制定的《公证机构执业管理办法》《公证员执业管理办法》《公证程序规则》、中国公证员协会制定的《公证员职业道德基本准则》、中国公证员协会《公证行业自律公约》等。

二、公证员职业伦理的基本内容

（一）忠于事实，忠于法律

公证是证明权的体现，公证工作必须忠于事实真相，忠于法律制度，这是公证文书客观真实的基本保障。所谓忠于事实，是指公证员进行公证活动时要立足于客观事实、忠于事实真相，其全部业务活动都要建立在有充分可靠证据证明的客观事实基础上。所谓忠于法律，是指公证员执业必须信守法律至上的观念，以现行有效的法律规定为标准，准确理解有关法律的精神实质，在业务活动中坚持正确的法律意见，而不能屈从于外部压力，违背法律，不能故意曲解法律以满足当事人的不正当利益，以为衡量是非曲直的唯一准绳。

具体而论，这一原则可进一步反映为如下几点。

1. 恪守客观

公证员在履行职责时应恪守客观的原则。所谓"客观"，是指公证机构及其公证员在办证过程中，必须忠于事实真相，不能凭借主观想象、猜测来办证。为了保证公证的客观性，防止公证工作中发生违法行为，根据《公证法》的有关规定，公证机构办理公证业务，应当对申请人的资格、申请的事项、证明材料等进行审查，对申请公证的事项以及证明材料的真实性进行核实，有关事项在外地的，可委托异地公证机构代为核实，有关单位或者个人应当予以协助。同时，法律还对公证机构和公证员为不合法、不真实的事项出具公证书或者出具虚假公证书、私自出具公证书等职务违法行为规定了严格的法律责任。

2. 严格独立

公证员在履行职责时应遵循严格的独立原则。所谓的"独立"，是指公证机构和公证员独立地行使公证证明权、独立承担责任。独立性是公证机构的基本特性和公证员执业行为的基本原则，是公证机构和公证员树立公信力的基础。公证机构和公证员如果不具有独立性，其出具的公证书的公信力就会受到社会的质疑，而受到质疑的公证书，就不再具备良好的品性。公证法律服务活动，建立在公证与当事人之间相互信任的基础上。当事人请求公证的目的，就是通过公证人所掌握的法律知识、技能和能力，使双方合意的契约、文书合法化，从而取得证明效力。因此，公证的特性就是公证人员以不偏不倚的第三方的身份进行证明工作。公证人不是政府官员，所以公证人在工作时不会受到任何政府机构的影响，他在作出公证决策时，没有任何上级单位或个人给他发出指示或是施加影响，法律和法规是公证人的唯一行动法则。《公证员执业管理办法》第3条第1款明确规定："公证员依法执业，受法律保护，任何单位和个人不得非法干预。"公证机构和公证员的独立性具体可表现为：一是公证员可以按照法定程序自主处理自身的各类公证事务而不受外来干预；二是公证员独立地运用法定权限，在权限范围内处理公证事务。

法定的公证程序是确保公证员严格独立的基本依托。公证程序是公证参与者进行公证活动时所应遵循的方式、方法和步骤，它是公证法的核心内容，也是公证机构和公证员进行公证活动的法律基础。只有严格遵守公证程序，才能保证公证机构和公证员的中立与公正，才能保证公证文书的真实性、合法性，从而保障公证当事人的合法权益，保证公证活动的高质量，有利于提高公证工作的信誉。不同公证事项有着不同的办证规则，我国《公证法》第28条规定了公证机构和公证员应当根据不同公证事项的办证规则办理公证。《公证法》颁布前后，根据公证工作的实际需要，司法部制定了《公证程序规则》《提存公证规则》《遗嘱公证细则》《城市房屋拆迁补偿、安置协议公证细则》《房屋拆迁证据保全公证细则》《遗赠扶养协议公证细则》《招标投标公证程序细则》《开奖公证细则（试行）》等一系列规范公证程序的规范性文件，这些都需要公证员熟练掌握。

清正廉洁是确保公证员独立地位的关键要求。《公证员职业道德基本准则》第20条规定："公证员应当树立廉洁自律意识，遵守职业道德和执业纪律，不得从事有报酬的其他职业和与公证员职务、身份不相符的活动。"第21条规定："公证员应当妥善处理个人事务，不得利用公证员的身份和职务为自己、亲属或他人谋取利益。"第22条规定："公证员不得索取或接受当事人及其代理人、利害关系人的答谢款待、馈赠财物或其他利益。"为贯彻这一原则，公证员不得从事有报酬的其他职业，不得从事与公证员职务、身份不相符的活动，尤其不能将审判权、检察权、执行权和证明权合为一体，不得担任法官、检察官或行政官员。公证员不得利用公证员的身份和职务为自己、亲属或他人谋取利益，不得索取或接受当事人及其代理人、利害关系人的答谢款待、馈赠财物或其他利益。

3. 依法回避

与独立原则相紧密联系的是回避原则，是指公证员不能为本人及近亲属办理公证，或者办理与本人及近亲属有利害关系的公证。坚持和严格执行回避制度，可以防止公证员对公证事项先入为主、枉法公证，有利于保证公证事务得到公正处理；可以避免当事人以及其他人员对公证事项产生怀疑和非议，维护公证机构的公信力。《公证法》第23条中明确规定，公证员不得"为本人及近亲属办理公证或者办理与本人及近亲属有利害关系的公证"；第41条则针对"为本人及近亲属办理公证或者办理与本人及近亲属有利害关系的公证"的行为规定了处罚措施。《公证程序规则》第20条也规定，当事人要求该公证员回避，经查属于《公证法》第23条第3项规定应当回避情形的，公证机构应当改派其他公证员承办。中国公证员协会制定的《公证员职业道德基本准则》第4条也规定："公证员应当自觉遵守法定回避制度，不得为本人及近亲属办理公证或者办理与本人及近亲属有利害关系的公证。"

一些更为具体的业务规则也对回避等事项作了更为具体的规定，例如司法部制定的

《开奖公证细则（试行）》第 18 条规定："承办开奖公证的公证处及公证人员不得以任何方式与主办单位串通，损害社会公众利益；不得购买或者收受本次有奖活动的彩票、奖票或者设奖物品。"

4. 保守秘密

保守秘密，是指公证机构及其工作人员，以及其他因公证需要而接触公证事务的人，对于其在公证活动中所接触到的国家秘密、商业秘密或者个人隐私，负有保守秘密的义务。《公证程序规则》第 6 条第 2 款规定，"公证机构的其他工作人员以及依据本规则接触到公证业务的相关人员，不得泄露在参与公证业务活动中知悉的国家秘密、商业秘密或者个人隐私"。《公证员职业道德基本准则》第 5 条规定："公证员应当自觉履行执业保密义务，不得泄露在执业中知悉的国家秘密、商业秘密或个人隐私，更不能利用知悉的秘密为自己或他人谋取利益。"

在公证实践中，保守职业保密原则应要求做到以下几个方面：（1）公证机构对参加办理公证事务的人要严格加以控制，以必须参与为原则；（2）公证员不仅要对接受委托办理的公证事项保守秘密，而且要对拒绝办理公证事项的情况保守秘密；（3）公证员不仅要对公证事项本身保守秘密，而且要对当事人申请公证的动机、目的、作用、后果及其实现的方式方法等保守秘密；（4）对于办理公证的有关档案材料，要按照保密要求加以保管，未经法定程序，不得查阅和复制；（5）公证员不仅应当保守公证秘密，而且不得利用知悉的秘密为自己或他人牟取利益。

5. 公平公正

公证员及公证机构所恪守的公正原则，有别于司法或仲裁的公正原则。司法公正，是指在法律规定的范围内行使自由裁量权，作出公平合理的判决；而公证主体无权将自己的意志强加于当事人，只能引导当事人各方达成合法、公平的协议。公证机构及其公证员通过履行咨询义务来实现公证的公正价值。咨询义务要求公证人负有公正的义务，即公证人不是一方当事人的代理人，他应当公正地评价双方的利益，从法律的角度保护弱者，向当事人各方提示法律风险，供当事人决策时参考。公证人不是单纯为任何一方当事人的利益服务，而是为公证各方当事人乃至为整个社会的利益服务，其承担的责任也不是单纯为任何一方当事人甚至双方当事人，而是为公共利益而承担。如果公证主体不能公正地完成公证程序，保证法律下的安全，则公证制度就没有存在的意义。因此可以说，公正原则是公证的生命线。从某种角度上说，"公证"就是"公正"的代名词。

6. 依法纠错

公证员在履行职责时，对发现的违法、违规或违反社会公德的行为，应当按照法律规定的权限，积极采取措施予以纠正、制止。《公证员职业道德基本准则》第 6 条规定："公证员在履行职责时，对发现的违法、违规或违反社会公德的行为，应当按照法律规定的权限，积极采取措施予以纠正、制止。"这种对于公证员纠正、制止违法违规或明显违背公德的行为的要求，反映的是公证员所拥有的公证权的准司法性质。需要注意的事，所谓违法违规，除去当事人的故意外，过失亦包含在其范围中。

（二）爱岗敬业，规范服务

1. 优质高效履职

公证肩负着预防纠纷、减少诉讼的社会责任，需要高素质的公证人优质、高效的履职才能实现。公证图章绝非一个所谓的"橡皮图章"，公证图章的背后是对真实性、合法性的确认，一些文书甚至还会产生既判力的效果。这就对公证员的法律专业素质和公证实践经验提出了很高要求。公证员的职业是高尚的，只有较高的业务素质，没有勤勉敬业、恪尽职守的高尚的道德情操，也很难满足公证员职业的需要。因为公证员执业的过程就是一项细致的劳动过程，完成这个过程需要艰苦的努力来积极收集相关证据材料，并在此基础上，认真分析、独立思考、自主判断，并且要敢于坚持正确意见，只服从法律，排除一切干扰。只有如此，公证员才能够优质、高效地完成公证工作。《公证员职业道德基本准则》第10条即规定："公证员应当严格按照规定的程序和期限办理公证事项，注重提高办证质量和效率，杜绝疏忽大意、敷衍塞责和延误办证的行为。"

2. 履行告知义务

《公证员职业道德基本准则》第8条规定："公证员在履行职责时，应当告知当事人、代理人和参与人的权利和义务，并就权利和义务的真实意思和可能产生的法律后果做出明确解释，避免形式上的简单告知。"

向当事人进行相应告知是公证工作得到普遍认可并获得重视的一项执业行为要求。作为一项重要的非讼制度，公证制度的作用并不在于解决纠纷，而在于预防纠纷的发生。公证预防纠纷的手段，除对不真实、不合法的事项拒绝公证以外，最主要的就是将与公证对象有关的事项充分告知当事人，提醒其注意。如果告知不充分，公证的预防作用就会大打折扣，对公证员来说也是一种失职。

公证员是法律职业人员，熟悉法律知识和公证程序，而当事人可能对法律知识知之甚少。公证员应当耐心地将有关规定和当事人依法享有的权利、所承担的义务、法律后果和注意事项等充分地向其一一告知，并将有关的概念讲解清楚，使当事人在办理公证过程中能够很好地行使权利、承担义务，配合公证员顺利办好公证事项。对于不同民族、种族、国籍和宗教信仰的当事人，公证员应当注意语言和宗教信仰的差异，选择适当的语言和表达方式，使其真正了解其依法享有的权利和承担的义务。对于文化水平不高的当事人，要用通俗的语言明确告知其法律的相关规定，使其了解法律规定的内涵，并在此基础上真实地作出自己的意思表示。对于行动不便的当事人，公证员还应到当事人的住所讲解有关法律，办理公证事项。此外，公证员在公证活动中履行告知的要求，还应注意：一是将告知的内容记入笔录；二是告知的内容并不受公证书记载的内容的限制，凡是与公证对象有关的事项都要充分告知当事人。

（三）加强修养，提高素质

1. 注重文明礼仪

公证员应当注重礼仪，做到着装规范、举止文明。公证员作为法律职业人员，行使的是证明权，因此其必须树立良好的职业形象，以维护公证行业的声誉。在执行职务时，应当注意仪容，着装整洁得体，举止文明大方。接待会谈、调查访问、查阅材料和制作笔录，应表现出法律职业人员的儒雅风范。

公证员在用语上也应格外注意。公证员必须牢记，自己肩负的是法律赋予的神圣权力，不能够滥用这种权力，对当事人颐指气使，吆五喝六。应该牢记自身职业的自治属性，平等待人，不卑不亢。《公证员职业道德基本准则》第9条即规定："公证员在执行职务时，应当平等、热情地对待当事人、代理人和参与人，要注重其民族、种族、国籍、宗教信仰、性别、年龄、健康状况、职业的差别，避免言行不慎使对方产生歧义。"在现场宣读公证词时，应当庄重、严肃，在形体动作上展现法律的权威和尊严。要用清晰流畅、有节奏的规范语言表达公证词的内容，使人有一种庄重而不疏远，亲切而又有距离的感觉，充分发挥公证的作用。

2. 避免失范言论

公证员应该格外注意自己的言论。公证员不得在公众场合或新闻媒体上，发表泄私愤、不负责任的有损公证严肃性和权威性的言论。每名公证员都要自觉地维护公证的严肃性和权威性，对于其他公证员正在办理的公证事项或者处理结果，除非在正常的讨论程序或审批程序中，不得发表有可能影响其他公证员独立自主判断的不同意见。如确为错误公证，应该按法定程序予以纠正；对于学术上不同观点的讨论，要选择适当的场合和方式进行，但不得干涉他人依法出具公证书，更不得出于泄私愤的目的，发表不负责任的言论，尤其应避免在公众场合或新闻媒体上发表不适当的言论，使公证的严肃性和权威性受到影响。

3. 不断学习进取

现代社会是一个日新月异的社会，每天都有新式的科学技术、新型的生产关系出现。而公证工作的特点势必要求公证员对于这些新鲜事物有所了解，不然就会不可避免地出现鲁鱼亥豕的尴尬。因此，公证员要树立终身学习的观念，才能够完满地完成公证工作。《公证员职业道德基本准则》第18条规定："公证员应当不断提高自身的业务能力和职业素养，保证自己的执业品质和专业技能满足正确履行职责的需要。"第19条则进一步指明："公证员应当树立终身学习理念，勤勉进取，努力钻研，不断提高职业素质和执业水平。"

三、公证员与特定法律职业间的关系规范

（一）公证员之间的关系规范

《公证法》规定，公证机构是依法设立，不以营利为目的，依法独立行使公证职能、承担民事责任的证明机构。作为事业法人，公证机构不按行政区划层层设立，不具有上下级之间的行政隶属性。公证员实行专业技术职务制度，彼此之间都是平等的，依法出具的公证文书具有同等的法律效力。公证机构、公证员之间都是平等竞争的关系。在市场经济条件下，为保证公平竞争，规范公证行为，公证员同行之间的职业伦理起到了重要的约束和调整作用。

除去前文中所提到的不干涉他人办证、不发表失范言论外，公证员还需注意尊重同行，公平竞争。公证员职业伦理禁止公证员同行间的不正当竞争行为。《公证员职业道

德基本准则》第 25 条即规定:"公证员不得从事以下不正当竞争行为:(一)利用新闻媒体或其他手段炫耀自己,贬损他人,排斥同行,为自己招揽业务;(二)以支付介绍费、给予回扣、许诺提供利益等方式承揽业务;(三)利用与行政机关、社会团体的特殊关系进行业务垄断;(四)其他不正当竞争行为。"第 23 条规定:"公证员应当相互尊重,与同行保持良好的合作关系,公平竞争,同业互助,共谋发展。"

关于公证员不得从事的不正当竞争,主要包括以下几种。首先,公证员不得利用新闻媒体或其他手段炫耀自己,贬损他人,排斥同行,为自己招揽业务。对于公证业的广告宣传,目前还缺乏相应的规范加以约束,而公证员作为法律职业共同体的一员,不宜利用广告进行自我宣传。其次,公证员不得利用与行政机关、社会团体、经济组织的特殊关系进行业务垄断,或从事其他不正当的竞争行为。公证员的业务垄断往往与腐败联系在一起,并极有可能导致公证员队伍的两极分化,对公证员素质的提高形成巨大障碍。如果纵容公证员利用特殊关系争抢案源形成业务垄断,造成精通专业知识的业务员无事可做的局面,不仅会严重挫伤其他公证员的积极性,而且会误导整个公证员队伍将注意力放在找机会、找关系垄断业务、控制市场上,而不是加强业务学习、提升法律素养,对公证员素质的整体提高形成巨大障碍,进而直接损害当事人的利益,并对整个公证行业造成损害。

(二)公证员与司法人员的关系规范

1. 公证员与司法行政机关的关系

司法行政机关是人民政府负责司法行政事务的部门,代表国家实施对司法行政事务的行政管理权。对于公证员的许多事务,司法行政机关都拥有管理权,如公证员的遴选,专业技术职务的聘任,公证事务的行政复议,公证处的设立、合并、终止审批,公证管辖区域的划定,公证管辖争议的裁决,等等。公证员的行政事务需要服从司法行政机关的管理。

但司法行政机关没有法律授权或确认的国家证明权。司法行政机关无权对公证事务的真实性、合法性进行审查。如果公证当事人对公证员出具的公证书有不同意见,向司法行政机关申请复议,司法行政机关仅能对公证员的办证程序进行审查。如果发现公证员履行职务过程中存在程序性错误,可依法作出撤销公证书的复议决定。如未发现程序违法,应予维持,驳回当事人申请。对于违法的公证员,司法行政机关可以依法实施行政处罚,受处罚的公证员依法可以申诉或提起行政诉讼。

2. 公证员与法官的关系

公证员与法官发生关联的场合一般是法庭,公证员以证人身份出席法庭审判,履行作证职责。公证员在法庭上回答法官、检察官、辩护人、双方当事人以及双方代理人的提问,对所出具公证书的真实性、合法性进行说明。公证员应本着忠于事实、忠于法律的态度,基于客观公正的立场进行回答。如公证处因公证事务被当事人作为被告起诉,公证员可作为公证处的诉讼代理人应诉,就原告的指控进行答辩,陈述办理公证的程序事实,运用相关法律与原告辩论,维护公证处及自己的合法权益。

人民法院与公证员之间的关系还可体现在对公证的司法监督管理方面。人民法院依据《民事诉讼法》的规定对发生效力的公证文书实施监督,受理公证赔偿责任诉讼以及与公证有关的行政诉讼和刑事诉讼。法官对公证文书享有监督权。在民事诉讼过程中,人民法院对于经法定程序证明的法律行为、法律事实和文书,一般不进行审查,可直接作为定案依据。但是,一旦发现有相反的证据足以推翻公证证明的,就需要排除公证文书的证据效力。人民法院审理的有关公证的行政诉讼,既是对公证员和司法行政机关合法权益的一种司法保护,也是对公证员违法违纪行为和司法行政机关违法实施行政行为的法律监督。

3. 公证员与检察官、监察官的关系

人民检察院、监察委员会与公证机关及其公证员之间的关系同样体现在对公证的司法监督管理方面,检察官与监察官依据《公证法》有关规定对公证员玩忽职守、徇私舞弊和滥用职权出具错证等行为进行审查,如构成犯罪,则应按照《刑事诉讼法》的程序追究刑事责任;如不构成犯罪,应予撤案,移送相应司法行政机关处理。

第三节 公证员职业伦理的培育与保障

一、公证员职业伦理的培育

(一)加强法学教育

法学教育是塑造法律职业伦理的必由之路。公证员必须具有系统的法学专业知识,往往由通过法律职业资格考试的法学专业毕业生担任,因此我国高校的法律职业伦理教育就是公证员职业伦理培育的重要基础。我国目前已形成了"高等教育制度、法学职业教育制度、统一法律职业资格考试、统一法律职业技能培训制度"多位一体的法律职业培养制度,但目前我国高校对法律职业伦理重视程度相对较低,课程设置以法学理论为主,忽视专业性的伦理教育,即使开设了法律职业伦理课程,也大多是一些空洞的道德说教,严重脱离实际与专业应用,效果尚不理想。不少学生甚至教师都认为,法律职业伦理无关紧要,对今后实践中走上职业化道路没有太大作用。还有部分教师认为,法律职业伦理带有强烈的实践性,需要在法律实践中由多种社会力量碰撞、磨合而成,并非由教师的宣讲而形成。且法学本科大学生或研究生往往已经成年,其内心的伦理观念已经形成,靠外力的说教培养很难生效。这些观念均严重阻碍了法律职业伦理教育在我国高校教育中的开展。

事实上,高校法学专业学生的人生观、价值观正处于可塑的最佳时期,正是理解、认同、养成法律职业伦理的关键时期,对他们进行系统的法律职业伦理教育是必需的,也是可行的。同时,包括公证员职业伦理在内的法律职业伦理是国家统一法律职业资格考试的重要内容,这也构成了学生学习法律职业伦理的外在动力。必须进一步强化法学教育对于法律职业伦理的重视程度。高校学生和在职教师必须认识到,法律职业伦理是法科学生必备的素质之一，甚至应当比拥有相应的法律知识与法律技能更为重要。此外，必须在日常的课程教授与实习活动中对此予以控制。除去严肃一般教学与学术研究纪律外，在培养过程中的法律实践内容中，尤其应该培养学生的法律职业伦理意识。对于那些法律职业伦理意识不强、认识水平不严肃、实践水平不过关的学生，要制定相应规章制度采取惩戒措施，把违反法律职业伦理的后果提高到与舞弊同一层次上来。

（二）岗前培训机制

公证员职业伦理培育机制中，岗前培训是一个非常重要的平台。公证员准入制度改革后，初任公证员必须通过国家统一司法考试，准入标准大大提高，对公证员的选拔、聘任也更为严格。从现有资料分析，全国各省基本已形成惯例，由省公证协会负责每年召集组织初任公证员的岗前培训。这也符合1999年《中国公证员协会章程》对公证协会的职能规定。该章程第4条第4项对公证协会的规定是："对会员进行职业道德、执业纪律教育，协助司法行政机关查处会员的违纪行为。"第5项规定："负责会员的培训，组织会员开展学术研讨和工作经验交流。"

但目前全国公证员的岗前培训尚不规范，往往由各省自行执行规章与标准，缺乏全国统一的标准和规定，必然会带来培训内容和培训标准的不统一。在实践中，某些省份更注重法律实务、公证实务的培训，忽视对公证员职业道德和执业纪律的培训。而且实践中并未区分公证员培训与助理公证员培训，二者经常是合在一起组成同一个培训班。但公证业务对公证员的职业伦理要求明显要高于对助理公证员的职业伦理要求。公证员职业伦理培训还需在实践中进一步规范。

理应将公证员对职业伦理的掌握视为公证员上岗的基本前提，必须通过特定形式进行考核。此外，在公证员上岗后，也应该对公证员的职业伦理进行持续培训与考察。在公证员上岗后定期对其进行职业伦理培训，有利于加固其职业伦理观念，不断提高其职业道德素养，从而推动我国公证事业的健康发展。

二、公证员职业伦理的保障

所谓公证员职业伦理的保障，是指通过外部作用，对公证员遵守、实践职业伦理进行监督，引导、督促公证员积极落实其职业伦理规范。完善的公证员职业伦理保障机制，也是培养公证员职业伦理意识，促进公证事业发展的必需手段。一般来说，对公证员职业伦理的保障可从以下几个方向进行。

（一）公证员职业伦理的外在监督管理机制

所谓公证员职业伦理的外在监督管理机制，主要是以公证协会和公证机构为主体实施的外在监督管理机制。《公证法》第4条第2款规定："公证协会是公证业的自律性组织，依据章程开展活动，对公证机构、公证员的执业活动进行监督。"公证协会对公证员的职业伦理行为有监督职权。《公证法》第14条规定："公证机构应当建立业务、财务、资产等管理制度，对公证员的执业行为进行监督，建立执业过错责任追究制度。"

公证机构和公证协会依据《公证法》第22条第1款的规定对公证员的职业伦理行为进行监督："公证员应当遵纪守法，恪守职业道德，依法履行公证职责，保守执业秘密。"《公证员执业管理办法》第21、22条规定，要加强对公证员执业活动的监督，建立公证员执业过错责任追究制度。《公证员执业管理办法》第32条规定，公证员执业中有违纪行为的，由公证协会给予处分，如发现有依据《公证法》的规定应当给予行政处罚情形的，应当提交有管辖权的司法行政机关处理。

公证机构与公证协会对于公证员职业伦理的监督是最直接、效率最高的监督机制，各级各地的公证机关以及公证协会必须时刻警醒，做好监督的第一责任人。

（二）当事人的监督与评价

除公证机构与公证协会的直接监督外，当事人对公证员行为进行监督，是保障公证员职业伦理规范发挥实效的重要途径。

首先，当事人对公证员进行肯定性评价，会提升公证员的职业形象，使其增强职业荣誉感，促使其积极遵守行为规范。其次，当事人依据职业伦理规范对公证行为作出否定性评价，甚至进一步直接对公证员采取相应措施，实质上也会促进公证员职业伦理的养成。公证机构与公证协会应该指派专人接受当事人的投诉，为当事人的监督提供可靠、便捷的渠道。

（三）司法及司法行政机关的监督与控制

公证员职业伦理也必须受到司法行政机关的监督保障。当公证员存在某些不适当的行为从而导致当事人蒙受损失时，司法监督是确保仲裁制度公正性、落实仲裁员职业伦理以及保护当事人权益的最后一道防线。司法监督包括司法机关的监督以及司法行政机关的监督。司法行政机关有权依当事人申请对于公证员的公证程序等程序性问题进行审查。司法机关则有权根据法律，实质性地审查公证员工作的正当与否。

其中，最严重的是司法机关依法追究仲裁员的刑事责任。《公证法》第42条第1款、第2款规定，公证机构及其公证员有下列行为之一的……构成犯罪的，依法追究刑事责任：（1）私自出具公证书的；（2）为不真实、不合法的事项出具公证书的；（3）侵占、挪用公证费或者侵占、盗窃公证专用物品的；（4）毁损、篡改公证文书或者公证档案的；（5）泄露在执业活动中知悉的国家秘密、商业秘密或者个人隐私的；（6）依照法律、行政法规的规定，应当给予处罚的其他行为。因故意犯罪或者职务过失犯罪受刑事处罚的，应当吊销公证员执业证书。《公证法》第44条进一步规定，当事人以及其他个人或者组织有下列行为之一……构成犯罪的，依法追究刑事责任：（1）提供虚假证明材料，骗取公证书的；（2）利用虚假公证书从事欺诈活动的；（3）伪造、变造或者买卖伪造、变造的公证书、公证机构印章的。公证员对自己身上肩负的责任必须时刻保持清醒，践行公证员职业伦理规范，既是对公证员的监督，也是对公证员的保护。

三、公证员职业伦理的其他责任形式

公证员在执业过程中依法行使权力，并履行法定义务。公证员不得违反法律法规以及行业纪律和职业道德。除去前文所说的可能存在的刑事责任外，根据公证员违纪违法行为的性质差异和严重程度，公证员还可能要承担民事责任、行政责任以及刑事责任。

(一)公证员的民事责任形式

《公证法》第43条规定，公证机构及其公证员因过错给当事人、公证事项的利害关系人造成损失的，由公证机构承担相应的赔偿责任；公证机构赔偿后，可以向有故意或者重大过失的公证员追偿。当事人、公证事项的利害关系人与公证机构因赔偿发生争议的，可以向人民法院提起民事诉讼。《公证法》第44条规定，当事人以及其他个人或者组织有下列行为之一，给他人造成损失的，依法承担民事责任……（1）提供虚假证明材料，骗取公证书的；(2)利用虚假公证书从事欺诈活动的；(3)伪造、变造或者买卖伪造、变造的公证书、公证机构印章的。《公证员执业管理办法》第33条规定，公证员因过错给当事人、公证事项的利害关系人造成损失的，公证机构依法赔偿后，可以向有故意或者重大过失的公证员追偿。《公证机构执业管理办法》第42条规定，公证机构及其公证员因过错给当事人、公证事项的利害关系人造成损失的，由公证机构承担相应的赔偿责任；公证机构赔偿后，可以向有故意或者重大过失的公证员追偿。

公证机构依法独立承担民事责任，是法律对公证管理体制改革取得的成果的确认。为了保障当事人或有关利害关系人因公证机构的过错所遭受的损害得到赔偿，建立公证赔偿基金制度、公证责任保险和要求公证员交纳执业保险金是许多国家都采取的方略。公证赔偿基金、公证责任保险以及公证员职业执业保险金形成的三位一体的公证赔偿制度，有利于保护当事人的求偿权，有利于降低公证机构的执业风险。

公证赔偿的特点在于：在公证赔偿的外部法律关系上，赔偿责任的具体承担者仅是公证机构而非公证员，公证机构和公证员并非连带或者补充责任关系。对公证机构来说，公证机构的责任类似民法中关于雇主责任的特殊侵权责任。在责任承担上，公证机构要对公证当事人及公证事项的利害关系人的损失先承担相应的赔偿责任；公证机构赔偿后，可以向具体的侵权行为人，即有故意或者重大过失行为的公证员追偿。

(二)公证员的行政责任形式

公证员和公证机构执业中违法行为的行政法律责任是最主要的法律责任形式。

《公证法》第41条规定，公证机构及其公证员有下列行为之一的，由省、自治区、直辖市或者设区的市人民政府司法行政部门给予警告；情节严重的，对公证机构处1万元以上5万元以下罚款，对公证员处1000元以上5000元以下罚款，并可以给予3个月以上6个月以下停止执业的处罚；有违法所得的，没收违法所得：（1）以诋毁其他公证机构、公证员或者支付回扣、佣金等不正当手段争揽公证业务的；（2）违反规定的收费标准收取公证费的；(3)同时在2个以上公证机构执业的；(4)从事有报酬的其他职业的；（5）为本人及近亲属办理公证或者办理与本人及近亲属有利害关系的公证的；（6）依照法律、行政法规的规定，应当给予处罚的其他行为。《公证法》第42条规定，公证机构及其公证员有下列行为之一的，由省、自治区、直辖市或者设区的市人民政府司法行政部门对公证机构给予警告，并处2万元以上10万元以下罚款，并可以给予1个月以上3个月以下停业整顿的处罚；对公证员给予警告，并处2000元以上1万元以下罚款，并可以给予3个月以上12个月以下停止执业的处罚；有违法所得的，没收违法所得；情节严重的，由省、自治区、直辖市人民政府司法行政部门吊销公证员执业证书……；

（1）私自出具公证书的；（2）为不真实、不合法的事项出具公证书的；（3）侵占、挪用公证费或者侵占、盗窃公证专用物品的；（4）毁损、篡改公证文书或者公证档案的；（5）泄露在执业活动中知悉的国家秘密、商业秘密或者个人隐私的；（6）依照法律、行政法规的规定，应当给予处罚的其他行为。因故意犯罪或者职务过失犯罪受刑事处罚的，应当吊销公证员执业证书。被吊销公证员执业证书的，不得担任辩护人、诉讼代理人，但系刑事诉讼、民事诉讼、行政诉讼当事人的监护人、近亲属的除外。

重要名词术语

忠于事实、忠于法律、爱岗敬业、加强修养、公证员的责任形式

思考题

1. 概述公证员职业伦理的基本内容。
2. 阐述公证员与其他法律职业的关系。
3. 阐述公证员可能面临的职业伦理的责任形式。

典型案例分析

1. 甲系某地公证机构的公证员。甲出具了一份债权公证文书，公证乙向丙借款10万元，并以丁、戊等为保证人。其后，乙向该公证机关申请复查，经查，公证书卷宗档案缺失了借款人、抵押人、保证人申请公证的申请表以及询问笔录。公证机构遂撤销了该公证文书。

问：公证员甲是否要受到行政处罚？

答：甲的行为违反了《公证法》第3条"公证机构办理公证，应当遵守法律，坚持客观、公正的原则"的一般性规定，但是没有违反《公证法》《公证员执业管理办法》中的禁止性规定，所以不应给予其行政处罚。不过，公证员甲仍应该接受公证机构内部的纪律处分。

2. 公证员甲接受了乙的宴请，在乙的要求下，虽明知乙提供的土地产权证书属于不可作为抵押物办理抵押公证的宅基地，但仍出具了公证书予以公证。乙因此得以利用该公证书向银行申请贷款，致使银行在贷款期限届满后无法对抵押房产主张权利，造成贷款未能收回。

问：公证员甲应该受到何种处罚？

答：最高人民检察院《关于公证员出具公证书有重大失实行为如何适用法律问题的批复》明确规定，《公证法》施行以后，公证员在履行公证职责过程中，严重不负责任，出具的公证书有重大失实，造成严重后果的，依照《刑法》第229条第3款的规定，以出具证明文件重大失实罪追究刑事责任。甲的违法行为致使银行蒙受巨大损失，已经符

合出具证明文件重大失实罪的构成要件，应该接受刑事处罚。此外要注意的是，甲的行为不属于玩忽职守罪，玩忽职守罪的犯罪主体是国家机关工作人员，侵犯的客体是国家机关的正常工作活动，而公证机构属于一般事业单位，公证员也属于社会自由职业，故其行为不符合玩忽职守罪的构成要件。

3. 某地公证机构因为涉外业务较多，且缺乏专业的翻译人才，故部分申请人找到甲，希望甲代为翻译业务。后甲与公证机构达成协议，收取翻译费用，并与公证机构达成协议，由公证机构代为收取翻译费用，并将收取的翻译费用在甲与公证机构间进行分配。

问：甲收取翻译费用、公证机构代为收取翻译费用的行为应当如何界定？

答：公证机构属于非营利性机构，公证机构不是以市场调节价收取费用，而是根据公证费收费标准来收取。《公证法》第46条规定：公证费的收费标准由省、自治区、直辖市人民政府价格主管部门会同同级司法行政部门制定。在收费标准之外产生的费用，如调查费、翻译费、租用保险箱等费用，应当由当事人负担，不属于公证收费范围。案件中的翻译费用即应属于此类费用，而不属于公证费。因此，公证机构代为收取翻译费用并将部分翻译费用作为报酬支付给甲的行为应该属于正常的民事活动，不应该将其纳入行政管辖的范畴中。

第八章 立法人员职业伦理

【内容提示】

立法人员,是指在立法机关中参与法律制定过程的工作人员,他们的职责是参与或者辅助立法权的行使。在我国立法制度中,立法环节包括法案的提出、法案的审议、法案的表决和法律的公布,每个环节都需要立法人员的专业能力和高度责任感。而立法人员的工作内容涵盖了立法决策的主导、立法内容的制定、立法技术的运用、立法过程的监督以及利益协调和公众参与等方面。他们的工作特点包括环节性、技术性、中立性和实践性,这些特点要求立法人员在立法过程中必须具备专业知识、公正立场和实际操作能力。

立法人员职业伦理的内容包括以人民为中心、民主立法、依法立法、实事求是和审慎谦抑五个核心原则。以人民为中心的原则要求立法工作始终围绕人民的利益和需求,确保法律能够反映人民的共同意志。民主立法强调立法过程中的公众参与和意见征集,以提高立法的民主性和科学性。依法立法则要求立法活动必须遵循我国宪法和法律规定的权限和程序,确保立法的合法性。实事求是原则要求立法人员在立法活动中必须从实际出发,科学合理地制定法律规范,确保法律既符合社会经济发展的客观规律,又能够解决实际问题。审慎谦抑则要求立法机关在制定法律时应持谨慎的态度,仅在必要时才针对某种社会现象进行立法,避免不必要法律条文,减少对公民自由的限制。

第一节 立法人员职业伦理概述

一、立法者、立法人员、立法环节

在民主政治社会中,立法机关通常都是由通过选举产生的代表组成,这些代表如议员、立法机构的成员,他们代表公民的意愿和利益,参与法律的制定过程。立法人员就是立法机关中参与立法相关具体活动的人员。我国通过《宪法》赋予特定机关以立法权,通过《立法法》规范立法权的行使。其中,我国享有立法权的机关包括全国人民代表大会及其常务委员会、国务院、地方人民代表大会及其常务委员会、民族区域自治地方的人民代表大会、经济特区所在地的省、市的人民代表大会及其常务委员会、国务院部门和地方政府。因而在上述机关、部门任职的有关立法活动的工作人员都属于立法人员，他们是立法活动的具体实施人员。

其实，广义上讲，参与意见征求、立法论证、立法评估等立法工作的专家学者、社会组织的工作人员等也都参与了立法活动，也属于立法人员。从结果导向的视角来看，立法人员职业伦理道德是为了规范立法活动，确保最终得出的法律能够发挥出上述的预期效果，因而对法律文本存在影响力的人员都应当属于立法人员的范畴，都应当受到立法人员职业伦理的规范。而狭义上讲，对立法某一立法环节负责的人员才属于立法人员的范畴。本书采取最狭义的理论，即立法人员是指参与我国法律制定过程，参与立法权行使的具体工作人员。但是上述最广泛含义的立法人员中的主体在参与立法活动时，也应当参考、遵守狭义上立法人员的职业道德规范。

立法人员在立法过程中扮演关键角色，他们需要具备专业的法律知识、政策分析能力以及平衡不同利益关系的能力。立法人员还需要代表民意，提供政策建议，并在立法过程中确保法律的合法性和有效性。在某些情况下，立法人员也可以是指那些在特定领域具有立法权的专家或委员会成员。立法工作不仅限于创制新法律，而且包括修改和废止现有法律，以适应社会的变化和发展。

根据《立法法》和有关法律的规定，全国人大及其常委会制定法律的程序，包括法律案的提出、法律案的审议、法律案的表决、法律的公布四个阶段。

1. 法案的提出

有权向全国人大提出法律案的主体有：全国人大主席团、全国人大常委会、国务院、中央军委、最高人民法院、最高人民检察院、全国人大各专门委员会，以及一个代表团或者30名以上代表联名。《立法法》规定，向全国人大提出的法律案，在全国人大闭会期间，可以先向全国人大常委会提出，经常委会会议审议后，决定提请全国人大审议。例如，慈善法、民法总则、监察法都是经常委会两次或者两次以上审议后，提请大会审议通过。有权向全国人大常委会提出法律案的主体有：委员长会议、国务院、中央军委、最高人民法院、最高人民检察院、全国人大各专门委员会以及常委会组成人员10人以上联名。另外，国家监察委员会成立后，应当考虑作为有权提出法律案等议案的主体。

2. 法案的审议

全国人民代表大会审议法律案的程序分四步：一是在会议举行前1个月将法律草案发给代表；二是在大会全体会议上听取提案人作关于法律草案的说明；三是各代表团全体会议或小组会议对法律草案进行审议；四是宪法和法律委员会（即现行《立法法》所说的"法律委员会"，下同）根据各代表团的审议意见，对法律案进行统一审议。

全国人大常委会审议法律案的基本程序也分四步：一是在常委会会议举行的7日前将法律草案发给常委会组成人员；二是在常委会全体会议上听取提案人作关于法律草案的说明；三是常委会分组会议对法律草案进行审议，在此基础上，必要时可以召开联组会议进行审议；四是有关专门委员会对法律草案进行审议，提出审议意见，然后由宪法和法律委员会统一审议。

《全国人民代表大会组织法》(以下简称《全国人大组织法》)、《全国人民代表大会议事规则》(以下简称《全国人大议事规则》)和《立法法》规定了统一审议法律案的制度。由宪法和法律委员会根据常委会组成人员、有关的专门委员会的审议意见和其他各方面的意见,进行统一审议后,向常委会提出修改情况的汇报或者审议结果的报告,并提出法律草案修改稿。有关的专门委员会的审议意见印发常委会会议。在法律案的审议过程中,法制工作委员会根据常委会组成人员的审议意见和各方面的意见,对法律草案进行修改,提出法律草案的修改建议稿,提交宪法和法律委员会统一审议。实践证明,这个制度既有利于对法律案所涉及的专业问题进行深入研究,也有利于统一立法技术规范,统一协调解决重点难点问题,维护法制的统一。

《立法法》规定了对法律草案的"三审制"。列入常委会会议议程的法律案,一般应当经三次常委会会议审议后再交付表决。根据《立法法》的规定和实践中的做法,对属于调整事项较为单一或者部分修改的法律案,如果各方面意见比较一致的,也可以经一次会议审议后即交付表决,关于法律问题的决定和"打包修改"的法律案等通常都是一审通过,有的可以经两次会议审议后交付表决。如果法律案经常委会三次会议审议后,仍有重大问题需要进一步研究的,可以暂不付表决,交宪法和法律委员会和有关的专门委员会进一步审议。此外,法律案经审议之后,因各方面对制定该法律的必要性、可行性等存在较大分歧搁置审议满2年的,或者因暂不付表决经过2年没有再次列入常委会会议议程审议的,由委员长会议向常委会报告,该法律案终止审议。

3. 法案的表决

列入全国人大会议审议的法律案,由全体代表的过半数通过。对于《宪法》的修改,由全体代表的2/3以上的多数通过。列入全国人大常委会审议的法律案,由常委会全体组成人员的过半数通过。

4. 法律的公布

法律的公布,是立法的最后一道程序。我国《宪法》规定,中华人民共和国主席根据全国人大和全国人大常委会的决定,公布法律。签署公布法律的主席令,载明该法律的制定机关、通过和施行日期。

二、立法人员工作内容与特点

(一)立法人员工作内容

立法人员不仅影响法律的内容和形式,还确保立法过程的公开透明和公众的参与度,从而提高立法的整体质量和社会接受度。主要体现在以下几个具体环节。

1. 立法决策的主导

立法人员通过确定立法工作的优先级和时间表,以及在立法过程中的关键时刻提供指导和决策,来主导立法进程。例如,全国人大常委会法制工作委员会在法律草案审议过程中,通过及时成立起草领导小组和工作小组,确保了立法工作的顺利进行。

2. 立法内容的制定

立法人员通过提出法律草案、参与法律条文的讨论和修改,直接影响法律的具体内容。他们可以根据社会需求、政策目标和法律原则，设计和调整法律规定，以确保法律的有效性和适应性。

3. 立法技术的运用。

立法人员利用其专业知识和立法经验，运用各种立法技术，如概念的清晰界定、逻辑的统一安排等，来提高法律草案的质量。这有助于避免法律规定的矛盾和模糊，确保法律的明确性和可执行性。

4. 立法过程的监督

立法人员通过对立法过程的监督，确保法律草案的审议符合法定程序和要求。他们可以通过质询、审议报告等方式，对立法工作进行监督，以保证立法质量和民主性。

5. 利益协调和公众参与

立法人员在立法过程中扮演协调不同利益关系和促进公众参与的角色。他们可以通过组织听证会、座谈会和征求意见等方式，收集社会各界的意见和建议，使立法更加民主和科学。

（二）立法人员职业特点

1. 环节性

法律实践中，其他的法律职业者通常全面参与司法案件的各个阶段，并在其中扮演主导角色。他们负责案件的调查、策略制定、法律论证以及在法庭上的代理等。相比之下，特定立法人员工作的性质更专注于立法程序中的一个或者几个环节。宏观来讲，法案的提出、审议、修改、表决等，每个阶段都需要确保民主性、公开性、交涉性及自律性。立法程序的设计旨在限制立法参与人员的恣意，确保立法活动的程序正义，并通过合法路径和正当法律程序协调利益冲突、规制社会秩序及配置社会资源。具体来讲，在立法权的行使活动中，民意机关占据主导地位，特定的立法人员作为民意机关的组成部分或辅助人员仅参与立法的特定环节。立法的流程通常也更为漫长和审慎，并且涉及广泛的社会利益和权利。而立法人员的职责因其所在部门和岗位的不同而有所差异，其也更专注于法律草案的特定部分或在立法过程中的特定阶段。

2. 技术性

立法人员具有技术性，是指立法人员要熟练地掌握立法技术，而立法技术就是立法人员开展工作的主要工具。立法技术，是指在整个立法过程中产生和利用的经验、知识和操作技巧，包括立法体制确立和运行技术、立法程序形成和进行技术、立法表达技术等。立法表达技术涉及规范性法律文件的名称、内部结构、外部形式、概念和语言表达、文体的选择技术等。立法技术的价值和目的在于使法律规范的表达形式臻于完善，使其与内容相符合，以便法律的遵守和适用。随着信息时代的到来，一些大数据、云计算、人工智能等前沿技术发展，立法技术正在从文本表达技巧扩张开来。在保障立法的科学性、规范行、统一性的角度上，基于法律信息库、大数据、云计算等技术能够高效便捷地帮助立法人员发现问题。因而对立法人员职业的技术性要求也正在上升。

3. 中立性

立法人员职业的中立性是立法的中立性决定的。立法中立性，是指立法过程中，立法不受特定利益集团影响,能够公正地反映社会公共利益的特性。立法的中立性对公众对法律的信任度和执行力有着重要影响。立法中立性、立法人员的中立性有助于建立立法的公正性和客观性,有利于增强法律普遍性和权威性,有利于促进法律的有效实施,有利于防止部门利益立法,提高立法质量。通过中立性确保法律被视为公平和合理的社会规范,而不是某个集团的工具。例如,北京市政府将法规规章草案交由中立的专业人士或组织起草,这种做法有助于消解规章与法规中的部门利益,使法律更具公信力,从而提高公众的信任度。

4. 实践性

立法人员职业的实践性,是指立法人员参与立法活动时,应当确保法律与社会实际相结合。立法的目的是解决社会实践中出现的问题,法律的制定和修改需要反映社会发展的实际需要,以确保法律的有效性和适用性。同时,实践是法律的检验场,通过法律在社会生活中的应用和执行,可以发现法律存在的不足和问题,从而对法律进行修订和完善。实践性要求立法人员工作必须深入实际,广泛听取各方意见,确保立法的民主性和科学性,从而提高立法质量。我们知道,立法不仅要规范社会行为,还要发挥引领作用,引导社会发展方向,这就需要立法工作紧密结合社会实践,确保法律的时代性和指导性。立法的实践性是实现良法善治的关键。通过实践性的立法,可以更好地服务于社会发展和人民福祉。

第二节 立法人员职业伦理的内容

立法人员职业伦理与立法人员的工作内容、工作流程、工作目标是紧密联系的。立法工作流程烦琐审慎,内容所涉极广,又关乎国家与社会的发展。但总的来说,立法人员在立法准备、形成法律、法律完善环节主要围绕着法律政策、法律文本与法律实践三个角度展开。其中,法律政策的贯彻主要涉及立法者意志的表达;法律文本主要涉及法律技术的运用;法律实践则是具体的法律适用与社会效果。在这些过程中,立法人员应当秉持着以人民为中心、民主立法、依法立法、实事求是、公平中立、审慎谦抑的职业伦理,具体来讲内容如下。

一、以人民为中心

1. 概述

人民是历史的创造者,是决定党和国家前途命运的根本力量。必须坚持人民主体地位,坚持立党为公、执政为民,践行全心全意为人民服务的根本宗旨,把党的群众路线贯彻到治国理政全部活动之中,把人民对美好生活的向往作为奋斗目标,依靠人民创造历史伟业。坚持"以人民为中心"的思想体现了中国共产党对《共产党宣言》基本思想一以贯之的根本遵循。2015年10月29日,在党的十八届五中全会上,习近平总书记明确提出了坚持以人民为中心的发展思想。习近平总书记强调人民对美好生活的向往就是我们的奋斗目标,强调要坚定不移走共同富裕的道路。

立法以人民为中心,是指在立法过程中始终坚持人民的主体地位,确保立法工作的出发点和落脚点是为了满足人民的利益和需求,保障人民的权利和自由,以及维护社会公平正义。这一原则要求立法机关在制定法律时,要广泛听取和反映人民群众的意见和建议,确保法律能够体现人民的共同意志,得到人民的广泛认同和支持。

在实践中,立法以人民为中心体现在多个方面,例如通过民主立法、科学立法、依法立法等方式提高立法质量,确保法律的有效实施能够切实保障人民的权益。同时,立法工作还应关注民生领域,解决人民群众最关心、最直接、最现实的利益问题,以及加强对法律实施的监督,确保法律的权威性和有效性。

2. 以人民为中心与民主立法的关系

立法以人民为中心与民主立法是相辅相成的两个概念。立法以人民为中心强调的是立法工作的出发点和归宿都应围绕人民的利益和需求,确保法律能够反映人民的意志和保护人民的权益。民主立法则是指在立法过程中广泛听取和吸纳社会各界的意见和建议,确保立法的民主性和科学性,使法律更具有广泛的社会基础和公信力。

在中国的立法实践中,立法以人民为中心体现了社会主义民主政治的本质要求,即一切权力属于人民,立法工作必须体现人民的主体地位。民主立法则是实现立法以人民为中心的具体途径和方法,通过全过程人民民主,确保立法活动的透明度和公众参与度,使立法更加符合人民的期待和社会的实际需要。

因此可以说,立法以人民为中心与民主立法是内在联系的,民主立法是实现立法以人民为中心的重要保障,而立法以人民为中心则是民主立法的根本目的和价值取向。通过民主立法,可以更好地实现立法以人民为中心的原则,确保法律的生命力和有效性。

3. 具体做法

以人民为中心既是立法人员的职业道德,也是应当贯彻立法全过程的核心理念。要做到立法以人民为中心,就要保证立法工作全面体现人民的利益和意愿。根据不同的环节,具体体现有所不同,以下是一些关键步骤。首先是立法准备阶段,立法工作人员应当紧密围绕党中央的决策部署,反映经济社会发展的需要和人民群众的关切。通过立法规划,明确立法任务、重点和项目,提高立法质量和效率。其次是形成法律阶段。一是要广泛征求意见,在立法过程中,应通过多种渠道和方式,如公开征求意见、座谈会、听证会等,广泛听取社会公众、专家学者、利益相关方的意见和建议,确保立法内容能够反映人民的多元需求和利益。二是要强化民主立法。人大代表作为核心的立法人员要发挥其作用,确保立法更好地接地气、察民情、聚民智、惠民生。同时,应建立健全吸纳民意、汇聚民智的工作机制。如今,也可以积极运用新媒体新技术拓宽社会公众参与立法的渠道。最后是法律完善阶段。一是要加强立法宣传和普法教育。通过立法宣传,提高人民群众对法律的认识和理解,增强法律的社会影响力和执行力。同时,普法教育应融入立法过程,及时宣传、解读新出台的法律法规,回应立法热点问题。二是要完善立法后评估和监督机制。立法后应定期进行评估,以监测法律实施的效果,及时发现和解决问题。此外，应建立健全监督机制，确保法律得到有效执行，维护法律的权威性和严肃性。

二、民主立法

1. 概述

"全过程人民民主"是社会主义民主政治的本质属性。党的二十大报告把发展全过程人民民主确定为中国式现代化本质要求的一项重要内容，对"发展全过程人民民主，保障人民当家作主"作出全面部署、提出明确要求。立法民主既是现代民主原则在立法程序、形式上的具体体现，也是现代民主政治发展的必然要求。

立法民主，是指在立法过程中广泛听取和反映民意，确保立法活动体现人民的意志和利益，并通过各种民主形式和程序，使公民能够有序参与立法过程的立法方式。民主立法的核心在于立法为了人民、依靠人民，它要求立法机关在立法决策和活动中贯彻民主原则，确保法律内容能够全面反映最广大人民的共同意愿和利益。

区别于普通立法，民主立法有更高的社会参与程度、立法过程的透明度以及立法结果对民众意愿的反映程度。民主立法强调民众在立法规划、起草、讨论等各个阶段的制度化和程序性参与，确保民众的意见和建议能够在一定程度上影响立法过程和结果。此外，民主立法要求立法过程具有最大限度的公开性，以便民众参与和监督。

在中国特色社会主义法律体系中，民主立法的原则得到了特别的强调，要求在法律的立项、起草、审议、论证、评估等全流程、各环节充分听取广大人民群众的意见和建议，以确保人民当家作主的原则得到全面落实。这种立法方式体现了立法的形式民主与实质民主的统一，以及立法的直接民主与间接民主的统一。

2. 立法民主性的几个具体标准

（1）立法的科学性。立法应尊重和体现社会发展的客观规律，适应时代发展要求，推动国家发展进步，并保障人民各项权利。法律应从国情和实际出发，建立科学的立法体制机制，使每一项立法都能科学合理地规范国家机关的权力和责任，以及公民、法人和其他组织的权利与义务。

（2）立法的人民性。民主立法的核心在于立法为了人民、依靠人民，使法律真正反映广大人民的共同意愿、充分保障广大人民的各项权利和根本利益。立法工作应坚持人民的主体地位，通过各种方式使立法更好地汇聚民意、集中民智，体现人民的利益和需求。

（3）立法的透明度和公众参与。民主立法应保证立法过程的透明度，确保公众能够通过多种途径参与立法活动。这包括立法草案的公开征求意见、公众听证会、专家咨询等形式，以确保立法决策能够广泛反映社会各界的意见和需求。

（4）立法的合法性和程序正义。立法应严格依照法定权限和法定程序进行，确保立法权力的正确行使，并防止部门利益和地方保护主义法律化。立法机关应遵循立法程序，注重立法技术，确保法律的合法性和程序正义。

（5）立法的实施和监督。民主立法不仅要求立法过程的民主性，还要求立法后的有效实施和监督。法律法规的生命力在于其实施,因此需要通过广泛的宣传教育和有效的监督机制,确保法律得到遵守和执行。

3. 民主立法具体措施

具体操作时,民主立法的要求围绕着立法的透明度和参与度展开。我国目前在民主立法的实际操作中已经有了一系列的措施,主要包括以下几个。

公开征求意见。法律法规草案在审议后,通常会通过网络向全社会公布,以公开征求公众意见。这是受众面最广的民主立法程序之一。

发言人机制。立法机关通过定期召开记者会等形式,向公众反馈法律草案公开征求意见的情况,以及吸收采纳的意见。

第三方评估。在涉及重大利益调整的立法中,可能会引入第三方评估,以确保各方利益得到平衡考虑。

多种形式的意见征集。立法过程中,除了公开征求意见,还会通过座谈会、听证会、论证会等多种形式,听取公民、法人和其他组织的意见和建议。

立法信息公开。五年立法规划、年度立法计划以及地方性法规草案等立法信息应当公开,以便公众了解和参与。

书面征求意见。起草、审查、审议地方性法规草案时,可以书面征求有关部门、地方、社会团体、人大代表、专家学者以及利害关系人的意见和建议。

三、依法立法

1. 概述

依法治国就是依照体现人民意志和社会发展规律的法律治理国家,而不是依照个人意志、主张治理国家;要求国家的政治、经济、社会各方面的活动通通依照法律进行,而不受任何个人意志的干预、阻碍或破坏。依法治国理念在立法工作中的体现就是依法立法。依法立法要求立法行为和立法内容的合宪性、合法性。具体来说,依法立法,是指立法活动必须遵循法律规定的权限和程序,确保立法的合法性和有效性。这一原则要求立法机关、立法人员在制定法律时,必须严格按照宪法和法律的规定进行,不得超越法定权限,同时要保证立法程序的正当性和透明度,以维护社会主义法制的统一和尊严。例如,制定法律、行政法规、地方性法规、自治条例和单行条例的活动,以及国务院部门和地方政府制定规章的活动,都必须依照《宪法》《立法法》和有关法律的规定来进行。

2. 法定权限

法定权限是依法立法的核心要素之一,它确保了立法活动的合法性和宪法权威的维护。立法机关在立法过程中必须严格遵守这一原则,以保证法律体系的和谐统一和法治国家的建设。在依法立法的原则中,"法定权限"是指立法人员在宪法和法律框架内拥有的立法权力和范围。这一概念强调立法活动必须在法律赋予的权限内进行,不得超越。法定权限的设定是为了确保立法的合法性、合理性和有效性,防止立法机关、立法人员滥用权力,维护国家法制的统一和尊严。法定权限还涉及立法内容的限制,如部门规章不得设定减损公民、法人和其他组织权利或增加其义务的规范，除非有法律或国务院的行政法规、决定、命令的依据。这意味着立法机关在制定规范时，必须有相应的法律授权，不能随意创设或剥夺权利和义务。

3. 具体措施

要确保依法立法，有以下的几种具体措施。

首先是依宪立法。立法工作必须遵循宪法的基本原则，确保所有法律法规都不得与宪法文本的规定相抵触。在宪法规定不清晰的地方，应当从宪法原理出发，寻求宪法规定背后的宪法原则和宪法精神。立法草案在审议过程中应加强对合宪性、涉宪性问题的研究，并作出说明和回应。建立健全涉及宪法问题的事先审查和咨询制度，确保法规规章、重要政策和重大举措符合宪法规定和精神。

其次是贯彻落实备案审查制度。备案审查制度是保障宪法法律实施、维护国家法治统一的重要制度。通过备案审查，可以解决法律法规与宪法相抵触的问题，确保法律体系的内部衔接有序、和谐统一。

最后是遵守立法程序。依法立法要求立法要有程序意识，这可以使立法权运行得更加规范有序，让立法工作开展得更加阳光透明，从而更好地实现好维护好发展好最广大人民的根本利益。

四、实事求是

立法工作中的实事求是原则，是指在立法活动中必须从实际出发，科学合理地制定法律规范，确保法律既符合社会经济发展的客观规律，又能够解决实际问题。实事求是原则立足于科学立法的基本要求，以回应、解决现实问题为立法的目标。我国《立法法》第7条第1款规定："立法应当从实际出发，适应经济社会发展和全面深化改革的要求，科学合理地规定公民、法人和其他组织的权利与义务、国家机关的权力与责任。"这一原则立法要求立法人员深入社会实际，进行认真的调查研究，以全面、客观、科学的态度认识和分析社会矛盾，确保法律内容既体现人民的利益和意愿，又切实可行。

实事求是原则在立法中的体现包括：正确认识中国的基本国情，根据社会主义事业的建设和改革需要制定法律；立法工作要有针对性和可执行性，法律规范要明确具体，经得起实践和历史的检验；立法人员要深入社会，了解社会关系的实际状况，找出解决矛盾的具体方法和措施。要解放思想、与时俱进、求真务实，确保立法工作紧密结合中国特色社会主义的基本国情和现代化建设的实践要求，不断提升立法质量，使每一项立法都能经得起历史和实践的检验。

实事求是原则贯彻立法活动的各个环节。在立法调研阶段，实事求是地开展立法调研能够科学地分析社会发展趋势，使立法工作可以更好地预见和适应社会变化，制定出能够引领社会发展的立法规划，促进法律的适应性和前瞻性。在立法计划阶段实事求是原则确保计划制定的法律规范与社会实际紧密结合，解决实际问题，避免最终制定的法律脱离实际。提高立法的针对性和有效性。立法过程中的实事求是有助于确保法律内容的合理性和公正性，这样的法律更容易获得公众的认同和遵守，从而增强法律的权威性和执行力。实事求是的原则有助于立法工作者避免陷入地方保护主义和部门利益倾向化等立法误区，确保法律的统一性和公正性，维护法律的整体利益，防止出现立法误区。

贯彻实事求是原则的具体做法很多，其核心在于从实际出发解决问题。具体来说，包括但不限于以下的具体方法。

（1）深入实际、深入基层、深入群众。立法活动应紧密围绕问题展开，全面深入地了解实际情况，包括典型案例、经验和不足，以确保立法内容的真实性和有效性。如今，可以利用现代手段采集信息，立法人员要注重运用大数据等现代手段采集信息，力求将实际情况调查清楚，将问题的本质和规律把握准确。

（2）尊重和体现客观规律。立法工作必须以现实国情和本部门、本地区的实际情况为依据，不能脱离和超越客观实际，实现原则性与灵活性的统一。尤其是面对新生事物时，要善于发现社会新生事物和苗头性问题，通过立法调研及时寻找规范策略，增强预判能力。

（3）科学合理地规定权利与义务、权力与责任。立法本身就是为人民提供行为规范和指引的活动，具体表现为合理配置国家权力与责任、公民权利与义务等社会资源。

（4）协调法规内容。在立法过程中注意协调法规的内容，防止部门利益法律化，确保法规内容与上位法相协调，避免法规之间的矛盾。

五、审慎谦抑

立法中的审慎谦抑，是指立法机关在制定法律时应持谨慎的态度，仅在必要时才针对某种社会现象进行立法。这一原则其实是两方面的，一方面强调立法的必要性，另一方面强调立法的规范性、风险性。一方面通过审慎的态度，严格认真对待立法；另一方面强调立法应当是补充性的，即在其他社会治理手段不足以解决问题时，才考虑通过法律手段进行规制。同时，立法应避免不必要法律条文，减少对公民自由的限制，确保法律的谦抑性和比例性。这种立法原则有助于维护法律的权威性和公正性，防止法律条文成为侵犯公民权利的工具，同时也促进了法治社会的建设，确保了法律对公民权利的保护与尊重。

审慎谦抑作为是立法人员重要职业伦理，其价值体现在如下几个方面。一是规避立法风险。立法活动存在诸多细节问题，立法人员基于对法律专业知识垄断主导立法过程，就社会而言，存在法律质量优劣的不确定性的风险。通过审慎谦抑，减少、规避立法风险，无疑具有重要意义；二是提高法律质量，审慎谦抑要求法律文本质量对外存在实际社会治理效果，能够满足法体系协调统一，对内能够符合法律技术规范，科学合理逻辑自洽，从对内和对外两个角度的严格要求，以提高法律文本的质量；三是维护法律文本安定，立法冒进是经常出现在法律完善环节中的现象，而法律本身要求具有稳定性，只有审慎谦抑立法，才能维护文本安定，确保法律的可行性、合理性，维护法律的权威与尊严。

立法中的"必要性"要求，是指在将某种行为予以法律上的规制之前，必须存在充分的理由和必要性。这种必要性通常基于几个要素，具体如下。一是是否具有社会危害性。被规制的社会现象需要具有相当的社会危害性,对社会秩序和公共利益构成了威胁。二是是否能够有效预防和遏制,立法人员应当评估通过法律手段是否能够效率地预防和遏制这种社会现象。如果存在其他更效率的办法,立法可能是不必要的。三是具有手段性。立法是明确的、规范性的,要确保法律作为社会治理的最后手段,只有其他治理手段不足以维护社会秩序时才考虑立法。

六、公平中立

公正作为社会主义的核心价值观,是指按照一定的社会标准、正当的秩序合理地待人处事,是制度、体系和组织的重要道德品质。而公平中立原则就是落实立法工作中公正价值理念的重要体现。立法中的公平中立原则,是指在立法活动中,立法者应当遵循的一种基本原则,要求立法过程和立法内容应当公正无私、不偏袒任何特定利益群体,确保法律的中立性和普遍适用性。这一原则的核心在于维护法律的公正性和透明度,保护社会各方利益的平衡,以及促进社会的稳定和发展。公平中立原则体现在立法的各个方面,包括立法主体的公正性、立法参与主体的平等性、立法过程的民主性与公开性等。立法者在制定法律时,应充分考虑不同利益方的诉求,避免法律规定成为特定利益集团的工具,确保法律对所有人都具有约束力和保护作用。此外,公平中立原则还要求立法者在立法时应基于科学事实和理性分析,确保法律的合理性和有效性。立法活动应追求高效,同时保持透明,便于公众了解立法过程和立法内容,接受公众监督。

那么面临不同利益群体的诉求该如何去做呢?首先,要保障科学立法,民主立法,依法立法。这是立法工作的最基本原则。立法应当尊重和体现客观规律,广泛听取人民群众、社会各方的意见建议,依照宪法和法律规定的程序进行。其次,要确保利益博弈的制度化。可以通过建立和完善法律草案向社会公开征求意见的制度,确保涉及人民群众利益的立法事项能够广泛收集社会意见,并建立意见采纳情况的说明和反馈制度。对影响重大的立法事项,通过听证会等方式充分听取意见,并探索旁听代表发言的做法,保证人民群众的知情权和监督权。再次,可以咨询立法专家的意见。通过设立立法专家咨询委员会,发挥专家学者在立法中的智库作用,提高立法的专业性和科学性。最后,应协调特殊群体权益。在立法工作中要兼顾特殊群体的合法权益,确保法律不仅体现最广大人民的根本利益,而且关注社会上的特殊群体。

公平中立的立法应当确保法律制定过程公正无私,不偏不倚,这通常体现在平等性、普遍性、合理性、透明性、一致性几个特点之中。具体来说分别指立法应平等对待所有人,不因个人的社会地位、财富、种族、性别等因素而有所歧视;法律应普遍适用于所有人,确保法律的普遍约束力和适用范围;立法内容应合理,不应无理限制个人自由或权利,同时应平衡不同利益群体的需求;立法过程应公开透明,确保公众能够参与和监督立法活动,以提高立法的公信力和接受度;法律条文之间应保持一致,避免相互矛盾或冲突,确保法律体系的协调统一。

为了实现上述的要求,我们可以通过以下具体操作来实现。建立科学的立法机制。立法机关应充分调查研究,科学分析,确保立法的公正性和合理性。这包括建立和完善立法机制，确保立法过程的透明度和民主性；加强立法程序监督。对立法程序进行监督，确保立法过程中的每一步都符合法定程序，防止任何形式的偏袒或不公；公众参与和利益平衡。立法过程应允许公众广泛参与，确保各方利益群体能够通过制度化的渠道表达自己的诉求。立法者应在不同利益相关方、专业意见、一般民意之间维持平衡；中立第三方参与。鼓励中立的第三方和专业人士参与立法过程，为不同利益群体代言，特别是为弱势群体提供发声的机会；严格遵守程序正义。在立法过程中严格遵守程序正义，确保法律的权威和公信力不受侵犯。

重要名词术语

立法者、立法人员、环节性、专业性、民主立法、依法立法、实事求是、公平中立

思考题

1. 立法者与立法人员之间的关系？
2. 政府在制定部门规章时，如何贯彻实现立法中的几个主要职业规范的？
3. 公平中立原则与以人民为中心的原则之间是否存在矛盾？该如何去认识？
4. 违反立法人员职业规范的主体该承担哪些法律责任？

典型案例分析

新中国成立后，党和国家曾于1954年、1962年、1979年、2001年先后4次启动民法制定和民法典编纂工作。可以说，《民法典》的制定充满了风雨和故事。

1986年4月12日，六届全国人大四次会议通过《民法通则》。这是新中国第一部具有民法总则性质的民法基本法，具有里程碑意义。2014年10月23日，党的十八届四中全会通过《中共中央关于全面推进依法治国若干重大问题的决定》，其中明确提出要"编纂民法典"。2015年3月以来，全国人大常委会法制工作委员会牵头成立了由最高人民法院、最高人民检察院、国务院法制办、中国社会科学院、中国法学会5家单位参加的民法典编纂工作协调小组，并组织了工作专班开展民法典编纂工作。2016年6月14日，习近平总书记主持召开中央政治局常委会会议，听取并原则同意全国人大常委会党组关于民法典编纂工作和民法总则草案几个主要问题的汇报。2016年6月27日，民法总则草案提请全国人大常委会初次审议。2016年7月5日，民法总则草案在中国人大网公布并向社会公开征求意见，为期1个月。共有13802人参与，提出65093条修改意见。2016年10月31日，民法总则草案提请全国人大常委会二次审议。2016年11月18日至12月17日，《民法总则草案（二次审议稿）》公布并向社会公开征求意见。共有960人参与，提出3038条修改意见。2016年12月19日，民法总则草案提请全国人大常委会三次审议。2016年12月27日至2017年1月26日，《民法总则草案（三次审议稿）》公布并向社会公开征求意见。共有660人参与，提出2096条修改意见。2017年

3月8日,民法总则草案提请十二届全国人大五次会议审议。2020年5月28日,十三届全国人大三次会议表决通过了《民法典》,自2021年1月1日起施行。《婚姻法》《继承法》《民法通则》《收养法》《担保法》《合同法》《物权法》《侵权责任法》《民法总则》同时废止。

《民法典》是新时代中国特色社会主义法治建设取得的重大标志性成果,是贯彻习近平法治思想的一次生动实践,充分体现了立法工作规律与立法职业伦理。对民法典编纂工作经验进行总结,不难发现,民法典编纂全过程严格遵守立法职业伦理。具体来说,体现在以下几个地方。坚守以人民为中心的立法理念,体现《民法典》的人民属性。《民法典》着力突出保护民事权利这一主线,形成规范有效的权利保护体系,同时对社会公众比较关注的问题作出有针对性的规定,做到"民有所呼、法有所应";坚持科学立法,实事求是,把握好法典编纂的规律和特点。深入研究法典编纂的规律和特点,把握好《民法典》作为编纂式立法、法典化立法、民事基本法立法的基本定位,做好编纂工作的顶层设计;坚持审慎谦抑,民法典编纂过程中回应新时代社会主要矛盾变化,满足人民日益增长的美好生活需要,针对必要问题作出规制。同时编纂过程严格遵守立法程序,尽量降低各类法秩序风险;注重发挥各环节立法人员的作用,尊重各个立法人员的主体地位。认真贯彻民主立法的要求,通过多种方式,充分听取广大人民代表的意见,凝聚代表们的最大共识。

第九章 行政执法人员职业伦理

【内容提示】

行政执法，是指国家行政机关依法行使职权，执行行政法律规范，维护公共利益的行为。它包括广义和狭义两种，本书讨论的是狭义的行政执法。行政执法机关是国家行政管理体系的重要组成部分，行政执法人员则是直接行使行政执法职权的工作人员，他们的工作质量直接影响民众利益和社会稳定。

行政执法的主要目标是维护法律权威、保障公民权利、促进社会和谐稳定，并增强公众法律意识。行政执法环节包括立案、调查取证、告知、听证、作出决定和执行等，这些环节的规范运作对维护法律权威和保护公民权益至关重要。影响行政执法效力的因素包括执法体制、执法程序和执法方式。一个科学合理的执法体制、规范的执法程序和恰当的执法方式对于保障执法行为的公正性和有效性至关重要。

行政执法人员职业伦理是他们在履行职责时应遵循的道德规范和职业操守，包括对法律的忠诚、对公共利益的维护、对权力的正确行使和对个人责任的坚守。构建社会主义行政执法人员职业伦理的核心是"全心全意为人民服务"，这既是中国共产党的根本宗旨，也是行政执法人员的行为准则。行政执法人员职业伦理具有政治性、强制性、复杂性和群众性等特点，这些特点决定了行政执法人员在执行职责时必须服从国家意志、遵守职业伦理规范、具备专业知识和经验，并考虑到民众的感受和需求。行政执法人员职业伦理的重要性体现在维系政府公信、权威，营造良好的民德、民风，以及推动公共政策的贯彻、执行等方面。

依法执法要求行政执法人员遵守法律，公平公正要求他们在执行职务时不偏不倚，服务群众强调执法为民的理念，程序正当要求执法活动遵循法定程序，责任担当要求行政执法人员积极承担责任，诚实守信要求行政执法人员保持诚信，廉洁自律要求行政执法人员保持廉洁。文明执法要求行政执法人员在执行法律时，尊重行政相对人的合法权益。

一、行政执法概述

（一）行政执法的概念

行政执法，是指国家行政机关和经授权或受委托享有行政管理职权的机关或组织，在行使公共行政管理职权时，依法履行行政行为程序，贯彻执行行政法律规范，以有效维护公共利益和为社会提供服务的行为。行政执法具有广义和狭义之分。广义的行政执法涵盖了所有行政执法主体在行政管理活动中遵守和依照法律、法规、规章和规范性文件进行行政管理的活动，包括抽象行政行为和具体行政行为。狭义的行政执法则更为具体，它指的是法律、法规、规章所规定的行政执法主体，依照法律、法规、规章的规定，对行政管理相对人采取的直接影响其权利义务，或对行政管理相对人的权利义务的行使的履行情况直接进行监督检查的行政行为。本书所论述的行政执法专指狭义的行政执法。

行政执法机关，是指依法享有国家执法权力，并以自身名义从事行政管理活动的国家行政机关、法律法规授权的组织，以及行政机关依法委托的其他组织。行政执法机关是国家行政管理体系的重要组成部分，其依法行使的行政管理职能对于维护法律秩序、保护公民权益、推动社会进步具有至关重要的作用。

行政执法人员是在国家行政机关依法录用或委托并赋予相应执法权的工作人员，包括行政机关中拥有行政执法权的在编人员以及因行政机关合法委托而获得行政执法权的受委托组织中的人员。通常是指在行政执法机关中直接从事行政许可、行政处罚、行政强制、行政征收、行政收费、行政检查等工作的人员。行政执法人员是国家行政机关中重要的组成部分，作为直接、具体行使行政执法职权的行为主体，行政执法人员工作的质量直接影响到人民群众的切身利益，进而影响社会稳定和法治政府的建设。行政执法人员应当确保执法行为的合法性、合规性和透明度，通过良好的行政执法行为，增进民众对法律的信任，促进法治精神的普及和公民意识的觉醒。

（二）行政执法的目标与环节

行政执法的首要目标是维护法律的权威性，确保所有公民和组织都必须在法律面前平等，无论其身份高低，都必须受到法律的约束和制裁。行政执法的根本目标是保障公民合法权利，促进社会和谐稳定。通过严格、公正的行政执法活动，确保每个公民都能享受到公平的待遇，保证其合法权利不被侵犯，从而消除社会矛盾和不稳定因素，促进社会的和谐与稳定。行政执法的长远目标是增强公众的法律意识，推动法治政府建设。通过行政执法活动，普及法律知识，提高公众的法律意识，引导公众尊重和遵守法律；推动法治政府的建设，实现政府治理体系和治理能力的现代化。

行政执法环节通常包括但不限于立案、调查取证、告知、听证、作出决定、执行等。行政执法环节是确保行政管理有序进行的基础，其规范运作能够保证行政执法活动的合法性、合理性和公正性，对于维护法律权威、保护公民权益至关重要。但行政执法各环节的推进与履行，在实际操作中面临诸多挑战，例如跨部门综合执法与专业监管衔接不畅、条线主管部门对执法的指导监督不够、基层党政负责人运用法治思维和法治方式能力有待提升等。为此，需要采取一系列改进措施，不断完善相关制度，提升执法人员的专业水平和法治素养，以实现行政执法的现代化、规范化。

（三）影响行政执法效力的因素

行政执法行为的影响因素错综复杂，法律法规、人力资源、政策环境和监督机制等都会对行政执法行为产生影响。具体到实践中，主要包括执法体制、执法程序和执法方式这三个方面。执法体制是行政执法行为的组织保障，一个科学合理的执法体制能够确保执法行为的公正性和有效性。执法程序是行政执法行为的规范要求，规范的执法程序有助于保障当事人的合法权益，提升执法的公信力。执法方式决定了执法行为的具体执行过程，不同的执法方式会产生不同的执法效果。但是再好的体制、程序和方式，都需要行政执法人员合法、规范地贯彻落实，否则就如"镜中花""水中月"一般，难以在现实中发挥制度程序的积极作用，无法构建、维护和保障社会秩序与人民权益。而要使得行政执法人员在日常工作中能秉持为人民服务的基本准则，自觉遵守法律法规，在行政执法时做到文明、公正、公平、公开，积极维护社会公众的利益，行政执法人员的职业伦理培育无疑是重中之重的基础性工程。此外，由于目前我国正处在现代化建设的进程中，行政执法体制的建设具有长期性、艰巨性和复杂性，行政执法体制改革存在的深层次矛盾可能并不能迅速解决。因此，重视行政执法人员职业伦理的培育，锚定行政执法人员在执行公务时应遵循的道德框架，让其在具体工作中积极保证行政执法工作的合法性、合理性和有效性，能够充分发挥行政执法的效力。具体而言，行政执法人员的职业伦理对行政执法的影响有以下方面。首先，职业伦理能够确保行政执法人员在执行职务时坚守公正、公平、公开的原则，不偏袒不私利，始终站在公共利益的立场上进行工作，这对于维护社会秩序和推动公共事务的顺利进行至关重要。其次，良好的职业伦理有助于提高行政效能和服务质量，行政执法人员具备了高度的责任感和服务意识，积极主动地沟通协调工作，提供高质量的服务。最后，职业伦理还要求行政执法人员保护公民的个人隐私和行政机密，这不仅是对公民权利的尊重，而且是确保行政机构正常运转和维护社会秩序的重要保证。

二、行政执法人员职业伦理的概念

（一）概念

行政执法人员的职业伦理，是指行政执法人员在履行职责过程中应遵循的道德规范和职业操守。这些规范和操守不仅关乎个人的形象和声誉，而且直接关系到公共利益和社会稳定。行政执法人员的职业伦理包含了对法律的忠诚、对公共利益的维护、对权力的正确行使以及对个人责任的坚守。

（二）核心

构建社会主义行政执法人员职业伦理的核心是要以"全心全意为人民服务"为根本宗旨。这一概念最早可以追溯到毛泽东在1944年张思德追悼会上的演讲《为人民服务》，他在演讲中强调了共产党人应当全心全意为人民服务的理念，并将这一思想逐步上升为中国共产党的根本宗旨。1945年，这一宗旨被正式写入党章，成为指导党员行动的根本准则。

"全心全意为人民服务"的宗旨是社会主义国家的性质决定的，也是党的工作的出发点和落脚点。我国《宪法》第27条第2款规定："一切国家机关和国家工作人员必须依靠人民的支持，经常保持同人民的密切联系，倾听人民的意见和建议，接受人民的监督，努力为人民服务。"我国的社会制度是以公有制为基础，实行人民民主专政的社会主义制度，这种社会制度的本质就是为人民谋利益，国家机关是为人民服务的机构。

《公务员法》第14条规定，公务员应当履行全心全意为人民服务，接受人民监督的义务。这一方面表明了社会主义行政执法人员的职业伦理的核心内容，另一方面表明了行政执法人员来源于人民、授权于人民、服务于人民，是人民的公仆。中国共产党的立党为公、执政为民的理念对此也有所体现。任何执政党的根基都在于民众的支持，党始终坚持一切为了群众、一切相信群众、一切依靠群众。作为党领导下的行政执法人员，应当自觉践行中国共产党的根本宗旨，诚心诚意为人民谋利益。

"全心全意为人民服务"要求行政执法人员必须以人民的利益为出发点和落脚点，始终把实现好、维护好、发展好最广大人民的根本利益作为工作的最高标准。注重执法为民的理念，在执法过程中坚持以人民为中心的发展思想，不断提升执法质量和效能，确保执法活动既合法又合理，真正做到服务于人民。

三、行政执法人员职业伦理的特点

（一）政治性

行政执法人员职业伦理的政治性是其核心特征之一。首先，是行政执法人员在执行职责时，必须服从国家的意志。所谓国家意志，就是指国家为了维护存在和推动发展而产生的诉求。在一个社会共同体中，个体诉求形成个人意志，国家意志是个人意志的集合，具有诉求整体性、行动统一性和执行公共性的特征。这些特征决定了国家意志必然是整个社会意愿的体现，也是人民所期待的目标追求。行政执法人员需要维护国家和人民的利益，体现行政道德的政治本质。其次，行政执法活动是围绕社会公共权力展开的活动，行政执法人员是国家大政方针和具体政策的实践人员。行政执法人员只有坚定中国共产党的领导，坚持为人民服务的价值取向，才能在具体行为中正确贯彻党和国家的路线、方针和政策，从而维护国家和社会的长治久安。最后，行政执法人员职业伦理也是国家和政府价值追求的体现。行政执法人员的出现与运行就是出于维护统治阶级的需要，行政执法人员在执行职责时，必须体现政府的权威和形象。

（二）强制性

行政执法人员职业伦理的强制性特征，意味着行政执法人员职业伦理是行政执法人员必须遵守的基本且必要的伦理要求。这种强制性来自行政执法人员所掌握的公共权力，他们在开展行政执法活动时，有国家机器作为其行为的后盾，在法定权限范围内，行政相对人负有协助行政执法人员实施行政管理的义务，不得抗拒或阻碍行政执法。这意味着行政执法人员的行为会对公民个人权益与公共利益造成更为深刻直接的影响。相应地，在违背职业伦理时，则会带来更大更广的负面效果，因此行政人员必须受到一定的约束和控制，行政执法人员职业伦理不同于一般的社会、家庭伦理，除了社会舆论、传统习惯和内心信念等非强制性力量的维护与约束，行政执法人员职业伦理往往以制度化的形式展现，对行政执法人员有着较为强制的约束力。当行政执法人员违背职业伦理时，应当受到一定的惩戒。此外，行政执法人员职业伦理的制度化有助于提高行政执法人员的群体认同感与荣誉责任心，在执法活动中能更好地遵守法律、法规与政策，也可以自觉接受社会的监督与评价。

（三）复杂性

行政执法人员职业伦理的复杂性源于行政执法活动的复杂性。一方面，行政执法活动所涉领域多样，不仅涉及国家事务的管理，比如国防、外交、税收等领域；还覆盖社会公共事务的维护，比如工商、卫生、劳动保护、社会福利等领域。在部分领域中还有极强的专业性和技术性，而且层次不同，种类多样。另一方面，行政执法活动形式多样、依据多样，针对同一领域，可能就会有不同的法规进行规制，这就涉及不同规范的判断与运用。行政执法人员在日常工作中会遇到各种各样的情况，需要根据具体情况灵活应对，同时还要考虑到法律、道德和社会公众的期待。因此，行政活动的复杂性决定了行政执法人员职业伦理内容的复杂性，行政执法人员应当具备高度的专业知识和丰富的经验，以确保他们在执行职责时能够作出正确的判断。

（四）群众性

群众性则强调了行政执法人员职业伦理与普通民众的联系。行政执法人员的工作是为了服务民众，他们的行为和决策直接影响到民众的生活。因此，行政执法人员在执行职责时，必须考虑到民众的感受和需求，尽可能地满足民众的合理要求，维护民众的合法权益。此外，行政执法人员执法活动的广泛性与直接性，也意味着其职业伦理规范已经超出了个体规制的范围。行政执法人员伦理水平的高低和行为的好坏，代表了整个国家和社会的伦理状况，并会直接影响整个国家和社会的伦理风气。如果行政执法人员能够遵守职业伦理规范，做到规范履行执法程序，公正作出执法决定，就可以为公民、法人和其他组织树立一个遵纪守法、公正无私的典范，不仅能赢得公众的信任和尊重，还能促进法治精神的普及和传播。行政执法人员应不断提高自身的业务水平和职业道德，确保每一次执法活动都能够成为展现优良风尚的窗口，进而在全社会营造公平公正和谐的良好氛围。

四、行政执法人员职业伦理的重要性

行政执法人员职业伦理的重要性主要体现在以下几个方面。

（一）维系政府公信、权威

行政执法人员职业伦理有助于维护政府的公信和权威。政府公信力的高低与行政执法人员的职业道德水平密切相关。职业伦理包括公正执法、廉洁奉公等方面，它是政府及其公职人员德行和德性的统一。职业伦理的影响力虽然不及制度规范具有外部强制性，但它在非权力因素的示范、引导作用下自发产生并自觉践行，具有更加深厚和持久的影响力，能够强化行政执法人员依法依规履职的意识，增强维护政府权威和公信的自觉性。

（二）营造良好的民德、民风

行政执法人员职业伦理对民德、民风具有重要影响。由于行政执法人员行使的是公共管理的权力，这一权力面向整个社会，涉及各个行业，因此他们在各种职业中处于领导、组织、控制、协调的地位。行政执法人员职业伦理对其他职业伦理具有巨大影响力。一个公正、透明、高效、廉洁的政府管理下的公众，能自发形成良好的民德、民风；反之，行政执法人员职业伦理的滑坡可能意味着全社会道德水平的下降。

（三）推动公共政策的贯彻、执行

行政执法人员职业伦理对公共政策的贯彻、执行具有重要影响。行政执法人员的政治立场、工作态度、专业水平和道德状况直接影响着政策的执行情况。行政执法人员在执行过程中拥有行政自由裁量权，其合法合理使用直接影响着公共政策目标能否实现。行政执法人员职业伦理的作用至关重要，一个努力践行职业伦理的行政执法人员，往往能不折不扣、忠实地执行政策。

五、行政执法人员职业伦理主要内容

（一）依法执法

行政执法人员在执法过程中必须遵守法律，按照规定的权限和程序履行职责，以确保行政执法的公正性和合法性。这样才能确保国家法律、法规得到正确实施的基础，有助于维护法律的权威和尊严，保障公民和法人的合法权益。严格依法行政能够提高政府的公信力和执行力，增强公众对政府的信任和满意度，是建设法治政府的关键，有助于推动政府职能转变，实现依法决策、依法行政、依法管理。依法执法有助于减少因执法不当引发的争议和纠纷，降低行政复议和行政诉讼的发生率。通过规范执法程序和行为，可以提高执法的专业性和效率，确保执法决定的合理性和有效性。

行政执法人员依法执法与维护法律权威之间存在密切的内在联系。行政执法人员依法执法，是指在执行法律法规的过程中，必须严格按照法律规定的内容、程序和方式行使职权，对违法行为进行查处，确保法律法规的统一正确实施。这种严格执法的行为是维护法律权威的具体体现，因为法律的权威性在于其被普遍遵守和执行。当行政执法人员依法行使职权时，他们不仅在处理具体案件中体现了法律的规范性和强制性，而且通过执法行为，树立了法律的尊严和权威，增强了公众对法律的信任和尊重。这种信任和尊重是法治社会的基石，有助于形成稳定可预测的社会秩序，促进社会公平正义。因此，行政执法人员依法执法不仅是其职责所在，而且是维护法律权威、推动法治进程的关键行动。

（二）公平公正

行政执法人员在执行职务时必须公平公正，这是由我国法律法规所确立的基本原则。公平公正是法治政府建设的核心要求，它直接关系到法律的权威和政府的公信力。行政执法的公平公正不仅体现了法律面前人人平等的宪法原则，而且是保障公民合法权益、维护社会公平正义的重要手段。行政执法的公平公正要求执法人员在执法过程中依法办事，不偏不倚，平等对待所有行政相对人，避免任何形式的歧视和不公正行为。此外，行政执法还应遵循程序正当原则，确保执法行为的合法性和透明度，以及合理性行政原则，全面考虑相关因素，做到处罚适当。

为了实现这一目标，我国法律法规强调了严格规范公正文明执法的要求，并通过建立行政执法公示制度、执法全过程记录制度、重大执法决定法制审核制度等措施，来加强对行政执法活动的监督和管理。这些措施有助于防止和纠正执法中的不作为、乱作为，确保每一次执法都能经得起法律和公众的检验，从而在人民群众中树立良好的执法形象，维护社会的和谐稳定。

为了确保公平公正执法，我国就行政执法人员的具体操作进行了规定。主要的有如下几个要求。（1）严格落实行政执法三项制度：这包括行政执法公示制度、执法全过程记录制度和重大执法决定法制审核制度。通过事前、事中、事后的信息公开，规范执法行为，并确保重大执法决定经过合法性审核。（2）规范执法行为：执法人员应主动出示执法证件，明确执法身份，并在执法过程中保持文明和规范。同时，执法活动应全程记录，包括文字和音像记录，以确保执法行为的透明性和可追溯性。（3）保障当事人权利：执法人员应告知当事人执法事由、执法依据和权利义务，确保当事人的知情权和参与权。在执法决定作出后，应及时向社会公布相关信息，接受社会监督。（4）法制审核：重大执法决定应经过法制审核，未经审核不得作出决定。这有助于确保执法决定的合法性，避免滥用职权。（5）避免利益冲突：执法人员应避免任何可能影响执法公正性的个人或外部利益冲突。（6）接受监督：执法人员应主动接受内部和外部的监督，包括行政复议和行政诉讼，确保执法行为的合法性和合理性。

（三）服务群众

执法为民是社会主义法治的本质要求。行政执法人员在执行法律法规时，必须坚持以人民为中心的发展思想，将人民的利益放在首位，确保法律的公正实施。服务型行政执法是中国法律体系中一种新型的执法模式，它强调行政执法机关在实施法律、法规、规章的过程中，应将严格执法与服务理念相结合。这种模式的核心在于实现管理、执法和服务的"三位一体"，即通过执法活动不仅要维护法律的严肃性和权威性，还要注重服务于公众和行政相对人，促进社会和谐与经济发展。服务型行政执法的基本要求包括转变执法理念、改进执法方式、完善服务体系等，旨在通过柔性执法、行政指导、行政调解等手段，实现法律效果与社会效果的统一。

服务型行政执法的实施，要求行政执法机关在执法过程中坚持以人为本、执法为民的原则，遵循合法、合理、适当、必要、最少侵害的原则，积极开展服务型行政执法。这意味着执法机关在执行职责时，不仅要依法处罚违法行为，还要通过教育、指导、协调等方式，帮助行政相对人纠正违法行为，预防风险，提高法律遵从度。在我国，服务型行政执法被视为建设法治政府和服务型政府的重要内容，是优化法治化营商环境的重要举措。通过推行服务型行政执法，可以有效提升行政执法的透明度和公信力，构建更加公平、公正的法治环境。

行政执法人员在日常工作中体现服务意识，可以从以下几个方面着手。（1）增强服务意识和法治意识：行政执法人员应不断更新服务理念，优化服务方式，处理好执法与服务的关系，通过引导、示范、提示等方式，促进行政相对人自觉守法，和谐执法关系。（2）转变执法理念：由传统管理向现代服务转变，由被动管理转变为主动服务，解决群众的实际问题，实现好、维护好、发展好人民群众的根本利益。（3）提升服务质量：通过设立服务接待日、落实首问负责制等措施，提供"一站式"服务，确保群众的问题能够得到及时有效的解决。（4）注重柔性执法：在执法过程中遵守法律、遵从常识、遵循良知，避免机械式执法，通过普法宣传、行政指导等方式，营造良好的执法氛围，提高企业和群众的满意度。(5) 创新工作模式：如建立微信群、推行掌上审批等，简化审批流程，减少群众跑腿次数，提高办事效率。

(四) 程序正当

在法治社会中，程序正当能够保证当事人的参与权、知情权、陈述权和申辩权，从而有效实现当事人的权利，维护当事人的尊严；可以提高行政决策的科学性和民主性，减少决策失误，提升决策的公信力和执行力；程序的公正性是法治和人治的基本差异，正当程序的实施有助于树立行政公权力的权威，提高行政公信力；科学合理的程序还能够促进实体公正，规范权力的运行。

行政执法人员在执行职务时必须遵循程序正当的原则，这是由我国行政法律法规所确立的基本要求。程序正当要求执法机关在行使权力时必须遵循法定程序，这有助于确保法律规定得到严格执行，防止行政执法权的任意性和滥用，防止和及时纠正违法行政行为。同时，程序正当要求执法活动的公开性，使公众能够监督执法行为，这有助于提高执法的透明度和公众对执法机关的信任。程序正当不仅是执法的形式要求，它还与实体正义紧密相关。合理的程序设计有助于法官或执法人员准确查明事实和正确适用法律，从而实现实体正义。严格的执法程序可以有效避免因程序违法或不当而导致的冤假错案，确保每一起案件都能得到公正处理。最后，程序正当是法治国家的基本特征之一，它体现了对法律程序价值的尊重，有助于推动法治政府建设和法治社会的形成。

(五) 责任担当

行政执法人员积极承担责任是依法行政、实施责任制、遵循道德规范以及推进法治政府建设的必然要求。这不仅是法律赋予的义务，而且是道德上的期待和社会责任的体现。行政执法人员作为国家法律的执行者，必须严格依法行使职权，确保执法行为的合法性和正当性。我国实行行政执法责任制度，强调执法责任的明确性和可追究性。执法人员在执法活动中的每一项决策和行为都应承担相应的法律责任，这种制度设计旨在通过责任追究来规范执法行为，防止和纠正违法失职行为。

具体来讲，行政执法责任制，是指行政执法机关依据其职能和法律、法规的规定，将本机关对外承担的行政职权以责任形式设定，将各项执法的职责和任务进行分解，明确相关执法机构、执法岗位和执法人员的执法责任，以监督考核为手段，从而形成的行政主体自律、补救和防范等各项制度的总和。行政执法责任制的核心在于规范和监督行政机关的行政执法活动，确保行政执法的合法性、公正性和效率性。实施行政执法责任制有助于明确执法职责，规范执法行为，提高执法水平，确保法律的严格执行，并通过责任追究机制，强化执法人员的责任意识和法律意识。

行政执法责任制的建立和实施，通常包括依法明确执法职责、分解执法职权、确定执法责任、开展行政执法评议考核和落实责任追究等内容。具体来说，行政执法责任制通过分解执法职权，科学合理地确定不同执法机构和执法岗位的职权，避免职权交叉和重复，促进协调配合，确保执法流程清晰、要求具体、期限明确。同时又要求行政执法部门和人员严格按照法定权限和程序行使职权，对违法行为承担法律责任。这种权责一致的机制能够有效约束执法行为，防止不作为和乱作为。行政执法评议考核是评价执法工作情况的重要机制，通过评议考核，可以检验执法部门和人员是否正确行使职权，全面履行法定义务。这有助于发现和解决执法中的问题，促进执法质量的持续改进。

行政执法责任制中的"责任追究"主要包括以下几种措施：批评教育或责令书面检查：对于轻微的执法过错，可能会采取批评教育或要求执法人员提交书面检查的方式进行处理；通报批评：对于较严重的执法过错，可能会在一定范围内进行通报批评，以示警诫；离岗培训：要求执法人员暂时离开工作岗位，参加相关的培训，以提升其执法能力和法律素养；取消评优评先资格：暂时或永久剥夺执法人员参与年度评优评先的资格，作为对其执法过错的惩罚；取消行政执法资格：对于严重失职或违法行为的执法人员，可以报请有关部门取消其行政执法资格，禁止其继续从事执法工作；行政处分：根据过错的严重程度，执法人员可能会受到警告、记过、记大过、降级、撤职甚至开除等行政处分；组织处理措施：包括调整工作岗位、限制晋升等，以纠正执法人员的不当行为；行政追偿：对于因执法过错导致国家或公民遭受经济损失的情况，可以依法对责任人员进行经济追偿；移送司法机关：在执法人员的行为构成犯罪的情况下，将其移送司法机关处理。

（六）诚实守信

行政执法人员诚实守信是我国道德和法律上的基本要求，这一要求体现了行政执法的合法性、合理性和公信力。根据道德层面，诚实守信是中华民族的传统美德，是个人立身处世的基本原则，也是行政执法人员应当秉持的职业操守。法律层面上，行政执法人员的诚实守信是依法行政的基本要求，是行政法律规范的基本原则，是社会主义核心价值观的重要内容，政务诚信是社会信用体系建设的关键，直接影响到政府的公信力和法治政府建设。如果行政机关在执法过程中不能做到信守承诺，反复无常、出尔反尔，就将会损害政府的信誉，影响公众对法律的信任和尊重。

具体来说，行政执法中的诚实守信原则强调行政机关在行使职权时应当保持诚信，这一原则要求行政机关在公布信息时应当全面、准确、真实，不得隐瞒或歪曲事实真相；要求行政机关应当恪守承诺，非因法定事由并经法定程序，不得撤销或变更已经生效的行政决定；要求行政机关在履行行政协议过程中应遵守诚实信用原则，不得随意解释或更改招商奖励政策，以维护行政相对人的合法权益；要求行政机关在作出行政决定时，应当允许受决定影响的公民提供证据、陈述和申辩，并在行政管理中保护公民的信赖利益。

为了保证行政执法中的诚实守信原则，行政执法人员在执法过程中，应及时告知行政相对人相关的法律依据、执法程序和可能的法律后果，确保执法活动的透明度；应积极履行对行政相对人的合法承诺；应保持中立，不偏袒任何一方，确保所有行政相对人平等对待，维护法律的公正性；应严格遵守法律法规，确保执法行为的合法性，不因个人意志或非法定事由而随意变更或撤销已经生效的行政决定。

（七）廉洁自律

行政执法人员廉洁自律是确保行政执法公正、公平、公开的重要前提。根据我国行政法及相关法律规范，行政执法人员必须保持廉洁自律，以维护法律的严肃性和权威性，保护公民、法人和其他组织的合法权益。廉洁自律有助于防止滥用职权、权钱交易等违法违纪行为，确保行政执法活动的合法性和有效性。行政执法人员的廉洁自律不仅关系到个人的职业操守和法律责任，还直接影响到政府形象和法治建设的进程。通过廉洁自律，行政执法人员能够树立良好的执法形象，赢得公众的信任和尊重，为建设法治政府和社会提供坚实的道德和法律基础。为了保证行政执法人员的廉洁性，我国形成了一系列的制度，包括廉政制度和惩治腐败制度、权力制约和监督机制、选拔任用机制、定期轮岗制度、"行政执法公示、执法全过程记录、重大执法决定法制审核制度"、回避制度、保密制度、廉洁执法和文明执法制度……鉴于廉洁保障制度如何构建非本书重点，故不再赘述，但腐败问题一直是行政制度构建与完善的核心议题，讨论颇多，有兴趣的同学可以自行拓展。

为了保证行政执法人员的廉洁性，应当做到以下具体行为：严格执行行政执法各项法律法规，遵守行政执法程序，坚持客观公正、实事求是，依法行政；行政执法时态度端正，举止文明，言行得体，全面、如实地记录执法情况，不包庇、纵容、袒护违法行为；不干预、不插手行政相关的市场行为，不插手、不指定；不借工作或职务之便吃、拿、卡、要，不接受被行政相对人安排的宴请、旅游、娱乐、联谊活动，不收受被检查单位的任何纪念品、礼品、礼金、消费卡和有价证券等，不借用行政相对人的资金或在相对人单位报销应由个人承担的费用；不向行政相对人提出与工作无关的要求。

行政执法人员违反廉洁自律原则可能面临的法律后果主要包括党纪处分和政务处分。根据《中国共产党纪律处分条例》，违反廉洁纪律的行为，如利用职权进行营利活动、为亲属和特定关系人谋取利益、公款旅游、接受可能影响公正执行公务的宴请等，根据情节轻重，可能受到警告、严重警告、撤销党内职务、留党察看直至开除党籍的处分。此外，政务处分可能包括行政处分、记过、记大过、降级、撤职、开除等措施。在严重的情况下，还可能涉及刑事责任，根据《刑法》相关条款，公职人员利用职务上的便利为他人谋取利益并收受财物，可能构成受贿罪等犯罪。

（八）文明执法

文明执法，是指行政执法机关及其执法人员在执行法律、法规、规章的过程中，应当坚持以人为本、依法行政、执政为民的理念，充分尊重行政相对人的合法权益，严格遵循法律规定的执法程序。文明执法的核心在于实现教育与处罚相结合、管理与服务相结合，不断提高行政执法效能，为建设和谐社会和法治社会提供保障。通过文明执法，执法人员可以更有效地沟通和解决问题，减少不必要的冲突和对抗，避免粗暴执法和滥用职权，确保执法活动的合法性和正当性；有助于提高执法的社会效果和满意度，增强公众对法律的信任和尊重，从而提高法律的执行力和社会影响力；有助于预防和及时化解社会矛盾，维护社会稳定和谐，为经济社会的健康发展提供良好的法治环境；有助于实现依法行政，构建公正、透明、高效的行政执法体系。

文明执法对行政执法人员有以下几个要求：端正执法理念，执法人员应树立执法就是服务、维护人民群众利益的理念，纠正错误的执法认识；依法执法，以事实为根据，以法律为准绳，做到合法、合理、合情、公平、公正、公开；执法应纪律严明，严禁工作期间饮酒、无证上岗、不按法定程序执法等行为；执法应手续完备、行为规范，包括执法主体合格、执法证件齐全、履行必要的法律程序等；执法应高效便民，优化审批流程，提高行政审批效率，推进执法关口前移，做到对违法行为早发现、早报告、早制止。

重要名词术语

行政执法人员法律职业伦理、依法执法、公平公正、服务群众、程序正当、诚实守信、廉洁自律、文明执法

思考题

1. 如何平衡行政执法的支配性和人民群众公民权利？
2. 行政执法人员在实际工作中应该如何平衡法律责任与道德规范？
3. 在服务型执法的语境下，如何认识"服务"与"执法"的关系？
4. 如何衡量行政执法人员是否做到了文明执法？

典型案例分析

2018年6月开始，广州市某某运输有限公司的张某某未经批准擅自占用南沙区黄阁镇某房地产项目旁农用地堆填垃圾和建筑废弃物、搭建简易板房，根据涉案地块的农用地破坏鉴定报告，有6400平方米农用地遭到严重破坏。根据《土地管理法》第74条、第76条，《土地管理法实施条例》第40条、第42条，《广东省非农业建设补充耕地管理办法》第10条和《广东省国土资源行政处罚自由裁量权实施标准》第3条的规定，国土资源局直属执法四大队依法对广州市某某运输有限公司和张某某作出行政处罚决定，限期15日内自行清理在非法占用的土地上堆填的垃圾和建筑废弃物，拆除地面上新建的建筑物，恢复土地原状及耕地原种植条件，并处罚款254457.60元。经督促，违法当事人组织对涉案地块进行整改和复耕，并缴纳了罚款。

执法人员在处理此类案件时，必须严格遵守法律法规，确保所有行政行为都有法律依据。在本案中，国土资源局直属执法四大队依据《土地管理法》及相关条例和地方管理办法，对违法行为进行了处罚，体现了依法行政的原则；国土资源局在作出行政处罚决定前，应当进行了必要的调查取证，并且给予了当事人申辩的机会，符合程序正当的要求；执法人员在执行职务时，应当以保护公共利益为首要目标。在本案中，非法占用农用地的行为破坏了土地资源，损害了公共利益。国土资源局的处罚决定旨在恢复土地

原状，保护了公共利益。综上所述，这个案例中的执法人员在处理违法行为时，遵循了职业道德规范，依法、公正、高效地执行了职务，保护了公共利益。

第十章 法律学者与法学专业教师职业伦理

【内容提示】

法学学者是法律领域的专家,具有法律职业技能和伦理,可能兼任多种法律职业角色,如立法、司法、律师、教师等。法学专业教师的双重身份:既是法学学者,也是教育者,肩负培养法治人才和推进法学理论研究的使命。法学专业教师职业伦理有全面复杂性、政治要求、专业要求、示范性和长期性的特征。法学专业教师职业伦理的基本内容包括以下几个方面。(1)以德立身、泽己及人:法学专业教师应坚定政治方向,自觉爱国守法,坚守理想信念,严格自我约束;(2)勤学笃行、求是创新:强调终身学习,立足优秀文化,积极创新和遵守学术规范;(3)以德施教、启智润心:潜心教书育人,关心爱护学生和坚持言行雅正。

为了实施法学专业教师职业伦理,应当坚持内外兼顾的实施机制。从内在培育的角度来看,法学专业教师应主动学习,积极实践,加强自我修养。从外在保障的角度来看,要包括加强教育和培训、完善评价机制、强化规范与监督以及注重激励。

第一节 法学专业教师职业伦理概述

一、法学学者与法学专业教师

法学学者是研究"法"这一特定社会现象及其规律的学者,是一种法律职业。法律职业的特征可以概括归纳为六个方面,即法律职业语言、法律职业技术、法律职业知识、法律职业思维、法律职业伦理、法律职业信仰。前四项可以合称为"法律职业技能",后两项称为"法律职业伦理"。也就是说,法律职业共同体的基本特征是拥有共同的"法律职业技能和法律职业伦理"。法学学者作为在法律领域学有专长的一种职业,当然具有更高水准的法律职业技能和法律职业伦理。同时法学学者的职业具有复合性,其本身就存在于法律职业共同体内。法学学者自诞生起就不是一个"闭门造车"的职业,往往会与经济、历史、哲学、政治等方面联系在一起。随着法律的普及与职业的细分,法学学者也参与到国家管理与法制程序中。具体而言,法学学者可以兼具以下几种身份:①国家立法与行政机关人员;②法官、检察官等司法官员;③律师;④法学教师；⑤企事业单位的法务。

法学学者虽然可以独立作为一种职业，但法学学者往往与其他法律职业有所重叠，更侧重从学术能力的水平出发对不同法律职业的评价，法学学者更像是一种身份，或是学术能力的认证，比如"学者型""专业型"法官、检察官等。在实践中，法学学者的概念往往与高校及各大法学研究所任教的法学专业教师捆绑出现。一方面，是因为法学学者的使命并不仅仅限于检验实在法的合理性、研究国家治理、社会管理的最佳模式，他们还担负着继承和传播法律知识、技能与法律职业伦理的重要任务。而针对这一重要任务的实现，法学教育发挥着相当重大而深刻的作用。另一方面，法学专业教师作为培育法治人才的中坚力量，需要具有高精尖的专业素养，这就意味着其实质上满足了法学学者的要求。一般的还有其他本职工作的法学，除基本的学术道德外，其本职工作的职业伦理应当更具优先性。

教师是人类历史上最古老的职业之一，也是最伟大、最神圣的职业之一。《教师法》第3条中规定，"教师是履行教育教学职责的专业人员，承担教书育人，培养社会主义事业建设者和接班人、提高民族素质的使命"。法学专业教师，即从事法学教育教学的专业教师，身兼法学教育和法学理论研究两项工作，承担着为法治中国建设培养高素质法治人才、提供科学理论支撑的光荣使命，在推进全面依法治国中具有重要地位和作用。2023年2月，中共中央办公厅、国务院办公厅印发的《关于加强新时代法学教育和法学理论研究的意见》中指出，要"扶持发展法律职业教育，夯实法学本科教育，提升法学研究生教育"。可见，法学专业教师包括法律职业学生、法学本科生、法学研究生的指导教师和专业课教师。

简言之，法学学者是在法律学领域有所专长的高水平人才，在总体水平上应当具备最高的法律素养，要受到学者职业伦理的规范。又由于职业具有综合性，法官、检察官、律师、公务员等若学术功力深厚，也可拥有法学学者的身份。此外，绝大多数法学学者以法学专业教师为本职工作，同时兼职其他法律职业。这意味着法学学者职业伦理会与全部法律职业伦理出现交叉复合的情况，可以体现法律职业伦理的全部内容。由于其他法律职业伦理已在上文详述，且法学专业教师作为法学学者最广泛的存在形式同时又没有其他更优先的法律职业伦理进行规范，因而本章的主要论述对象为法学专业教师职业伦理。

二、法学专业教师职业伦理的概念

法学专业教师受到教师职业和法学学者职业的双重伦理规范。一方面，教师为其根本性质，教育伦理道德是全部教育工作的价值基础。《礼记·文王世子》有言："师也者，教之以事而喻诸德者也。"2018年9月10日，习近平总书记在全国教育大会上发表重要讲话指出："教师是人类灵魂的工程师，是人类文明的传承者，承载着传播知识、传播思想、传播真理、塑造灵魂、塑造生命、塑造新人的时代重任。"可见新时代教师立德树人、教书育人的神圣社会职责。另一方面，法学学者系法学专业教师的专业身份。法学专业教师作为法律职业共同体中的一员，应当始终追求公平、正义这一最高伦理价值，接受专门的法律训练，具有娴熟的法律技能，引导法学后备人才学会在实践中作出正确判断和正确行为去实现法治目的，同时又要潜心推进基础法治理论研究与发展，关怀人文与社会，从学科建设、国家治理、社会发展的角度产出成果，发展理论。可以说，法学专业教师担负着培养立法者、法官、检察官、律师等法律执业人员的任务，还承担着研究和宣传中国特色社会主义法治理念、探索具有中国特色的法律体系法治理论的研究工作，在法律职业共同体中处于基础性的位置。法学专业教师身份的两重性，决定了其要受到两个方面的职业伦理规范，是法学学者与教师职业规范的交集。

三、法学专业教师职业伦理的特征

（一）较为全面复杂

首先，法学专业教师的职业对象是具有主观能动性的人类，由于个人智识和品德的差异与多样性，法学专业教师要充分了解学生成长的规律。在授课与指导过程中，法学专业教师需要充分了解学生的兴趣爱好，明确其对于部门法律的偏好与未来的职业规划，因材施教。其次，现代法学教育不仅是传授法学知识，而且要发展学生的能力，指导学生自我学习，学会探究。教师如果没有正确的教育理念，不掌握先进的教育方法，就不可能培养学生的创造精神和实践能力。再次，法学专业教师还需要关注学生身心健康的发展，把他们培养成有理想、有道德、有文化、有纪律的人。最后，同样作为法学学者的法学专业教师，还要保持学术道德，依靠学者的良心及学术共同体内及社会的道德舆论去实施和维系学术道德。

（二）具有较强政治要求

法治人才是中国特色社会主义法治实践的推动者、中国特色社会主义法律体系健全完善的重要参与者。习近平总书记在党的十九届中央政治局第三十五次集体学习时强调，"努力培养造就更多具有坚定理想信念、强烈家国情怀、扎实法学根底的法治人才"。这一重要指示明确了对法学专业教师的具体要求。

法学专业教师应当确保坚定的政治信念和正确的政治方向，科学把握我国法治建设的独特性。法学专业教师作为法治人才的培育者，应是宪法的信仰者、公平正义的捍卫者、法治建设的实践者、法治进程的推动者、法治文明的传承者，不仅要具有坚持法律至上、维护法律权威的规则伦理，而且要具有坚持公平正义、维护公共利益、保护社会弱势群体的社会伦理，还要具有敢于同违法犯罪进行斗争、惩恶扬善、勇于担当的责任伦理。因此，只有推进政治品格、道德素养和专业能力的有机统合，才能有助于法学专业教师培养造就信念坚定、德法兼修、明法笃行的高素质法治人才。

（三）具有较高的专业要求

法学是一门理论与实践相结合的学科，习近平总书记指出，"学生要养成良好法学素养，首先要打牢法学基础知识，同时要强化法学实践教学"。[1]从一方面来说，法学专业教师应当充分发扬"不唯上、不唯书，只唯实、只唯理"的高尚学者品格，追求推进

---

[1] 路磊：《培养新时代高素质法治人才》，载《光明日报》2022年12月23日。

法学理论基础研究和法学理论体系建设。法学专业教师应当具有渊博的法学知识，要与时俱进，刻苦钻研，不断充实深化自己的法律素养。还要具有敏锐、严谨、富有批判性的思维，对立法活动和司法实践保持关注，并对其中不合理的法律法规与实务判例予以及时批判与讨论。从另一方面来说，法学专业教师提高自己的教学水平。坚持以马克思主义为指导，自觉把中国特色社会主义理论体系贯穿研究和教学全过程。法学专业教师的教学要在规范与事实、法文本与法政策、法技术与法理论相贯通、融合的背景下进行设计和规划。不仅要帮助法学学生掌握基本的法律文本与理论知识，还应当帮助其掌握治理制度、立法设计等位于上游的知识结构。还应处理好法学知识教学和实践教学的关系，推动理论与实践紧密结合。法学专业教师应当将法学理论研究的最新成果、将中国法治实践的最新经验和生动案例引入课堂、写进教材，及时转化为教学资源。同时，还应当积极探索教学方式方法改革，充分利用新技术手段丰富教学方式和方法，加强案例教学、实务课程、模拟法庭、实验实践教学等，强化学生知识运用能力、辩证思维能力、法律实务能力培养。

（四）具有鲜明的示范性

法学教师的职业伦理不仅关乎个人品德和职业道德，还具有引领社会道德风尚的作用。他们的行为和态度对社会道德标准的形成和提升具有重要影响。法学专业教师作为教师，承担着传播知识、传播思想、传播真理的历史使命，肩负着塑造灵魂、塑造生命、塑造人的时代重任。教师的一言一行对学生来说都具有示范性。教师要时时注意自己的行为能不能成为学生的表率，能不能对学生起到积极的影响。学校教师不仅传授法律知识，还承担着培养学生法律思维、职业道德和社会责任感的重要职责。他们的职业伦理实践对学生具有示范作用，有助于树立正确的法律信仰和职业道德素养。因此，法学专业教师的工作具有鲜明的示范性，应当做到"学为人师，行为世范"。

（五）具有长期性和长效性

法学教育不仅是知识的传授，而且是塑造思维方式和价值观的过程。科学研究表明，学习和认知的效果并非即时可见，需要时间的沉淀。所以常常有人把教育譬如作"雨露"，所谓"雨露滋润禾苗壮"，就是形容教育的长期性和渗透性。法学教育还具有长效性，法学专业教师对于学生的影响并不会随着学业的结束而消失，法学学生在具备法律基础知识、法律职业共同思维与应用技能后，会在长期职业实践中趋于完善与成熟。

四、法学专业教师职业伦理的作用

（一）有利于社会主义核心价值观培育和弘扬

习近平总书记指出："人类社会发展的历史表明，对一个民族、一个国家来说，最持久、最深层的力量是全社会共同认可的核心价值观。"[1]核心价值观是一个民族赖以维

---

[1] 习近平：《青年要自觉践行社会主义核心价值观——在北京大学师生座谈会上的讲话》，载中国政府网，https://www.gov.cn/xinwen/2014-05/05/content_2671258.htm。

系的精神纽带,是一个国家共同的思想道德基础。"富强、民主、文明、和谐、自由、平等、公正、法治,爱国、敬业、诚信、友善",这24个字明确了社会主义核心价值观的基本内容,凝结为当代中国的价值公约数。

加强法学专业教师职业伦理培育,有助于帮助法学专业教师自觉践行社会主义核心价值观。克服利己主义倾向,培育集体和团队精神,建构公正平等、互相友爱的法学专业教师道德共同体;坚定家国情怀和爱国主义精神,热爱自己的祖国和人民,为民族的进步和昌盛而奋斗;恪守道德理智,具有人类共同体精神,弘扬和平、发展、公平、正义、民主、自由的全人类共同价值,倡导不同文明交流互鉴,促进人类文明发展。

具有较高职业伦理的法学专业教师,能够对学生进行道德伦理和核心价值观的教育,在基础法学知识的教育中,挖掘和运用包括优秀法律文化在内的中华优秀传统资源,培养学生树立正确的世界观、人生观和价值观,努力成为促进中国特色社会主义法治建设的践行者。

(二)是实现新时代法学教育和法学理论研究的主要目标的前提

《关于加强新时代法学教育和法学理论研究的意见》指出,到2025年,法学院校区域布局与学科专业布局更加均衡,法学教育管理指导体制更加完善,人才培养质量稳步提升,重点领域人才短板加快补齐,法学理论研究领域不断拓展、研究能力持续提高,基础理论研究和应用对策研究更加繁荣,中国特色社会主义法治理论研究进一步创新发展。到2035年,与法治国家、法治政府、法治社会基本建成相适应,建成一批中国特色、世界一流法学院校,造就一批具有国际影响力的法学专家学者,持续培养大批德才兼备的高素质法治人才,构建起具有鲜明中国特色的法学学科体系、学术体系、话语体系,形成内容科学、结构合理、系统完备、协同高效的法学教育体系和法学理论研究体系。

百年大计,教育为本;教育大计,教师为本。加强法学专业教师队伍建设是培养高素质法治人才、办好人民满意的法学教育的必然要求,是打造世界一流法学学科、实现高等教育强国的必然要求,是打造法学高端智库、构建中国特色社会主义法治理论体系的必然要求,是推进"四个全面"战略布局的必然要求。而只有全面贯彻落实法学专业教师职业伦理的培育与建设,才能打造出具有坚定理想信念、强烈家国情怀和扎实法学根底的法学专业教师团队,才能在具体的教育教学活动中培养学生对于法治的信仰,使其能够运用法律思维和法律逻辑解决问题,具有创新意识和创新能力,肩负社会责任感,勇于并乐于为司法实践贡献自己的力量。

第二节 法学专业教师职业伦理的基本内容

法学专业教师职业伦理的基本内容,实质也是师德的基础要求。师德,即为人师者之德,是教师素质之灵魂,是教师的基本属性之一。习近平总书记强调:"教师要成为大先生，做学生为学、为事、为人的示范，促进学生成长为全面发展的人。要研究真问题，着眼世界学术前沿和国家重大需求，致力于解决实际问题，善于学习新知识、新技术、新理论。"[1]广大法学专业教师要争做"有理想信念、有道德情操、有扎实学识、有仁爱之心"的好老师，用心培养"爱国、励志、求真、力行"的新时代法治建设者和接班人，共同办好人民满意的教育。

一、以德立身、泽己及人

理想指引人生方向，信念决定事业成败。在价值多元多变的当今社会，法学专业教师作为学生的引路人和行为模范，要切实承担教育者的社会责任，注意自己的一言一行、一举一动对学生、对社会的影响，自觉践行社会主义核心价值观，做真善美的追求者和传播者，以深厚的学识修养赢得尊重，以高尚的人格魅力引领风气，在为祖国、为人民立德立言中成就自我、实现价值。要向学生的内心传递坚定的力量，传递思想和理性的光芒，引导学生树立爱国主义理想信念，使学生更好地"构筑中国精神、中国价值和中国力量"，具体而言应当做到以下几点。

（一）坚定政治方向

2021年4月19日，习近平总书记在清华大学考察时强调，教师"要坚定信念，始终同党和人民站在一起，自觉做中国特色社会主义的坚定信仰者和忠实实践者"。法学专业教师应当坚持以习近平新时代中国特色社会主义思想为指导，坚持在法学教育和法学理论研究中贯彻习近平法治思想，做习近平法治思想的坚定信仰者、积极传播者、模范实践者。深入推进习近平法治思想学理化阐释、学术化表达、体系化构建，积极推出高质量研究成果，并推动理论研究成果向课程、教材与教学体系转化。法学专业教师还应当坚定拥护中国共产党的领导，贯彻党的教育方针，不得在教育教学活动中及其他场合有损害党中央权威、违背党的路线方针政策的言行。在原则问题和大是大非面前旗帜鲜明、立场坚定，坚决反对和抵制西方"宪政""三权鼎立""司法独立"等错误观点。全面贯彻党的教育方针，坚持为党育人、为国育才，着力培养社会主义法治事业的建设者和接班人。

新时代法学教育要贯彻马克思主义法学的基本原理、基本立场，坚持马克思主义法学及其中国化时代化最新理论成果的指导地位，法学专业教师应当始终坚持中国共产党领导和我国社会主义制度，对中国特色社会主义事业和中国特色社会主义法治建设拥有坚定信念的社会主义建设者和接班人。

（二）自觉爱国守法

法学专业教师应当忠于祖国，忠于人民，恪守宪法原则，遵守法律法规，依法履行教师职责；不得损害国家利益、社会公共利益，或违背社会公序良俗。从历史到现实，家国情怀是根植于中华民族深层的文化基因。法学专业教师承担着培养新时代高素质法

---

[1]《习近平在清华大学考察：坚持中国特色世界一流大学建设目标方向　为服务国家富强民族复兴人民幸福贡献力量》，载中华人民共和国中央人民政府，https://www.gov.cn/xinwen/2021-04/19/content_5600661.htm。

治人才的重任，必须立足中国实际，充分发挥习近平法治思想在法治人才培养中的主导地位和统领作用，确保思政教育贯穿法治人才培养全过程。要将强烈的家国情怀作为法治人才的基本要求，要坚持想国家之所想、急国家之所急、应国家之所需的人才培养导向。

（三）坚守理想信念

法学专业教师应是宪法法律的信仰者、公平正义的捍卫者、法治建设的实践者、法治进程的推动者、法治文明的传承者，不仅要具有坚持法律至上、维护法律权威的规则伦理，而且要具有坚持公平正义、维护公共利益、保护社会弱势群体的社会伦理，还要具有敢于同违法犯罪进行斗争、惩恶扬善、勇于担当的责任伦理。在法学教学活动中，应推进政治品格、道德素养和专业能力的有机统合，培养造就信念坚定、德法兼修、明法笃行的高素质法治人才。

（四）严格自我约束

就教学实践而言，法学专业教师应当坚持原则，处事公道，光明磊落，为人正直。不得在招生、考试、推优、保研、就业及绩效考核、岗位聘用、职称评聘、评优评奖等工作中徇私舞弊、弄虚作假。在各类活动与事务中秉持公平诚信，让德才兼备者上岸，拒绝关系户进门。还应当清廉从教，树立正确义利观。不得索要、收受学生及家长财物，也不得假公济私，擅自利用学校名义或校名、校徽、专利、场所等资源谋取个人利益。要严于律己，廉洁自律，将自己的聪明才智应用于实践，追求为社会做出贡献。

二、勤学笃行、求是创新

作为法学专业教师，应当有与其职业相适应的学问素养。为学之要贵在勤奋、贵在钻研、贵在有恒。法学专业教师要坚定勤学善思、追求真理、锐意创新的职业追求，更好地在教育教学过程中为党育人、为国育才，使一代代青少年担起时代赋予的历史重任，成长为实现中华民族伟大复兴的先锋力量。

（一）坚持终身学习

法学作为一门思辨性和实践性很强的学科，不仅在基础知识上仍有许多需要完善推进的空间，还会随着社会发展而出现许多新问题新挑战，这就要求法学专业教师应当保持终身学习的良好习惯。习近平总书记在致全国教师慰问信中指出，教师应加强学习，拓宽视野，更新知识，不断提高业务能力和教育教学质量，努力成为业务精湛、学生喜爱的高素质教师。牢固树立终身学习的理念，需要法学专业教师不断拓宽视野、不断更新知识于学习方式，在研究中学习，在实践中学习，在生活中学习。

（二）立足优秀文化

习近平总书记强调："中华法系源远流长，中华优秀传统法律文化蕴含丰富法治思想和深邃政治智慧，是中华文化的瑰宝。要积极推动中华优秀传统法律文化创造性转化、创新性发展，赋予中华法治文明新的时代内涵，激发起蓬勃生机。"[1]法学专业教师

---

[1] 何勤华：《深入研究中华优秀传统法律文化蕴含的法治思想》，载《人民日报》2024年2月19日。

应当深入学习贯彻习近平法治思想和习近平文化思想，坚定文化自信，深入研究中华优秀传统法律文化蕴含的丰富法治思想，立足中国经验和本土资源进行理论概括和理论体系构建，从中国的法律生活和法治经验中提炼出一系列概念、范畴、理论，打造具有中国特色、中国风格、中国气派的法学理论体系和话语体系。要坚持以我为主、兼收并蓄、突出特色，深入研究和解决好为谁教、教什么、教给谁、怎样教的问题，努力以中国智慧、中国实践为世界法治文明建设做出贡献。对世界上的优秀法治文明成果，要积极吸收借鉴，也要加以甄别，有选择地吸收和转化，不能囫囵吞枣、照搬照抄。

(三) 积极拔尖创新

我们正处在一个知识快速增长，科技迅猛发展，信息传播极度发达的时代，教师自身的知识素养、学习能力和专业水平，直接影响着学生和教育事业的利益。法学专业教师既是学生思想的领路人，也是创新的领路人，带领学生探索学术前沿，教师必须首先迈向前沿；引导学生服务国家重大战略需求，教师必须首先了解重大战略担当的信息。尚知爱智、追求新知、创新进取是教师的重要职业美德，与时俱进，不断追求新知和专业上的进步，是全体教育工作者的"内在律令"。习近平总书记在2021年4月19日考察清华大学时强调："要研究真问题，着眼世界学术前沿和国家重大需求，致力于解决实际问题，善于学习新知识、新技术、新理论。"在大数据、人工智能、云计算、虚拟现实等新一代信息技术快速发展的当下，法学专业教师必须积极推进基础理论研究，需要刻苦钻研学问真知，不断提高学术创新能力，以扎实学识支撑高水平科研和教学。在培养更多富有创新思维、拥有创新能力的学生这一人才培养目标上，法学专业教师必须积极与时俱进，推动人才培养体系的重构，为我国实现全面依法治国奋斗目标贡献一己之力。

(四) 遵守学术规范

科研诚信是高校教师的立身之本，也是推进学术研究发展繁荣的基本前提和重要保证。习近平总书记在中国科学院第二十次院士大会、中国工程院第十五次院士大会和中国科协第十次全国代表大会上强调："要做学术道德的楷模，坚守学术道德和科研伦理，践行学术规范，让学术道德和科学精神内化于心、外化于行，涵养风清气正的科研环境，培育严谨求是的科学文化。"中共中央办公厅、国务院办公厅联合印发《关于进一步加强科研诚信建设的若干意见》，对科研诚信问题划出了红线、标出了高线，需要每一位教师认真学习和严格遵守。

每一位法学专业教师都应始终抱有实事求是的科学精神和严谨的治学态度，在进行理论研究和发表意见时，应充分尊重和借鉴已有的学术成果，从实际出发，注重调查研究，在全面掌握相关研究资料和学术信息的基础上，精心设计研究方案，讲究科学方法。力求论证缜密，表达准确，让观点经得起人民和历史的考验。应当自觉维护学术尊严和学者声誉，注重学术质量，反对粗制滥造和低水平重复，避免片面追求数量的倾向。也不得以任何方式抄袭、剽窃或侵吞他人学术成果。引文应以原始文献和第一手资料为原则，凡引用他人观点、方案、资料、数据等，均应详加注释；凡转引文献资料，应如实说明。不得伪注、伪造、篡改文献和数据等。法学专业教师应当自觉遵守学术规范，共同营造诚实守信、追求真理、崇尚创新、勇攀高峰的良好氛围。

三、以德施教、启智润心

作为教师，最根本的是传道授业解惑。法学专业教师不管名气多大、荣誉多高，老师是第一身份，教书是第一工作，上课是第一责任。因此法学专业教师要始终热爱教学、倾心教学、研究教学，积极为学生上课。要落实立德树人根本任务，遵循教育规律和学生成长规律，因材施教，教学相长；不得违反教学纪律，敷衍教学，或擅自从事影响教育教学本职工作的兼职兼薪行为。

（一）潜心教书育人

1. 热爱教学事业

法学专业教师要充分认识教师职业的神圣使命，教师是从事塑造人的心灵，培养人的事业。从大处来讲，关系到民族的强大、国家的兴旺；从小处来讲，关系到儿童的健康成长、家庭的幸福。所以习近平总书记说："一个人遇到好老师是人生的幸运，一个学校拥有好老师是学校的光荣，一个民族源源不断涌现出一批又一批好老师则是民族的希望。"[1] 热爱学生、热爱教学事业是搞好教学工作的思想基础，是教师最基本的素质。法学专业教师应当热爱每一个学生、关心每个学生、信任每个学生、尊重每一个学生。法学专业教师要理解学生，理解学生的各种需要，理解学生平时的学习和生活，才能有的放矢地施教；还要保护学生，使他们不受到社会不良行为和影响的侵害。

教学工作是一个需要付出的事业。法学专业教师不能只把教学当作组织上安排的任务、晋升职称必须满足的工作量，或者一个谋生的职业，目标不能局限为达到合格标准就。应当充分认识到，当今世界上国力的竞争就是人才的竞争，教师的责任就是培养"青出于蓝而胜于蓝"的学生，应当全身心地投入教学工作，精益求精，永无止境，为培养祖法治建设中的业务骨干和社会栋梁而奋斗。

2. 提高教书技能

在知识来源无限丰富的信息化时代，学生早已不再满足于课堂上知识的机械传授，这就要求教师时时探索和追求新知，以高水平科学研究支撑高质量人才培养，不断琢磨和挖掘教学方法，善于运用现代信息技术，勇于改革和创新教学模式，形成独具特色的教学风格。

针对课程设计，法学专业教师应当认真思考课程的基本要求是什么，重点、难点在哪里，深入研究课程体系；主动研习教学丰富教授们讲课，学习他们治学和讲授的经验；结合自己当学生时的体会，反复琢磨怎么讲学生最容易理解，哪些地方学生最容易犯错误，如何引导学生积极参与课堂讨论等。课程编排要兼顾学科和社会发展的需要，紧跟时代步伐，建立动态更新机制，吸收学科发展最新成果和前沿动态。针对课程风格，法学教师应当做到讲课概念清晰、叙述简明易懂、重难点突出、课堂气氛活跃，坚持"启发—交流—激励"的教学方式，按学生的认知规律和自己对科学思维规律的认识

---

[1] 周侃：《大力弘扬教育家精神 培养造就新时代大国良师》，载《光明日报》2024年9月19日。

精心组织教案,在讲课中不断提出问题引导学生独立思考,提高教学效果。要以促进学生发展为目的,满足学生学习的需要,鼓励师生互动、主动学习,发展学生的核心能力,促进学生的全面发展。针对授课方式,要转变教学方式方法和手段,大力提倡翻转课堂、混合式学习、研讨式学习等新型教学模式,以发展学生高阶的能力素质,促进个性化发展。要深度融合现代信息技术,顺应当前"互联网+"、虚拟仿真、大数据、人工智能等现代信息技术迅猛发展的趋势,积极应变,主动求变,将现代信息技术深度融入人才培养的全过程,全面提高人才培养质量。

(二)关心爱护学生

学生只有在仁爱的教育环境里才能获得健康、快乐、幸福且有意义的教育生活,才能获得爱的生命体验和心智的良好成长。无爱则无教育,关爱每一位学生是教师职业道德的基本要求和教育教学的基础原则。习近平总书记指出:"教育是一门'仁而爱人'的事业,爱是教育的灵魂,没有爱就没有教育。好老师应该是仁师,没有爱心的人不可能成为好老师。"[1] 法学专业教师应以身作则、修身正己,立身成仁、成己成人,坚持遵循爱的教育原则以做到言传身教、因材施教、乐教善教,通过自己的一言一行传递师爱的真谛,为学生树立做人、做事、做学问的榜样。

具体而言,富有仁爱之心的教师应当做到以下三个方面。第一,应努力了解和理解学生。了解和理解是关爱的前提和基础,是爱的教育的基本要求和必备条件。法学专业教师应做到真正关爱学生,了解他们的个性、兴趣、需求、优点、缺点和面临的挑战;应以极大耐心积极主动地与学生交流、认真观察他们的知情意行表现,更好地了解他们的基本状况,走进他们的内心世界;应为其个性发展与全面发展提供更有针对性的支持、服务和帮助,用真心开展有爱的教育,以仁心培育有爱的人才。第二,自觉做到建立积极的师生关系。爱在本质上是一种积极关系的建构,教育在本质上是一种关系互动,营造积极的关系"场"是关键。教师应努力做到与学生建立起一种良善、互动、信任、尊重的关系,在教育教学实践中具备积极鼓励、赞美和肯定学生的能力。只有当学生在师生互动的关系"场"中真切感受到教师的关爱、支持、鼓励和帮助,他们才会更愿意投入学习、参与探究,才会勇于尝试与实践、敢于创新与创造,更加充满热情和自信地分享自己的想法、感受和体验。第三,应担负起培养学生自主性、创造性和责任感的重要职责。教育的灵魂是爱,但爱不是代替,而是成就学生。关爱学生要关注学生丰富的精神世界,尤其应注意培养学生作为独立个体的自主性、创造性和关爱他人、关爱社会、关爱自然的责任感。教师在传授学生知识的同时,应引导学生积极参加社会实践活动,学会在集体、社会中承担责任和义务,在独立思考中形成自主性认知与决策,在创新实践中培养创造性思维与人格。当甘于承担责任和履行义务时,学生也就达成了对他人、社会、自然的奉献,成为一个有自主性、创造性且有情有义有用的人才。

---

[1]《习近平同北京师范大学师生代表座谈时的讲话》,载人民网,https://www.politcs.people.com.cn/n1201410910/c70731_25629093_3.html。

法学专业教师应修炼基本的仁爱品质。教师对学生的爱，是人间最美好也最无私的情感。教师仁爱之心不仅是利他的、指向学生的，而且是内在的、向内求的一种职业自觉。教师涵养仁爱之心的重要途径在于对自身的仁爱品质进行自我认知、自主反思，并不断修正、完善，只有这样才能汲取爱的巨大力量，推动教师仁爱素养的养成和自我成长。

（三）坚持言行雅正

习近平总书记在同北京师范大学师生代表座谈时的讲话时强调："'师者，人之模范也。'教师的职业特性决定了教师必须是道德高尚的人群。合格的老师首先应该是道德上的合格者，好老师首先应该是以德施教、以德立身的楷模。师者为师亦为范，学高为师，德高为范。老师是学生道德修养的镜子。好老师应该取法乎上、见贤思齐，不断提高道德修养，提升人格品质，并把正确的道德观传授给学生。"

法学专业教师应当认识到"立德先立师，树人先正己"，不断提高道德修养，提升人格品质。为人师表，以身作则，举止文明，作风正派，自重自爱。要自觉坚守精神家园、人格底线，不为物欲所困，不为名利驱使，站住讲台、站稳讲台、站好讲台。在日常生活中，应慎独自律、省察克治，不断自我修炼；在职业生涯里，要坚决恪守教师职业道德准则，不断提高自身道德修养，要时刻铭记为党育人，为国育才的使命，弘扬"躬耕教坛、强国有我"的使命担当。

第三节　法学专业教师职业伦理实施机制

法学专业教师对于职业伦理的认可与遵循并不是与生俱来的，需要经过一定的教育与约束，才能内化于心，外化于行。根据辩证唯物主义基本理论可知，事物的发展是内因与外因共同作用的结果，其中内因起决定性作用。对法学专业教师来说，要严以修身自律，加强自我修养，深刻认识到认同并自觉实践职业伦理的重要性。自律是基础，他律是保障。他律是相对于自律而言的，作为一种外在的动力，强调法学专业教师职业伦理的实施需要来自党纪国法和各项规章制度的保障与监督。

一、法学专业教师职业伦理的内在培育

法学教师职业伦理若想发挥作用，需要法学专业教师发自内心的认可与接受，自觉接受职业伦理的约束和管控，即法学专业学者的自律。法由己出，自我约束，通俗地说就是自己自觉管住自己。自律是一种道德规范过程，强调的是个人修养、道德、情操的作用。只有法学专业教师加强职业伦理的自我修养，自觉主动地坚定理想信念、陶冶道德情操、涵养扎实学识、勤修仁爱之心，才能将法学专业教师职业伦理地培育落到实处。

（一）主动学习

学习是一个不断发现自我的过程，它扩大了人的精神空间与思想容量，让视野更加开阔，境界更加升华，心灵更加纯洁。所有的知识、智慧、才干、本领都是通过勤奋学习得来的。法学专业教师在认识到职业伦理的重要性和必要性后，应当积极主动地进行自我教育与学习。首先，应当潜心阅读理解马克思主义以及习近平新时代中国特色社会主义相关的书籍与文献，参与相应的培训或讲座，深刻理解无产阶级价值观、人生观与世界观，从深层次把握与职业伦理道德观的内在逻辑与本质内容，深刻领悟"两个确立"的决定性意义，增强"四个意识"、坚定"四个自信"、做到"两个维护"。其次，可以观摩优秀法学专业教师的教学实践与著作，领略他们如何理解和践行法学专业教师职业伦理，在教学和理论研究活动中是如何如春风细雨般浸润到法治人才的培养中去。最后，法学专业教师可以建立专业学习小组来共同学习。通过与共同愿景与价值观的教师同伴在分享责任、分享决策与协作活动中，共同讨论、研究、分享对于法学专业教师职业伦理的认识，深化对于法学专业教师职业伦理的理解。

（二）积极实践

实践是认识的源泉和动力，也是认识的目的和归宿。正所谓"纸上得来终觉浅，绝知此事要躬行"，法学专业教师的职业伦理修养亦无法脱离实践的深化。法学专业教师的学术能力和教学水平，归根到底要靠实践来检验，"学所以益才也，砺所以致刃也"。虽然基础教学工作千头万绪，经常面临不少难题。但往往越是困难大、矛盾多的地方，越能磨炼意志、增长本领。只有通过文章写作与日常教学，通过与学生的互动与交流，法学专业教师才能不断驱使自己与时俱进，潜心研究与发现教育教学规律，通过研究学生来不断提高自己对教育的理解和对规律的尊重，不断深入实际、深入群众、深化认识、纠正偏差，在实践中不断改进、提升自己的教育教学能力，将自己的所知所学融进与学生的点滴交往之中，将自己的生命本身塑造成一本书，使自己浑身上下都散发出教育力量，更好地做到知行合一，达到认识和实践的辩证统一。

二、法学专业教师职业伦理的外在保障

自律相对于他律，具有趋利性、易变性；他律相对于自律，则具有强制性和稳定性。所谓他律，是指执行包括法律法规制度、道德标准、社会风俗等方面的社会规范，是来自外界的约束。通俗地说，就是接受外在的约束，接受他人的监督，强调的是法律、法规、制度的作用。离开他律的有效保障，个体的自律是难以实现的，只有在坚持他律有效的前提下，自律意识才能有所强化和发展。法学专业教师职业伦理的发展与实践，离不开外在制度的保障与社会规范的约束。

（一）加强法学专业教师职业伦理的教育和培训

一方面，强化法学专业教师道德情操。坚持"以德为先"，系统化、常态化、机制化加强师德养成教育，增强教师以德立身、以德立学、以德施教的思想自觉和行动自觉。建立健全教师参加送教下乡、送课入企、公益讲座、社会培训等志愿服务活动的制度，鼓励支持广大教师在服务社会的生动实践中恪守职业精神、培塑优良师德。

另一方面，提高法学专业教师教书与学术研究能力。优化培养体系，大力实施"教师教学能力提升计划"，有效构建"校本培训＋专业送培＋国外研修"相结合的培养体系，切实加强教师的综合素质培养，为教师提升教书育人的能力本领进行系统赋能，使之成为"经师"和"人师"相统一的"大先生"。还要加强法学专业教师的实践应用能力。推动法学院校、科研院所与法治工作部门人员双向交流，加大法学教师、研究人员和高等学校法务部门工作人员到法治工作部门挂职力度，在符合党政领导干部兼职等有关政策规定基础上，探索建立法治工作部门优秀实务专家到高等学校任教以及到智库开展研究制度，实施人员互聘计划。此外，还应当重视法学专业教师的个人提升与知识创新。健全支持体系，优化相关政策与机制，打通教师学术进修、在职教育、学历提升、职级晋升的平台与通道，拓展教师的职业发展空间；加大对教师教学创新、改革实践、成果产出的支持力度，促进教师教研并进、科教融汇。

（二）完善法学专业教师职业伦理的评价机制

1. 全面加强师德师风建设

"师无德不立"，应当严把教师入口关，规范教师资格申请认定，完善教师招聘和引进制度，严格思想政治和师德考核，建立科学完备的标准、程序。严格对入职教师的考核评价，落实师德第一标准，在教师聘用、职称评审、人才推荐、评优评先、年度考核、干部选任等方面采用多种评价方式，严把政治关和师德关。同时，要坚持与时俱进和问题导向，结合新时代环境下出现的新问题，出台新举措、新办法，不断完善评价主体、评价内容、评价方法及评价程序，有效实现考核评价的科学化、规范化。

2. 完善以教学科研工作业绩为主要导向的法学教师考核制度

应当提高法学教师教学业绩和教学研究在各类评审评价中的分值权重，完善评价体系，坚持将上好课、教好书、育好人作为评价教师的基本要求，围绕师德师风、专业水平、教学实绩、育人成效等教师职业行为与责任担当中的核心要素制定导向鲜明的评价体系，引导教师回归初心、聚焦主业、潜心教学、矢志育人。

3. 建立健全学术规范评价机制

教师是高校学术研究的主体，科学开展学术评价，客观公正判定学术成果的质量、水平、效用和贡献，关系到激发学术活力、净化学术风气、涵养学术生态、确立科研导向、推进学术创新。学术成果是学术贡献和科研能力的共有载体，学术评价具有质量判断和价值导向双重功能。"评"就是评审学术成果的学术质量、创新水平、实际效用和社会贡献；"价"就是判定学术成果的学术价值、社会价值。评价的根本目的在于遴选学术精品，树立学术榜样，促进科研人才健康成长、引领学术研究持续深入。

首先，学术评价应该遵循科学发展规律、学术研究规律、人才成长规律，坚持科学标准、学术思维。在评价的过程中，要实施分类评价，注意针对不同学科领域分门别类科学设定评价标准，杜绝"一刀切"标准、"无差别"评价。要确保评价的专业性，评审专家应当具备学术造诣较高且德高望重的人员担任，尊重专家意见，坚持学术标准。要探索多元评价，杜绝唯期刊、唯论文现象，确保学术评价贴近学术研究实际、贴近学术成果实际。要尊重科学发展、科研产出和人才成长规律，科学设定评价周期，既鼓励教师潜心治学、静心科研，也确保科研成果经得起实践检验、时间检验，避免一味追求产出效率、制造学术垃圾的短视、短期行为。其次，学术评价应当坚持成果质量至上，促进学术发展的根本标准。学术研究的至高追求是探寻真理，学术评价的唯一标准是成果质量，检验学术评价成功与否的根本在于是否促进了学术的真正发展。强调创新导向，注重创新水平和科学价值，重点评审其在推动学术、学科、专业发展以及服务育人方面的作用和价值。突出效用导向，注重理论的应用价值和社会贡献，重点评审法学专业教师是否提出有意义的问题、是否为化解社会争议案例提出科学合理的解决方案。最后，坚持学术评价要科学客观公正透明。可以创新评价方式。充分发挥通讯评审、会议评审、视频评审等评审方式简化流程、提高效率、节约成本的作用。严格评审专家事前公示、定期汰换、随机抽取、冲突回避、责任追究等制度，严格规范评审行为，防止评审权力寻租、杜绝人情干扰，确保公平公正。从严落实阳光评价，全面建立并严格落实评价专家公示、信息公开、过程透明、结果反馈、记录保全和申诉、复议制度，确保评价工作全程留痕，确保评价过程有记录、可回溯。

（三）强化对法学专业教师职业伦理实践的规范与监督

1. 强化法律规范及内部规范的指引与约束

我国的《教师法》《高等教育法》《教育法》《教师资格条例》《高等学校教师职业道德规范》等法律和规范性文件，对教师的职业道德、责任、义务等都作了原则性的规定。要求教师应当遵守宪法、法律和职业道德，为人师表；贯彻国家的教育方针，遵守规章制度，执行学校的教学计划，履行教师聘约，完成教育教学工作任务；对学生进行宪法所确定的基本原则的教育和爱国主义、民族团结的教育，法制教育以及思想品德、文化、科学技术教育，组织、带领学生开展有益的社会活动；关心、爱护全体学生，尊重学生人格，促进学生在品德、智力、体质等方面全面发展；制止有害于学生的行为或者其他侵犯学生合法权益的行为，批评和抵制有害于学生健康成长的现象；不断提高思想政治觉悟和教育教学业务水平。

就法律文件而言，2014年发布的《关于建立健全高校师德建设长效机制的意见》、2018年发布的《新时代高校教师职业行为十项准则》《关于全面深化新时代教师队伍建设改革的意见》、2023年发布的《关于加强新时代法学教育和法学理论研究的意见》以及2024年发布的《关于弘扬教育家精神加强新时代高素质专业化教师队伍建设的意见》等规范性文件，对高校师德建设的内容、路径和方法作了明确的指引。而各高等院校的章程在除重申《教师法》和《高等教育法》的规定之外，把学校对教师职业伦理的要求规定得更为全面，为教师提供更为清晰的准则。

在实践中，法学专业教师应当自觉遵守法律法规及内部章程赋予其的权利与义务，贯彻落实法学专业教师职业伦理的要求。高校也应当组织一定的规范教育，不断完善章程内容，促进法学专业教师对于以上规范的理解与适用。

2. 加强学校、学生和社会的监督

高校要建立健全师德建设年度评议、师德状况调研、师德重大问题报告和师德舆情快速反应制度，及时研究加强和改进师德建设的政策措施。高校及主管部门建立师德投诉举报平台，及时掌握师德信息动态，及时纠正不良倾向和问题。对师德问题做到有诉必查，有查必果，有果必复。要紧盯"关键少数""重点领域"，对于教师工作、人事管理等部门及院系"一把手"和领导班子开展法学专业教师职业伦理监督谈话，压紧压实对拟引进人才的政治思想和师德师风审核把关责任，严把"入口关"。集中开展师德师风专项整治，严肃查处师德失范行为，持续营造一严到底、越来越严的氛围。并对典型案例公开通报，针对日常监督和查办案件中发现的师德失范问题，推动学校召开警示教育大会通报典型案例，指导院系开展师德专题警示教育，以案明纪、以案促改。

学生作为法学专业教师直面的对象，对其学术能力与教学水平有着更为直接与深刻的认知。学生评教是检验教师教学效果的直观标尺，帮助法学专业教师了解自身教学设计有无疏漏、教学重点是否厘清、教学过程是否连贯。因此要健全完善学生评教机制，帮助教师尽快成长、提高教学水平。

群众的眼睛是雪亮的，群众意见是一把最好的尺子。法学专业教师职业伦理的建设，要让群众参与，让群众监督，让群众评判。要充分发挥新闻媒体的舆论监督作用，进一步畅通投诉举报渠道，正确对待、虚心接受群众的批评和建议，有则改之、无则加勉。

3. 以有力措施坚决查处师德违规行为

惩戒是为了落实专业教师职业伦理，依法对法学专业教师失范行为进行管理，是促进法学专业教师合范行为产生和巩固的一种教育手段。从消极方面来说，它可避免法学专业教师再次做出失范行为；从积极方面来说，它可促进法学专业教师养成良好习惯，维系社会稳定和促进社会发展。

对于违反法学专业教师职业伦理的行为的处理，《教师法》第37条规定："教师有下列情形之一的，由所在学校、其他教育机构或者教育行政部门给予行政处分或者解聘：（一）故意不完成教育教学任务给教育教学工作造成损失的；（二）体罚学生，经教育不改的；（三）品行不良、侮辱学生，影响恶劣的。"2018年教育部发布的《教育部关于高校教师师德失范行为处理的指导意见》中第3条规定："对高校教师师德失范行为实行'一票否决'。高校教师出现违反师德行为的，根据情节轻重，给予相应处理或处分。情节较轻的，给予批评教育、诫勉谈话、责令检查、通报批评，以及取消其在评奖评优、职务晋升、职称评定、岗位聘用、工资晋级、干部选任、申报人才计划、申报科研项目等方面的资格。担任研究生导师的，还应采取限制招生名额、停止招生资格直至取消导师资格的处理。以上取消相关资格处理的执行期限不得少于24个月。情节较重应当给予处分的，还应根据《事业单位工作人员处分暂行规定》给予行政处分，包括警告、记过、降低岗位等级或撤职、开除，需要解除聘用合同的，按照《事业单位人事管理条例》相关规定进行处理。情节严重、影响恶劣的，应当依据《教师资格条例》报请主管教育部门撤销其教师资格。是中共党员的，同时给予党纪处分。涉嫌违法犯罪的，及时移送司法机关依法处理。"

各地各校要按照准则及相应的处理指导意见、处理办法要求，严格举报受理和违规查处。对于发生准则中禁止行为的，要态度坚决，一查到底，依法依规严肃惩处，绝不姑息。对于有虐待、猥亵、性骚扰等严重侵害学生行为的，一经查实，要撤销其所获荣誉、称号，追回相关奖金，依法依规撤销教师资格、解除教师职务、清除出教师队伍，同时还要录入全国教师管理信息系统，任何学校不得再聘任其从事教学、科研及管理等工作。涉嫌违法犯罪的要及时移送司法机关依法处理。要严格落实学校主体责任，建立师德建设责任追究机制，对师德违规行为监管不力、拒不处分、拖延处分或推诿隐瞒等失职失责问题，造成不良影响或严重后果的，要按照干部管理权限严肃追究责任。

秩序是社会生活的前提性条件，良好的秩序是良善生活的特征。若是缺乏必要的秩序，教育活动将无法正常进行。在贯彻落实法学专业教师职业伦理规范时，势必要辅以必要的惩戒措施，从而让法学专业教师不敢、不愿、不能违背职业伦理要求做出失范行为。但需要注意的时，惩戒是一种必要的恶，应该遵循审慎性原则，慎用惩戒，无理由、无效、无益、无必要的情况下不应运用。

（四）注重对践行法学专业教师职业伦理行为的激励

要将师德宣传作为教育行政部门和学校重点工作，发挥先进典型示范引领。大力树立和宣传优秀教师先进典型，广泛开展最美教师、师德标兵、育人楷模、教学名师等评选活动，深入宣传优秀教师先进事迹，充分展现当代教师的精神风貌，弘扬高尚师德，弘扬主旋律，增强正能量。充分利用教师节等重大节庆日、纪念日的契机，充分利用学校官网、微信公众号、微博等多元传播载体，加大对先进典型的宣传力度，让身边人讲好身边事、用身边事激励身边人，传递师德正能量、弘扬时代主旋律，使师德建设更加贴近生活、贴近实际、贴近教师。

还要将师德表彰奖励纳入教师和教育工作者奖励范围。完善师德表彰奖励制度。把师德表现作为评选教书育人楷模，模范教师、教育系统先进工作者，优秀教师、优秀教育工作者，中小学优秀班主任、中小学德育先进工作者等表彰奖励的必要条件。在同等条件下，师德表现突出的，优先评选特级教师和晋升教师职务（职称）、选培学科带头人和骨干教师。

重要名词术语

法学学者、法学专业教师、学术规范、学术道德、学术评价

思考题

1. 法学专业教师职业伦理对社会发展的影响？
2. 法学学者是怎样影响社会法治发展的？

典型案例分析

苏某是某大学法学院教授。苏某出身贫困家庭，一步步从农家子弟成长为高级知识分子和法学专家。由于成长经历坎坷，苏某性格孤僻、特立独行，一贯快言快语甚至言

行偏激出格。在课堂教学中，总体上看，苏某虽然在重大原则问题上与党中央保持一致，但多次鼓吹、宣扬"躺平""摆烂""投机""及时行乐"或宣传历史虚无主义等"野史"标新立异，曾被学生投诉，也多次被教务处约谈，但苏某仍我行我素，后被巡视指出。

本案例中，苏某孤僻的性格虽与其成长环境有关，但其身为高校教师，在走上三尺讲台后，在注重业务素养的同时，应当注重自身健康阳光心态塑造，也应引导学生避免负面情绪、言行的影响，塑造阳光健康的心态，而不能宣扬"躺平""摆烂""投机"等与新时代青年形象不符的观点。从苏某在教学和日常生活行为表现看，向学生鼓吹"躺平"等错误思想，由于与教学职责等具有紧密关系，系不正确履行教学职责行为，可依据《中国共产党纪律处分条例》第149条（不正确履职行为）处理。

值得一提的是，负能量和错误观点行为并无本质区别，负能量主要指传播负面情绪、价值观等言行，如悲观主义等，可能没有具体的指向言论，更多的是自身情绪的自然流露；错误观点范围较广，包含负能量言行，但大多具体的指向性言论。此外，认定本违纪行为时，关键在于传播行为和造成的严重后果，而不论相关观点是个人观点，还是转发他人的错误言论。

第十一章 法律顾问职业伦理

【内容提示】

相较于其他法律职业而言,法律顾问是一种新兴的法律职业。这种新的法律职业的出现,客观上反映了我国的法治事业已经发展到了一个比较高的历史水平。虽然在日常工作与生活中,人们对于法律顾问这一职业往往感到陌生,但与其他法律职业一样,法律顾问也具有其自身的职业伦理。任何法律顾问工作的从业者,都必须做到拥党爱国、保守秘密、清正廉洁、恪尽职守。目前,对于法律顾问职业伦理的培养与监督机制尚不完善,更需要法律顾问具有高度的职业素养和职业道德,严格遵循法律顾问职业伦理规范。

第一节 法律顾问职业伦理概述

一、法律顾问的概念与演化

所谓"顾问",《现代汉语词典》对其的解释是指"有某方面的专门知识,供个人或机关团体咨询的人"。相应地,法律顾问是指就专业的法律问题向他人提供咨询服务的人。由于这一定义的广泛性,法律顾问亦有广义与狭义之分。广义的法律顾问,是指为聘请的组织或个人就法律上的问题,提供法律服务的人员。广义的法律顾问不仅限于律师,任何具有法律知识、能够为聘请单位和个人提供法律服务的人,均可担任法律顾问。狭义的法律顾问,则限定在具备律师资格证书、可以从事律师职业的法律职业群体内部。毫无疑问,就后者而言,了解、掌握、贯彻律师职业伦理是其从事法律咨询服务的前提。所以,本书所说的法律顾问职业伦理针对的是广义上的法律顾问,当然,律师在提供法律咨询与顾问服务时,也需要遵循法律顾问的职业伦理。

恩格斯指出,产生了职业法律家的新分工一旦成为必要,立刻就又开辟了一个新的独立部门,这个部门虽然一般是完全依赖于生产和贸易的,但是它仍然具有反过来影响这两个部门的特殊能力。古罗马时期便已经存在类似于法律顾问的职业法律家,为国家的立法和司法活动提供意见与文书样板。同样地,在我国古代也存在类似的法律职业,比如"师爷",他们并不是国家法定的公职人员,但是由于司法活动的需要,往往能够参与司法或执法活动。当然，由于时代限制，这些制度都未能演化为现代意义上的法律顾问。

我们今天所认知的法律顾问最初是资本主义市场经济发展的产物。随着资本主义的蓬勃发展，企业所涉及的法律关系日趋繁密和复杂，为了及时有效地处理好企业的法律事务，一部分执业律师首先接受了企业的雇用，长期为雇用企业办理各种法律事务，维护雇主的利益。19世纪下半叶，律师受雇于企业这一形式的出现，表明律师进行专业化分工的正式开始，1872年，德国颁布的《律师团体法》首先以立法形式肯定了律师的此种分工形态。于是，法律顾问制度中的重要组成部分——企业法律顾问制度开始初步形成。企业法律顾问制度是现代法律服务体系和企业管理机制的重要组成部分，并伴随着现代市场经济活动的发展而飞速壮大。

而随着资本主义政府机构的逐步确立与扩展，政府法律顾问制度也逐步发展起来。以美国为例，司法部部长除去其所负责的相关法律行政事务外，还充任着美国总统的最高法律顾问，美国国务院下设一个由国务卿领导的律师团，专门为政府提供法律服务，在联邦与州的其他各个层级上，也都有专职律师为其提供法律服务。一般来说，这些政府法律顾问是政府的专门雇员，只负责处理政府机关和政府首脑的有关法律事务，不为他人提供服务。

我国法律顾问制度的产生及发展与我国法制建设的进程相适应。新中国成立初期，根据当时苏联的经验，周恩来总理在1955年1月13日国务院常务会议上作出了在机关、企业要立法律顾问室的指示。根据这一指示，国务院批转了由法制局起草的《关于法律室任务职责和组织办法的报告》，对机关、企业设立的法律室的性质、地位、职责作了比较明确的规定，号召各机关、单位设置法律顾问，法律顾问室的任务是：审查本部门各单位起草的法规性质的命令和指示草案，以及本部门拟订的合同草案是否违反国家法律、法令和国务院决议、命令以及相互之间有无矛盾等；协助本部门各单位起草法规草案；研究并解答本部门各单位提出的有关法律问题；受本部门的委托代表本部门进行起诉、应诉等法律行为；整理、编纂本部门业务需要的各种法规。根据国务院这一文件精神，一些政府部门和企业单位陆续开始着手建立顾问机构。这标志着我国法律顾问制度的诞生。然而，由于受当时客观条件限制，该规定并未得到充分执行，在之后的"文化大革命"中，我国的法律制度建设受到重创，法律顾问制度也未能幸免于难。党的十一届三中全会后，法制建设重新启动。1980年制定通过的《律师暂行条例》第2条即规定，律师的一个重要任务是"接受国家机关、企业事业单位、社会团体、人民公社的聘请，担任法律顾问"。其后，《关于律师担任政府法律顾问的若干规定》等法律文件陆续制定出台，表明法律职业顾问制度在我国已经得到初步建立。

2016年，为落实党的十八大关于进一步建设社会主义法治国家的指示，深入贯彻习近平总书记系列重要讲话精神，中共中央、国务院办公厅制定并颁布了《关于推行法律顾问制度和公职律师公司律师制度的意见》，提出了"2017年底前，中央和国家机关各部委，县级以上地方各级党政机关普遍设立法律顾问、公职律师，乡镇党委和政府根据需要设立法律顾问、公职律师，国有企业深入推进法律顾问、公司律师制度，事业单位探索建立法律顾问制度，到2020年全面形成与经济社会发展和法律服务需求相适应的中国特色法律顾问、公职律师、公司律师制度体系"的任务目标。这表明我国法律顾问制度的发展进入了一个新的阶段。

二、法律顾问的作用与特征

（一）法律顾问的作用

从世界范围内来看，法律顾问的具体作用可以被大致区分为以下两种。

一是处理各类具体的法律事务，这些事务既可以以诉讼的形式表现，也可以以诉讼以外的形式表现。在诉讼中，如果法律顾问具有律师执业资格，那么当然可以以诉讼代理人的方式参与诉讼活动；而在非诉讼的活动中，法律顾问可以参与的事务就更为宽泛，例如在谈判中审查合同文件；对股东大会、董事会的会议记录等档案进行保管和证明；为域外法律适用提供咨询与建议；帮助公司申请商标、专利等。这类活动与专职律师的活动范围往往具有高度的重叠性。

二是负责对于大的法律战略方向进行研判和分析，甚至是影响公共立法活动。例如，法律顾问的一个重要作用合规性审查，即对于反垄断法、反不正当竞争法、证券法等经济法或行政法的规定进行研判分析，确保公司的活动在法律轨道内运行。法律顾问还可以通过各种合法渠道影响立法活动，在合法的范围内为本组织争取最大利益。

而根据《关于推行法律顾问制度和公职律师公司律师制度的意见》，我国的法律顾问可以被分为党政机关法律顾问与（国有）企业法律顾问。其中，党政机关法律顾问的主要职能包括：（1）为重大决策、重大行政行为提供法律意见；（2）参与法律法规规章草案、党内法规草案和规范性文件送审稿的起草、论证；（3）参与合作项目的洽谈，协助起草、修改重要的法律文书或者以党政机关为一方当事人的重大合同；（4）为处置涉法涉诉案件、信访案件和重大突发事件等提供法律服务；（5）参与处理行政复议、诉讼、仲裁等法律事务；（6）所在党政机关规定的其他职责。（国有）企业的法律顾问的主要职责则包括：（1）参与企业章程、董事会运行规则的制定；（2）对企业重要经营决策、规章制度、合同进行法律审核；（3）为企业改制重组、并购上市、产权转让、破产重整、和解及清算等重大事项提出法律意见；（4）组织开展合规管理、风险管理、知识产权管理、外聘律师管理、法治宣传教育培训、法律咨询；（5）组织处理诉讼、仲裁案件；（6）所在企业规定的其他职责。

（二）法律顾问与律师的关系

如前所述，狭义意义上的法律顾问是具有律师职业资格的法律从业人员，因此，法律顾问与律师存在交叉关系，在实践中，法律顾问也多为专职律师，从事的业务与律师也有较大的重叠，但二者仍存在明显的差异。

其一，准入门槛不同。根据《关于推行法律顾问制度和公职律师公司律师制度的意见》，任何担任法律顾问的人都必须取得法律职业资格。而律师除取得法律职业资格证书外，还必须具备专门的律师职业资格证书。从这一意义上来说，律师职业资格的门槛较法律职业资格的门槛更高。

其二，权利不同，那些不具备律师职业资格的法律顾问在各组织内部有相应的权利，但对外并没有执业权利，不能凭借法律顾问证书进行诉讼、调查取证等诉讼活动，而专职律师具有律师对外的执业权利。

其三，行政管理机构不同。律师必须加入律师自治组织即律师协会，须受到律师协会和所在律所的管辖与约束，而那些不具备律师身份的法律顾问不受律师协会或律所的管理，也不必要加入类似的协会或组织，而是接受所在单位的监督。当然，《关于推行法律顾问制度和公职律师公司律师制度的意见》要求法律顾问必须取得法律职业资格，在法律职业资格的要求内，法律顾问与律师都接受司法行政机关的管理。

三、法律顾问职业伦理的特征与意义

（一）法律顾问职业伦理的特征

法律顾问职业伦理，是指法律顾问在履行职务与相关的社会生活中应当遵守的行为规范的总称。2004年制定出台的《国有企业法律顾问管理办法》第18条规定："企业总法律顾问应当同时具备下列条件：（一）拥护、执行党和国家的基本路线、方针和政策，秉公尽责，严守法纪；（二）熟悉企业经营管理，具有较高的政策水平和较强的组织协调能力；（三）精通法律业务，具有处理复杂或者疑难法律事务的工作经验和能力；（四）具有企业法律顾问执业资格，在企业中层以上管理部门担任主要负责人满3年的；或者被聘任为企业一级法律顾问，并担任过企业法律事务机构负责人的。"

《关于推行法律顾问制度和公职律师公司律师制度的意见》第8条规定："外聘法律顾问应当具备下列条件：1. 政治素质高，拥护党的理论和路线方针政策，一般应当是中国共产党党员；2. 具有良好职业道德和社会责任感；3. 在所从事的法学教学、法学研究、法律实践等领域具有一定影响和经验的法学专家，或者具有5年以上执业经验、专业能力较强的律师；4. 严格遵纪守法，未受过刑事处罚，受聘担任法律顾问的律师还应当未受过司法行政部门的行政处罚或者律师协会的行业处分；5. 聘任机关规定的其他条件。"第11条规定："外聘法律顾问在履行法律顾问职责期间承担下列义务：1. 遵守保密制度，不得泄漏党和国家的秘密、工作秘密、商业秘密以及其他不应公开的信息，不得擅自对外透露所承担的工作内容；2. 不得利用在工作期间获得的非公开信息或者便利条件，为本人及所在单位或者他人牟取利益；3. 不得以法律顾问的身份从事商业活动以及与法律顾问职责无关的活动；4. 不得接受其他当事人委托，办理与聘任单位有利益冲突的法律事务，法律顾问与所承办的业务有利害关系、可能影响公正履行职责的，应当回避；5. 与聘任机关约定的其他义务。"这些法律规定为法律顾问提供了赖以遵循的职业伦理规范。

相比于其他法律职业伦理，法律顾问职业伦理有两个突出特点。一是较为灵活，这也是由法律顾问的特殊地位决定的。如前所述，尽管在现实生活中，多数法律顾问往往也具有律师身份，但也有一部分法律顾问不具有律师执业资格，这就决定了他们无法像律师或法官等法律职业接受严格、全面且细致的职业伦理规制。二是较为宽泛，由于

法律顾问的灵活性以及其工作的庞杂性，对于法律顾问职业伦理的要求也较为宽泛。比如，在党政机关任职的法律顾问，由于党政机关的严肃性和特殊性，其职业伦理规范的要求应该高于那些在企事业单位任职的法律顾问。此外，许多具体的伦理规范无法通过法律文件的形式一一列举，需要法律顾问结合本单位的情况在工作中不断总结、认真积累，才能够在每一个方面、每一项事务中遵守相关伦理规范。

总而言之，法律顾问的职业伦理与法律顾问工作本身的特征是紧密联系的。要想了解、掌握并最终践行法律顾问的职业伦理及其规范，就必须牢牢将之与法律顾问工作本身的特殊性、工作单位的特殊性相结合。

（二）法律顾问职业伦理的意义

新中国的法律顾问制度自1980年律师制度恢复重建以来，虽取得较大成绩，但由于法律顾问制度恢复之后的相当长一段时间内，没有形成稳定的法律顾问选任制度、没有制订明确的选任标准和程序、社会各界对此认识不一等诸多因素，法律顾问一行鱼龙混杂、良莠不齐，难以适应我国经济社会快速发展的需要。此外，由于市场经济的内在独立性，有些法律顾问以及公职律师，不但没有发挥出应有的作用，反而成为知法犯法的犯罪分子，有些单位与企业甚至是抱着"合法违法"的心态招募法律顾问。这些问题的产生与法律职业伦理的失范有着较大的关系。因此，为了进一步提高法律顾问的工作水平，加强对法律顾问的操守和行为约束，制定并贯彻落实法律顾问的职业伦理规范，提高法律顾问的道德素质，是发展法律顾问制度的必然要求。法律顾问职业伦理及其规范有以下重要意义。

1. 有利于法律顾问加强自身修养

如同其他的职业伦理规范一样，法律顾问职业伦理规范首先是一种自律制度，其实现首先依赖法律顾问自身的学习和践行。同时，法律顾问职业伦理规范也是法律顾问开展法律咨询等相关活动的说明书，能够帮助法律顾问妥善处理组织内外的各种关系。

2. 有利于用人单位选用和监督法律顾问

作为一种规范，法律顾问职业伦理除为法律顾问自身提供行动指南外，也是用人单位选任法律顾问的基本标准，更是用人单位审视法律顾问工作是否合格的测量尺度。对于那些不能贯彻，甚至是违背职业伦理的法律顾问，用人单位应予惩戒。

3. 有利于在用人单位内部形成清正廉明、遵法守法的良好风气

任何一个组织，无论其性质是进行政治工作的党政机关还是从事经济活动的企业单位，其所选任的法律顾问的人选，往往能够成为验证这一组织法治底色的一个风向标、温度计。一名法律顾问如能做到光风霁月、公道正派，那么其所在组织的法治风气定然如风行草偃，而假如一名法律顾问和光同尘、同流合污，那么其所在组织的法治秩序定然糜烂。法治的实现并不仅赖于严谨公正的法律，而且赖于在日常生活中形成一种懂法、用法、遵法的氛围，这正是法律顾问的职责所谓。

第二节　法律顾问职业伦理的基本内容

一、法律顾问职业伦理的渊源

《关于推行法律顾问制度和公职律师公司律师制度的意见》第 24 条规定："党内法规工作机构、政府法制机构和国有企业法律事务部门，分别承担本单位法律顾问办公室职责，负责本单位法律顾问、公职律师、公司律师的日常业务管理，协助组织人事部门对法律顾问、公职律师、公司律师进行遴选、聘任、培训、考核、奖惩，以及对本单位申请公职律师、公司律师证书的工作人员进行审核等。"可见在我国，对法律顾问的管理与监督，实际上由法律顾问的选任单位负责。此外，如前所述，与律师等法律职业形成对照的是，法律顾问职业伦理的渊源比较分散，散见于各类法律文件之中，这就要求担任法律顾问的从业者与用人单位在详细研究上述文件的相关条文的情况下，形成对于法律顾问职业伦理规范的全面认识。

二、法律顾问职业伦理的基本内容

（一）拥党爱国

我国是社会主义国家，法律顾问与其他法律职业者一样，是中国特色社会主义事业的建设者，坚定中国特色社会主义理想信念，是我国法律顾问职业道德应当具有的政治属性。因此，我国的法律顾问应当坚定中国特色社会主义理想信念，坚持中国特色社会主义律师制度的本质属性，拥护党的领导，拥护社会主义制度，自觉维护宪法和法律尊严。这一点对那些在党政机关担任法律顾问的从业者来说尤其重要。法律顾问必须具备高度的政治敏锐性和政治忠诚性，在日常的工作与生活中，要经常学习党的理论和法治知识，强化对中国特色社会主义事业的法治道路的自信，自觉抵制违背我国宪法原则、不符合我国国情的西方政治制度、法律制度和法治观念的不良影响。《关于推行法律顾问制度和公职律师公司律师制度的意见》第 8 条中明确指明，"政治素质高，拥护党的理论和路线方针政策"是担任法律顾问的必备素养。

（二）保守秘密

保守秘密，是指法律顾问对于其在工作活动中所接触到的国家秘密、商业秘密或者个人隐私，负有保守秘密的义务。《关于推行法律顾问制度和公职律师公司律师制度的意见》第 11 条中规定，法律顾问应当做到"遵守保密制度，不得泄漏党和国家的秘密、工作秘密、商业秘密以及其他不应公开的信息，不得擅自对外透露所承担的工作内容"。由于从事工作的特殊性，法律顾问往往能够接触到其所在组织单位的核心秘密。对于这些秘密，法律顾问必须具有高度的自觉性，尤其是那些不具备律师职业资格的法律顾问，更应该注意到对于秘密的保守是法律顾问的核心要求之一。保守保密原则应要求做到以下几个方面：（1）对于接触到的秘密，不对无关人员谈论；（2）对于因工作而接触到的有关档案材料，要按照保密要求加以保管，未经程序和规定的形式，不得查阅和复制，更不能随意带离；（3）法律顾问不仅应当保守秘密，而且不得利用知悉的秘密为自己或他人牟取利益。

须注意的是，在接触到的秘密中发现所在单位或组织存在违背法律，尤其是涉及重大违法乃至违背刑法的情况下，法律顾问有义务加以制止。《关于推行法律顾问制度和公职律师公司律师制度的意见》第20条指明："国有企业法律顾问对企业经营管理行为的合法合规性负有监督职责，对企业违法违规行为提出意见，督促整改。法律顾问明知企业存在违法违规行为，不警示、不制止的，承担相应责任。"在此种情况下，应该允许法律顾问突破保密义务，不然法律顾问所承担的监督职责也就无从谈起。

（三）清正廉洁

清正廉洁是法律顾问依法履职的关键要求。法律顾问不可避免地要接触到本单位的秘密事务，同时具有对于本单位法律事务的参与权和监督权，这就使得法律顾问也会成为财富的围猎对象。为此，法律顾问应当树立廉洁自律意识，遵守职业道德和执业纪律，不得从事有报酬的其他职业和与法律顾问职务、身份不相符的活动。法律顾问应当妥善处理个人事务，不得利用自己的特殊身份和职务便利为自己、亲属或他人谋取利益，不得索取或接受利害关系人的答谢款待、馈赠财物或其他利益。《关于推行法律顾问制度和公职律师公司律师制度的意见》第11条还规定了回避义务，即"不得接受其他当事人委托，办理与聘任单位有利益冲突的法律事务，法律顾问与所承办的业务有利害关系、可能影响公正履行职责的，应当回避"。此外，由于对本单位负有监督义务，对于所在组织内的行贿受贿、非法吃请等违背清正廉洁原则的行为，法律顾问都负有指正和警示的责任。

（四）爱岗敬业

法律顾问肩负着加强法治建设的社会责任，对于所在单位组织的法治工作负有指导和监督的责任，这需要高素质的法律顾问高效优质履职才能实现。因此，法律顾问绝非一个只负责在会议记录上署名的可有可无的人。如果不能正确履职，法律顾问甚至就要承担相应的法律后果，这就对法律顾问的专业素养和实践经验提出了很高的要求。为此，法律顾问必须爱岗敬业，规范履职。

爱岗敬业的首要要求是对于负责的工作有一个比较深刻且全面的认识。由于法律顾问的履职内容与本单位的工作范围紧密结合，这往往要求法律顾问熟练掌握本单位经常涉及的法律规章。例如，在党政机关工作的法律顾问，必须对行政法规了如指掌；负责经营活动的国有企业，需要对劳动法规等熟记于心；而那些在大的上市公司中履职的法律顾问，必须做到能对证券法等商事经营法规如数家珍。对于法律的掌握与信仰是法律顾问赖以生存的手段，不能有所懈怠。

爱岗敬业，还应该认真遵守本单位的规章制度。如前所述，法律顾问与律师、法官等其他法律职业不同，并没有一个凌驾于法律顾问之上的自治组织。每个法律顾问接受的是其单位的管理，而法律顾问由于其工作的性质，又往往在本单位有着较高的地位，甚至正是管理人员本身，这就比较容易引发对法律顾问监督的缺位。为此，除加强制度建设之外，法律顾问自身必须"爱惜羽毛"，身体力行遵守本单位的规章制度，不能松散懈怠，认为无人监督便可放松对规章制度的遵守，更不能抱有"我负责法律工作，我高人一等"的特权思想。须知这种思想，往往是走向违法犯罪道路的重要诱因。

第三节 法律顾问职业伦理的培育与保障

一、法律顾问职业伦理的培育

（一）加强法学教育

法学教育是塑造法律职业伦理的必由之路。在当前，法律顾问必须具备法律职业资格，这就意味着将来的法律顾问多数都会接受法律职业伦理的教育。而目前，我国高校的法律职业培养有重理论、轻实务的倾向；而在实务教育中，法律职业伦理又是最容易被忽视、最难以被考察的那一项。即使开设了相关课程，也往往流于说教与形式。这对于法律职业伦理的培育是严重的障碍。

为此，有必要在法学教育中进一步强化针对法律职业伦理的培育。除去在职业考试中进一步强化、细化对于法律职业伦理的考察外，还应该将法律职业伦理的考察放入必需的实习中去，让实习成为决定法律职业学生能否毕业的关键标尺。对于那些在实习工作中不能符合法律职业伦理的学生，要予以惩戒和教育，对那些屡教不改、素质低劣的学生，应予以淘汰。

（二）岗前遴选机制

法律顾问职业伦理培育机制中，岗前遴选是一个非常重要的手段。法律顾问准入制度改革后，法律顾问必须通过国家统一司法考试，具备法律职业资格，准入标准大大提高，对法律顾问的选拔和聘任也更为严格。但目前法律顾问的岗前遴选尚不规范，往往由选任单位自行执行规章与标准，缺乏全国统一的标准和规定，必然会带来遴选标准的不统一。在实践中，许多单位更加强调法律顾问的专业水平，而忽视了对于其法律职业伦理的考察。

理应将法律顾问对职业伦理的掌握视为选任其担任法律顾问的基本前提，必须通过特定形式进行考核。此外，在法律顾问接受选任后，也应该对其职业伦理进行持续培训与考察。应组织法律顾问定期参加职业伦理培训，加固其职业伦理观念，不断提高其职业道德素养，从而推动我国法治事业的健康发展。

二、法律顾问职业伦理的保障

所谓法律顾问职业伦理的保障，是指通过外部作用，对法律顾问遵守、实践职业伦理进行监督、引导、督促法律顾问积极落实其职业伦理规范。全面细致的法律顾问职业伦理保障机制，也是培养法律顾问职业伦理意识的必须手段。一般来说，对法律顾问职业伦理的保障可从以下方向进行。

（一）选任单位的监督

选任单位的监督，是指由选任单位的主要负责人进行监督。法律顾问也是本单位的职工或雇员，对其进行监督既是选任单位的当然权力，也是选任单位的应尽义务。选任单位应该定期开展对于法律顾问工作的审查，考虑到这种审查的工作可能会给法律顾问带来不正当的行政上的压力，可以请上级主管部门或者第三方审查机构进行审查。任何单位不得借口监督法律顾问，对法律顾问的合法履职工作施加压力。针对这种不当压力，法律顾问有权予以反对和否定。

（二）选任单位的民主监督与评价

除命令式的监督外，选任单位还可以通过组织民主评议的方式对法律顾问的工作进行评价。民主的监督与评议工作，在发挥有效监督的同时，也能够避免上级监督可能产生的非法压力。此外，在民主监督的过程中，通过对于法律顾问工作的讨论与评议，也能够在本单位形成奉行法律的良好氛围。这也符合设立法律顾问制度的初心与目的。

（三）司法与司法行政机关的监督与控制

在法律顾问职业改革后，法律顾问也须具备法律职业资格，因此，法律顾问职业伦理也必须受到司法行政机关的监督保障。当法律顾问存在某些不适当的行为从而导致选任单位或相对人蒙受损失时，司法监督是确保当事人利益的最后一道防线。司法监督包括司法机关的监督和司法行政机关的监督。司法行政机关有权依利害关系人申请对于法律顾问的工作进行审查。对于那些严重违反法律顾问职业伦理的情形，当地司法行政机关可以剥夺其法律职业资格，涉及刑事犯罪的，应依法处理。刑事责任是终局的、最严厉的制裁形式，任何担任法律顾问的从业者对此必须有清醒的认识。

重要名词术语

拥党爱国、保守秘密、清正廉洁、爱岗敬业

思考题

1. 概述法律顾问职业伦理的基本内容。
2. 阐述法律顾问与律师的关系。

典型案例分析

A 为某大型国有企业的法律总顾问。在其担任总顾问期间，曾与一家私营企业的实际控制人 B 结为好友，多次来往并接受其吃请。在宴饮的过程中，B 提出希望 A 能够"行个方便"，告知与 B 为竞争对手关系的公司 C 的若干资料。A 考虑到 C 长期与本单位处于合作关系，通过引入 B 的企业，能够使 B 与 C 形成竞争关系，最终有利于本单位的经济利益，遂欣然同意，将 C 公司与该国有企业签订的若干合同以及产品的若干指数告知于 B。

问：A 的行为有没有违背法律顾问的职业伦理？如果违背了，违背了哪些职业伦理内容？

答：A 首先违背了法律顾问的保密义务。虽然 A 是出于本单位的经济利益考虑，将 C 公司与本单位签订的合同内容告知于 B，但这一行为已经构成了泄密，为法律和职业伦理所禁止。须知保密义务并不仅限于本单位的秘密，还包括在工作中接触到的其他组织的秘密，更不能为了本单位的经济利益而违背这种保密义务。此外，虽然职业伦理不禁止法律顾问与利害关系人结为友好关系，但这种友好关系应该做到"亲"而"清"。A 多次接受 B 的宴请，实际上也是违背法律顾问职业伦理的。

后 记

一、编写背景和目的

随着法治社会的不断发展和法律职业的日益规范化,法律职业伦理的重要性日益凸显。但与其他法学专业知识相比,法律职业伦理的培养往往相对不受重视。许多学习者与从业者对于法律职业伦理也不甚重视。这种重实务工作而轻伦理规范的风气,既不利于祖国的法治事业,也不利于人民群众的生活福祉。为了贯彻习近平总书记在党的二十大报告上所指明的"坚持全面依法治国,推进法治中国建设"这一基本方针,推动全面依法治国这一社会革命取得胜利以及培养具备良好职业道德和法律素养的法律人才,编写一本系统、全面的法律职业伦理教材显得尤为重要。本教材编写的目的,正在于为法律人提供一本相对可靠、翔实的法律职业伦理教材。对此,本教材不奢望能够成为所有法律人学习法律职业伦理的必读书目,但求能够为每一位阅读本教材的学习者提供有益的参考。

二、内容和结构

本教材包括法律职业伦理概述、法官职业伦理、检察官职业伦理、监察官职业伦理、律师职业伦理、仲裁员职业伦理、公证员职业伦理、立法人员职业伦理、行政执法人员职业伦理、法律学者与法学教师职业伦理、法律顾问职业伦理等主要内容,旨在帮助学生全面了解法律职业中的道德规范和职业操守。同时,教材还结合具体案例进行分析,以增强学生的实践能力和道德判断力。本教材的行文结构以总分为特点,在对法律职业伦理这一大的概念进行说明与阐释后,按照不同的法律职业进行分类,力求为每一种法律职业提供了可供参考的伦理规范。

三、特点和亮点

我国的法律职业伦理研究与培养尚处在初创阶段,许多新的法律职业伦理内容尚待进一步发展,而诸多既存的法律职业伦理规范仍然需要研究。本教材的编写与时偕行,尝试在学科内容、研究对象、教学方法上推陈出新。本教材的独特点主要体现在以下两个方面。

第一,研究对象紧跟时代潮流。目前现存的多数法律职业伦理教材主要以检察官、律师和法官为研究考察对象,部分教材则将范围扩充至仲裁员、公证员、行政执法人员。本教材除将上述的所有对象囊括在内，还将法学教师等法律职业纳入本教材的研究范围。此外，为了适应党关于新时代监察事业的若干要求，推动监察工作高水平发展，锻造纪律作风过硬的监察队伍，本教材还将监察官这一新生事物纳入了本教材范畴。由此，本教材所包含的研究对象达到了一个新的丰度。

第二，行文结构推陈出新。本教材循序渐进地介绍法律职业伦理的相关知识和理论，为每一种法律职业伦理都进行了详细说明，此外，本教材还注重理论与实践的结合，在每一章的结尾都尽可能采用了贴近生活的案例分析，将略显呆板与枯燥的职业伦理规范生动形象地展现在读者面前，让读者在具体案例与实践中加深对法律职业伦理的理解和认识。

四、反思和展望

在目前的法律职业伦理教学中，还存在理论与实践脱节、教学方法过于单一、内容颇有局限性等问题；未来在教学中需要更加注重理论与实践的结合，例如引入具体案例和实践操作，让学生在实践中学习和掌握法律职业伦理知识；积极探索和创新法律职业伦理教学方法和手段，激发学生的学习兴趣和主动性，同时，可以利用多媒体技术和网络平台，开展远程教学，提高教学的便捷性；大力拓展教学内容的深度和广度，除基本的道德规范和职业操守外，加强对法律职业伦理深层次问题的探讨和挖掘；积极关注当前法律职业环境和社会发展的最新动态，将最新成果和前沿理论融入教学内容中，帮助学生全面了解和把握法律职业伦理的最新发展趋势；鼓励学生积极参与课堂讨论和实践活动，激发学生的学习潜力和创新精神。

五、致谢和鸣谢

本教材在编写过程中得到了法学院同仁、几位研究生及当代中国出版社领导和编辑的无私帮助，感谢莫纪宏院长的悉心指点，感谢曾玟钦、李鸣宇、刘博等同学的大力协助，感谢当代中国出版社总编辑助理刘文科、沈秋彤编辑的辛苦付出。

本教材编者为保证本教材质量尽了最大努力，由于编写时间和水平所限，错误与纰漏在所难免，敬请广大读者不吝指正。